食の冒険

フィールドから探る

秋道智彌

昭和堂

まえがき

食の冒険とは何か。冒険は未知の領域に入り、危険を承知のうえで探り調べることを指す。食の場合、初物の食を味わうことだけを指すのではない。まずは形や色合いを眼で確認し、漂ってくる匂いを嗅覚で探る。手で感触をたしかめ、温度や柔らかさ・固さをチェックする。要するに、五感を総動員してその食物がどのようなものであるかを調べるのが食の冒険のご正道であろう。ただし、これはだれでもが日常的に体験することだ。

しかし、さらに進んでその食物の材料となる動植物が何という種類で、現地でどう呼ぶのか。調理に使う道具や食器は何なのか。味付けはどうするのか。子どもや女性は食べることができるのか。特定の儀礼でのみ食べることができるものなのか。こうしたことを探るには執念が不可欠だ。こうして初めて、奥深い食の冒険談義が可能となる。

冒険とよく似た言葉に探検がある。探検は恰好のよい響きの用語であるが、危険を避け、失敗を隠すこともある。食の現場では、とんでもない匂いと味、まったく未知の食材に出会うことがある。場合によっては、食べたものをもどしたり、下痢や便秘になることがある。体を張って実体験することを食の冒険と位置づけ、その旅に出かけることにしよう。

食の冒険――フィールドから探る　目次

カバー・各章扉イラスト 石井里果

1 食の冒険

1. マグロの心臓とコブラの生血

一九七一年夏、下北半島の大間でマグロ一本釣りの調査をおこなった。マグロ漁師がどのような餌を使って漁をするのか。個人により、あるいは季節により使われる餌はおなじではない。このことを獲れたマグロの胃内容物と漁師の考え方をつきあわせて考えようというのが調査のねらいであった。終日、浜の魚市場にいて、マグロを持ち帰る船を待ち構えた。マグロの胃内容物をその場でもらい、ホルマリンで固定した。

さて、マグロの胃袋や内臓はどうなったか。漁業協同組合の職員がそれをもらい受け、現場で焼いて食べるのがならわしであった。そこで初めて口にしたのがマグロの心臓であった。一〇〇キロ以上のマグロなら、その心臓はおむすびほどの大きさがある。これをスライスにして詰所の七輪で焼き、醤油をつけて食べる。マグロならトロや赤身のほうがおいしいのだが、心臓や胃袋を食べることのできるのはごくかぎられた人であることはまちがいない。どちらも市場には出ない部分である。

数年後の一九七四〜七五年に、ソロモン諸島のマライタ島で調査をしたさい、毎日のように魚を食べた。マグロのような大きな魚は食べなかったが、サンゴ礁の魚は人びとの重要な食料であった。

ある日、アイゴを水煮して食べたさい、助手のJ君が魚の身だけでなく頭をチューチューと音を立てて吸いはじめた。何をしているのか聞いてみると、魚の小さな頭のなかにある脳の部分を食べるのだという。食べ方は簡単であった。背骨と頭骨のあいだの部分を折って切り離し、頭骨の孔を口で吸い取ると、頭骨のなかにある脳の部分を食べることができる。その量からすれば取るに足らないと思えるのだが、そこまで食べるかと感心した。

それからまた数年後、博多のスナックで今度はウナギの生きたままの心臓を食べた。大きさは一センチほどのもので、生きたままピクピク動いていた。味もくそもなかったが、大間で食べたマグロの心臓のことが思い出された。

レストランや食堂などにおいて、消費者として出された料理を食べるのと、生産者が自然界から獲得した食材を消費者向けに売らずに自分で消費する部分がある。市場原理で流通する食品と、そこにはほとんど登場することのない食材とのあいだに大きな溝のあることを実感する。現場の食を地元の人とともに食べることの意味があるはずだ。

カンボジアのシエムレアップはアンコールワット遺跡のある町である。ここには何度も通ったことがある。ある時、通訳の男性と町のレストランに行った折、コブラ料理を食べた。まず、コブラの血がグラスで出てきた。赤ワインと見まがう色で、爬虫類の血を生で飲むのは何か病原菌がいそうで、大丈夫かと聞いてみた。アルコールが入っているから問題ないということだが、アルコールで割って飲むから大丈夫ともかぎるまい。思い切って飲んだが、精力がつくのでわれわれは飲むということだ。魚の心臓や脳みそ、ヘビの生血などはふだんお目にかからないものだけに、食べなれていないと、胃袋だけでなく心臓のほうがなにがしかの影響を受けるにちがいない。コブラの血のあとは、コブラの身のぶつ切りを入れた鍋が出た。皮付きで、ウロコがザラザラして気持ちのいいものではないが我慢して食べた。ヘビではないが、魚のウロコを下ろさず、揚げて食べることもある。静岡市清水区の料理屋でアマダイの唐揚げを食べたが、ウロコの食感もよく、うまいとおもった。試行錯誤で魚の食べ方を考える調理人はえらいものだ。

本書ではいわゆるゲテモノを扱うのではない。人類の食を広い視野から取り上げ、身近な日本食からアジア・太平洋地域の食を中心に、これまでの経験を踏まえて考えてみたい。

2. 祇園のうどん

京都の祇園で飲んだあと、店のママらと一緒にうどんを食べに行くことがあった。少しお腹もへって、うどんかそばで打ち上げという算段であった。わたしは「しっぽくうどん」を頼んだ。しっぽくの内容はいろいろだが、具材には鶏、人参、ネギ、カマボコ、椎茸が入っていた。時間は午前二時を回っているが、店は結構酔客で混んでいた。歯が悪いので、具もうどんもほとんど咬まずにそのまま喉に押し込んでビールをあおった。運が悪いとしかいいようないが、小さめの椎茸がちょうど喉につかえて呼吸できなくなった。変なうなり声を出したのであたりが騒然となった。それ以来、椎茸は噛んで食べ、麺類はにゅうめんを頼むことにしている。

以前、山田宗睦さん編集の『口は何のためにあるか』という本に分担執筆した。そのなかで、食べるまでは調理・加工を含む文化の問題で、いったん口に入れたら生理学の話になるというよくありそうな議論に異議を唱えた（秋道 一九九四b）。喉につめるのが一例で、モチを喉に詰まらせて死ぬ老人が毎年正月にニュースになる。モチのネバネバした性質がうまく身体になじまないために起こる現象である。いま一つは食べることで満腹感を生理的に感じても、ゲップをすることを控えるか、ぎゃくに積極的にゲップをして満足感を相手に示すような対応がある。これを生理的な反応と短絡するのは危険である。つまり、生理と文化は二元的に区別できない「あいまいな」領域を形成している。三番目は嘔吐の例である。嘔吐はいったん、食物として口に入れても、それを消化するのではなく、外部にもどしてしまうことを指す。嘔吐は口を境界として食の問題をとらえることにほかならない。これには生理学のみならず心理学と文化が関与する。つまり、食べたものを食物とはみなさない心理や考えかたが介在する。ミクロネシアのサタワル島で調査をしたおり、クジラやサメ、エイなどを食べるかと島民に聞くと、「ムッス」という答えが返ってきた。これは「吐き気を催す」ほどの意味で、これらの海の動物や魚は「人間とおなじ性質をもつ」と考えられている。極端にいえば、同種を食べることになる。いわゆる人肉食、カニバリズムを指す。

一九八六年、英国で最初のＢＳＥ（牛海綿状脳症とも言われた）の例が報告された。ふつうＢＳＥ

プリオンと呼ばれる感染症に罹患したウシの脳髄や骨髄を使った餌をほかのウシに与えることで感染が爆発的に拡大した。いってみれば、ウシがウシを食べることで感染が拡大したわけで、これはカニバリズムの結果であると、レヴィ＝ストロースは警告した（LÉVI=STRAUSS 2016）。

うどんのエピソードから喉づまり、ゲップ、嘔吐ととんでもない話に飛躍したが、食のはらむ問題としてどこかしらがつながっている。日常の食から人類の食への視点はこうして縦横に展開することが可能となるはずだ。食から何を考えるのか。読者にはその面白みを読み進むなかで感じていただきたい。

3. 和食と無形文化遺産

和食とは何か

平成二五（二〇一四）年一二月四日、「和食——日本人の伝統的な食文化」がユネスコ無形文化遺産に登録された。和食が無形文化遺産になるなど考えたこともなかったが、関係者のご努力もあって、その意義が世界に認められたことは喜ばしいことにちがいない。食がグローバル化し、世界中の都市ならどこでもフライドチキンやハンバーガーなどのファースト・フードが食べられるなかで、伝統的な日本食を保存・継承する意義はたしかに重要といえるだろう。和食の無形文化遺産登録にさいしては、京都の料理関係者も一役買ったようだ。では、和食とは何だろうか。日本食とおなじものなのか。京料理は、和食とどうかかわるのか。和食とは何かについて、一般社団法人和食国民会議の熊倉功夫会長らが無形文化遺産について簡潔にまとめた書を刊行している（熊倉・江原二〇一五）。

一方、無形文化遺産登録後、農林水産省は和食の意義をネット上に公開している。すなわち、①多様で新鮮な食材とその持ち味の尊重、②健康的な食生活を支える栄養バランス、③自然の美しさや季節の移ろいの表現、そして④正月などの年中行事との密接なかかわりの四点が和食の特質として挙げられている。和食は英語で、ジャパニーズ・クィジーンと称される。中国語なら日式、韓国語なら日食（イルシク）となる。ちなみに、日式と書いた場合でも、中国・台湾ではリィシィ、香港ではヤッセーと発音が異なる。

京料理の歴史

ここで、和食と京料理の関係について整理しておこう。和食と同様に、京料理を一言で表すことはできない。京料理は千年以上にわたり、歴史的に融合と変化を繰り返してきたからだ。最近、京都府立大学のメンバーを中心に執筆された『京料理の文化史』に、京料理の歴史がまとめられている（上田二〇一七）。それによると、平安時代における宮中や貴族社会では、祭礼や節会《せちえ》などの儀礼のさいに大饗《おおあえ》料理が出された。室町期から江戸時代の武家社会においては、式三献《しきさんこん》をはじめ、雑煮、一連の膳物を出す本膳料理が発達した。禅宗が伝来後は、肉食を禁じ、植物だけを使った精進料理が寺社を中心に広がった。茶の湯のさいに供応される料理は本膳料理ではなく、茶懐石と称された。俳句や連歌の会席で出されるコース料理は会席料理と呼ばれる。これらの諸要素が混淆して、現代のようにさまざまな京料理を生み出した。つまり、京料理は、宮中から公家、寺社の僧侶、茶人層、俳諧・連歌などの芸術・芸能分野に親しむ人びと、京の町衆や庶民層にいたる多様な階層が関与するなかで歴史的に醸成されたものである。

京都市内には、神社仏閣や名所の近くに料亭や茶屋がある。料理を提供する茶屋の起源は、神社仏閣に参詣した人びとがその外で休憩する場であった。なるほど、起源は別として京都市内の神社仏閣周辺には土産物店や喫茶店などだけでなく、料理屋がひしめいている。平安神宮、南禅寺、祇園界隈の八坂神社、知恩院、高台寺、建仁寺。少し南に清水寺がある。西の方では天龍寺、大覚寺、大悲閣千光寺、法輪寺などがある。多くの観光客が訪れる寺社仏閣近辺の店はいつも繁盛している。一八世紀中葉、京に遊学中の本居宣長は、訪れた豆腐茶屋が満員なので入らなかったと記している。現代でいえば行列のできる店にあたる。会席料理や茶懐石料理の有名店は京都にたくさんある。有職料理は萬亀楼、精進（普茶）料理は黄檗山の萬福寺と、伝統をいまに伝える料理はたしかに京都に息づいている。

和食の三極構造

京都府教育委員会は、ユネスコ登録の前年に、「京料理・会席料理」を無形文化財として指定し、南禅寺界隈の料亭「瓢亭」一四代当主高橋栄一さんをその保持者としている。高橋さんは、京料理がいろいろな要素の融合したものとみなす意見をもっておられ、前述の上田さんらの発想と基本的におなじであるが、その構成は少しちがう。高橋さんは、平安時代以降、朝廷で発達した有職料理、鎌倉時代以降に発達した精進料理、茶の湯のさいのもてなし料理の（茶）懐石料理に加えて、質素な家庭料理としてのおばんざいを挙げている。

京都人のわたしには、おばんざいという用語にはまるでなじみがない。聞くところ、一九六四年の東京オリンピックのころ、新聞で「京都のおばんざい」が取り上げられ、用語が市民権を得たとされている。しかし、市民の多くはそのことを周知していなかった。

わたしは小さいころから、ごはんと味噌汁と「おかず」の質素な食生活をしてきた。家が料理屋であり、両親が多忙な時などは出前でうどんを注文してもらい、ごはんとたくあんの漬物と、うどんは「おかず」兼の汁物であり、こうした夕食が日常であった。おばんざいは後代の造語であるが、「おかず」（御数、御菜）は野菜や魚中心で主食のコメに付き合わせて食べる食を指し、室町期にさかのぼる。

家ではおかずとなる料理のうち、京野菜を使った献立はふつうであった。たとえば、水菜とお揚げの煮物、ヒジキの煮つけ、焼いた鷹峯トウガラシ、鹿ケ谷カボチャや聖護院大根の煮もの、タケノコ・コンブ・サンショウの実のあえもの、菜の花のからし味噌和え、イイダコの煮物、サバの塩

図 1-1　京都の「おばんざい」
①ニシン・ナス②タコ・③ワカメ・タケノコ④イカ・コイモ・⑤チリメンジャコ⑥タラ⑦コイモ⑧イワシ⑨サバ⑩トウフ・インゲンマメ

焼き、モロコの南蛮漬け、コイモの煮っころがし、エンドウマメのごはん、ニシンと一緒に煮たナス、ワカメとキュウリとジャコの酢の物などの料理をいまも思い出す（図1―1）。

飽食の時代からすれば、なんと低カロリーで低脂肪の健康料理であるかが分かる。笹カレ（ヤナギムシガレイ）の焼き物なども定番であった。ゆがいた松葉ガニのメスはコッペと呼ばれ、子どものおやつであった。食材となる野菜は、台車を引くおばさんが上賀茂あたりからやってくるのがふつうで、中央市場を通さない分、市民と野菜の生産者は密接につながっていた。いまでは錦市場が一手に京の総菜を売る場となっている。以前、錦市場の八百屋で地物のキュウリを手でさわって物色していたら、店の主人に怒られた。客がさわると、キュウリのトゲがとれてしまい、商品価値が下がるようだ。先述した笹カレを年末に錦市場で見つけて値段をみると、一枚二〇〇〇円也。ちょっと高すぎて手が出なかった。

以上みたように、日本料理のなかで、いろいろな要素を含む京料理が時代的な変容を経てきたなかでも一貫して大きな役割を演じてきたことは間違いない。高級な会席料理や懐石料理などのコース料理は別として、地域に根差したおかず料理が京都の食の底辺を支えてきたことを確認しておきたい。

もう一点、「割烹」について説明を加えておこう。もともと割烹は、食材を割き、煮炊きする料理を指す。「割」は包丁で切ること、「烹」は火を使って煮ることを意味する。烹炊《ほうすい》は煮炊きすることである。会席料理などは、料亭の座敷でいただき、専門の仲居の女性が料理を運んでくれる。料理も先付けからデザートまでのフルコースと決まっている。これにたいして、割烹料理屋ではカウンターに座って、料理を一品ずつ注文するアラカルト形式が定番である。「寿司割烹」の看板を掲げる店では、魚介類が調理されるのを見ながら、カウンター越しに寿司や料理を注文する。器を引き、酒などを運ぶ人はとくにきまっていない。ただし、値段は割烹店の方が安いとはかぎらない。単品でも値段が標示されていない場合も多く、料理人次第で大金を払うこともある。

通俗的かもしれないが、日本の民俗学の定説に従い、和食の構成を整理しておこう。儀礼・祭礼における有職料理、茶懐石や酒宴で提供される会席料理をハレの食とすれば、おかず料理やおばんざいはケの食となる。精進料理は寺社仏門界におけるケの日常食であるが、仏門以外の人間にとっては葬儀や故人供養におけるケガレの食である。割烹は、精進料理とともに日常の食と料亭料理の中間に位置づけることができる。誤解のないように、割烹はケガレの食ではなく日常と非日常の中間にある境界の食という意味合いで位置づけている（図1―2）。

和食の多様性

二〇一六年一〇月一五日、「和食文化の多様性――日本列島の食文化」と題するシンポジウムにパネリストとして出た。人間文化研究機構と味の素食の文化センター（公益財団法人）の共催するもので、わたしは日本のだし（出汁）についての話題を提供した。シンポジウムから半年ほど前の打ち合わせ会議で、和食という用

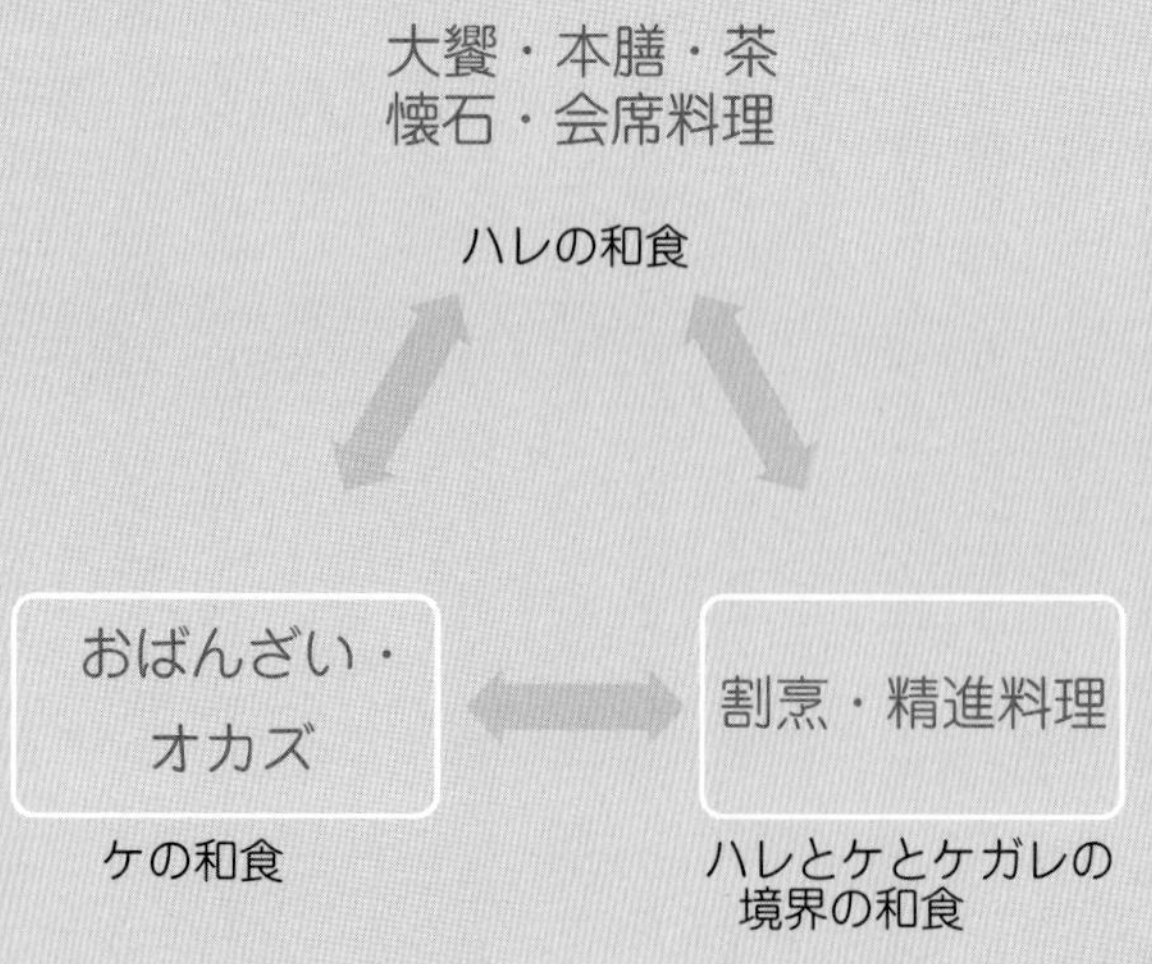

図1-2　和食の三極構造ーハレ・ケ・ケガレに注目した仮説。

語を使うことについて、アイヌの食を取り上げる立場からの異議が出された。和食の「和」は、和人に通じる。和人は、アイヌにとり抑圧者にほかならない。和食のシンポジウムに、アイヌの話題を提供することはうれしくないという立場の表明であった。わたしは、和食が無形文化遺産になったことで、京料理や会席だけが評価されたとは考えていない。むしろ、日本における多様な食文化を評価する契機にすべきと考えている。地方にある伝統食や在来野菜を使った料理、地魚の献立などは、それらを担ってきた地域の人びとの高齢化、後継者不足、量販店の進出。流通の広域化などで危機に瀕している。こうした側面に光を当て、和食を取り上げることが肝要ではないかと考えている。食文化には、あまり知られていない話題もあるが、最低限、地域で輝いている食に注目したい。以上の観点を取り入れて、シンポジウムに臨もうと考えた。

シンポジウムでは、基調講演に熊倉功夫さん（一般社団法人和食国民会議・会長）があたった。そのあとの話題提供では、アイヌの食、沖縄の食、儀礼の食、そして日本のだし文化が取り上げられた（図1―3）。日本の北と南の話題だけから和食を論じるのはまずいということもあって、わたしは日本のだしを全国規模で通覧し、あわせてアイヌと沖縄の汁物について比較を試みた。その内容は本書の第4章で詳しく取り上げることとしよう。

さきほどの、アイヌと和食の問題について少し追加の議論をしておこう。食べることは、エネルギー源、タンパク質源を摂取し、生命を維持する行為であるだけでなく、食べる行為の背景には文化や歴史、環境問題が厳然とかかわっている。食べるものを通じて、自分とは異なった価値観を知り、あるいは自分とおなじものを食べる相手に親近感をもつことがある。共食は、相手とコミュニケーションをするための有益な行為でもある。神に食物をそなえ、そのおさがりを食べる直会《なおらい》も、神と人間との共食にほかならない。

食べ歩き

身近な例から、日常の食、それも外食について考えてみよう。

かつて考古学者の森浩一さんと京都で食事をしたことがあった。同志社大学で夕方から海とカヌーについての講演をしたあと、飯を食べる算段になった。講演料はなかったが、食事でお礼をということであったようだ。まず、裏寺《うらでら》と称する四条河原町界隈の居酒屋に入った。カウンター越しに刺身などをあてにして生ビールで話をする。そのまま、居座って飲むのかと思い

図 1-3　和食シンポジウムのパネルディスカッションの様子。
（2016年10月15日・味の素食の文化センター）。

きや、三〇分ほどで店を出た。あれ、どうなるのかと思いきや、つぎに四条小橋の小料理屋に案内された。簡単な突き出しをつまみ、ここでは日本酒の燗をチビチビといただく。おかみさんと世間話をしたかと思うと、すぐ出発となった。

鴨川を渡り、祇園方面へと移動する。料理の値段からすると、だんだんと高くなることは間違いない。四条通りから縄手通りを少し入ったところにある鮨屋をのぞいた。店には誰もいない。ご主人と会話をかわし、トロをつまみ、日本酒を飲む。土瓶蒸しを頼んで、お腹を温める。ものの三〇分ほどでお勘定となり、店を出る。店には長居をせずに短時間で席を立つ。そして多くの食と酒に向かい合う。これが森方式の飲み方かと合点がいく。

そろそろ時間も午後一一時に近い。縄手通りから今度は富永町に向かう。ふつうならバーのカウンターとかスナックになるのだが、薄暗い夜の祇園街を東に向かい、こんどはホルモンの専門店に行った。午後五時からの営業店で、いつも満員で席がとれないことでも知られるが、遅めに入ったので幸い空いていた。ここでは焼酎をいただいた。どうもこの店が最後のしめになるのか、わりとゆっくりと話の続きをすることができた。客も減り、最後の酔客となってしまった。森さんはこの店をご贔屓のようで、おかみさんとも話がはずんでいる。店を出るとき、ホルモンの入った汁物を土産にもらった。一軒の店で前菜からメインのコース、ごはん、デザートといただくのではなく、店ごとに料理を変えて楽しむスタイルでじつに豪快な食べ歩きとなった。

ちなみに森浩一さんは食べたものを丁寧にノートに書き込んでおられた。だれでも一週間くらいはやれそうなものだが、すぐに面倒臭くなってしまうのがオチであろう。だが森さんの執念は半端ではなく、本を一冊上梓されている（森 一九九九）。わたしも海外で食生活の調査を試みたことが何度もある。食品名を挙げるだけならまだしも、量的に抑えるとなると、食べる直前にバネ秤を片手にその家まで走っていく。食事の時間もバラバラで、一日に三回とかぎらない。バナナ一本などの場合を入れると五、六回になることもあり、二週間、一〇家族を対象とするだけでも、かなり面倒で、使命感がないとむつかしい仕事である。それにしても、自分の食べたものを長期間、記録する根気はたいしたものである。生活習慣病でも体調管理には食生活の記録が重要とされており、森さんの本は内科医の先生にもお薦めだ。食の軌跡は人生そのものということを学んだ。

地方の会席料理

仕事の関係で山梨県富士吉田市のS料理店で二〇一七年三月一七日、歓送会を開いた。出席者は二〇数名、二〇歳代から七〇歳代まで、男女およそ半分ずつの参加である。料理はコースで出た。先附、前菜、椀物、お造り、煮物、焼き物、強肴、お食事、甘味の九種類であった。少しだけ中身を紹介しておこう。先附は胡麻豆腐、前菜は、和牛の八幡巻き、目光の唐揚げ、稲荷寿司、塩トマト、天豆塩茹、椀物は蛤潮汁である。続いて、お造りはマダイ、サヨリ、マグロの三種盛り、煮物はカキとホタテおかきの青海苔あんかけ、焼き物はサワラの味噌漬けとなっている。さらに、強肴《しいざかな》は国産黒毛和牛のすきやき風煮、食事はタチウオ御飯と味噌汁、香の物で、最後に自家製のきな粉アイスがでた。

正直、全部食べたわけではなく、席を移動して、参加者の輪で話をしていた。おなじ席に座って先附からデザートまでを食べるのがコース料理であるが、結構なボリュームとカロリーを考えれば、食品数の多いことはいいとして御馳走過ぎる面がある。中国料理のコースでは、大皿から自分の小皿に取り分ける量は、自分である程度調整できるが、和食では個人ごとに配膳されるので、なかなかうまくはいかない。まして、あまり箸が進まない料理もあり、残すのも失礼だと思い、無理やり腹に詰め込むこともある。最後のほうで牛肉のすき焼きが出たが、一口も食べなかった。食品数では優に二五種類以上で文句はなかった。ちなみに、山梨県は長野県や群馬県、奈良県などとおなじく、海から離れた内陸県であるが、山梨の鮨屋の数は全国一多いという。しかも、煮アワビが土産品として著名だ。海に面していない山梨で海との関係はかなり注目に値する。富士山信仰にからんで信者たちが富士山に登る前に宿泊する御師《おし》住宅が富士吉田市にあり、世界遺産の構成遺産ともなっている。山梨県富士山総合学術研究委員会の会議で、御師の家でのまかないに、カジメが出されていたことを教わった。おそらく、カジメは駿河湾か伊豆半島からもたらされたものであろう。料理の食材がどこからもたらされ、どのような調理が施されるかは、食材と地域の問題を考えるうえで重要な課題であることが分かった。食の研究は、創造力の源泉でもあるのだ。

すべての人類は個人、地域、民族に固有の食文化をもっているといっても過言ではない。時空間でみても、多様な食文化が地球上に存在する。多様であることを許容すればよいのだが、食のちがいが偏見のもととなることもある。ある食べ物の匂いが身体の匂いまでにも影響をあたえるとみなされることがある。バターくささ、魚くささ、カレー臭、ニンニク臭などがその例であろう。本書では、懐石料理やフランス料理、中国の満漢全席などとともに、多様なスープ料理や昆虫食、イヌ食、鯨食などについても取り上げて議論してみたい。

食のテーマは無限ともいえるほど多いし、これまでに食関連の本は多数でている。食文化関連でも、味の素食文化センターが編集する季刊誌『ヴェスタ』が多様な食文化を特集形式で紹介している。すでに一九八九年の創刊以来、一〇〇号を越え、わたしも執筆した海藻特集で今年、一〇七号となる（秋道 二〇一七a）。

4. 餃子の世界

食は環境や文化・歴史によって多様な側面をもっている。ここで食の多様性を示す身近な例として、餃子《ギョウザ》を取り上げよう。日本では焼き餃子が一般的で、ごはんのオカズやビールのアテにして食べる。皮は薄く、なかの具材（餡）は豚肉とキャベツ、ニンニク、ニラがふつうである。これを焼き上げて、醤油、米酢、ラー油を混ぜたタレにひたして食べる。学生時代、京都市内の行きつけの中国料理屋で「餃子二人前」と注文すると、店の若い女性が「コーテル・リャンガー」と調理場にマイクで告げる。リャンガーは「二人前」のことと分かるとして、コーテルの意味が分からなかった。店の女性が中国人であるのかも不明であったが、まだ耳に残っていることばである。

餃子はふつう中国語（北京語）でジャオズ、ないしチャオズである。しかも、中国で餃子といえば、ほとんどが水餃子を指す。厚めの皮でヒツジやブタのミンチ肉、刻んだ白菜をあわせた具材でニンニクは使わない。水餃子は主食として食べられ、酢と醤油のタレが原則である。ただ、四川省の紅油水餃は醤油とラー油を使って食べられる。香港や広東、あるいはシンガポールなどの中国料理店では、水餃子以外に、蒸し餃子や焼き餃子を食べることができる。香港で海老の蒸し餃子を食べたが、蒸籠のなかに並べられた蒸し上がったばかりの餃子は半透明で、なかのエビの赤い色が透けて見える。これは薄い澄麺皮《ドンミンピー》と呼ばれる浮き粉（小麦でん粉）を使うからである。

香港の海老蒸し餃子は、メニューに香港蝦餃、海老餃子などと書かれており、点心や飲茶の定番で、主食というわけではない。海老以外に、ホタテガイ、鶏、ブタ肉と野菜など多様な食材が具として用いられる。食べるさいは、何もつけないか、黒酢を使う。ベトナムのホーチミン市の中国料理屋で蒸し餃子を食べたが、ベトナムでは餃子の皮に米粉をよく使う。蒸した餃子の皮が半透明で、なかの具材が見えて食欲をそそる。

さて、問題の焼き餃子は台湾を中心に食されている鍋貼であり、グゥオティエと呼ばれる。日本の焼き餃子は、まさにこのグゥオティエにほかならず、日本ではコーテルと発音が大きく異なっている。日本では餃子と一緒にごはんを注文するが、中国では餃子は主食である。頼むとしたらスープ（湯類）で、酸辣湯《サンラータン》の人気が高い。台湾の鍋貼の形は棒状で、日本の三日月形のものより大きい。

日本ではアイヌ料理の餃子を食べることができる。東京の新大久保にあるアイヌ料理屋で焼き餃子を食べた。具材はギョウジャニンニクで、アイヌ語でプクサ、ないしキトと呼ばれる。ニンニクよりも匂いがなく東北でも春の山菜としてよく食べられる。この店ではエゾシカの肉を具材として使った餃子もあるというが、行った日はネタがなかった。アイヌ料理に小麦と豚肉を使った餃子が古くからあったのか。たしかな証拠はないが、カラフト経由で清朝の食文化が伝播した可能性がある。ギョウジャニンニクは、ギョウザニンニクの洒落た名前で呼ばれることもある。なお、キトピロの用語もあり、ピロはネギを表す日本語のヒル（蒜）に由来するとも考えられる。また、アイヌで団子《シト》を作るさい、粟にウバユリ（トレフ）の粉を混ぜて挽いて、お湯で茹でるかタラの魚油で揚げたものが作られた。しかも、団子のなかにサケ（チェップ）の卵（チポロ）を入れた。アイヌの団子に餃子の原型を見るようで想像が膨らむ。

世界の餃子

韓国にも、中国の餃子に似たマンドゥ（饅頭）がある。韓国では、蒸す、茹でる、焼く以外に、スープ、鍋料理などとして食べられている。蒸したものはジンマンドゥ、油で揚げるか焼いて食べるのがクンマンドゥ、水餃子にあたる茹でたものはムルマンドゥである。マンドゥをスープ（クッ）に入れたマンドゥクッや雑煮のトックッにマンドゥを入れることもある。マンドゥの具材には、牛肉、豚肉、

図 1-4　中国青海省・西寧のモンゴル料理と餃子（左奥）。

豆腐、キムチ、モヤシ、ニンニク、ネギ、ショウガなど、いかにも韓国らしい材料を使う。大邸には平たい餃子があり、ナプチャッ マンドゥと呼ばれる。具材は刻みネギと春雨で、酢、醤油、コチュカル（粉トウガラシ）でいただく。

韓半島では高麗時代（九一八～一三九二年）、仏教が国家の庇護のもとに広まった。しかし、一二三一～一二七三年のモンゴルのあいつぐ侵攻と支配により、それまでの仏教による菜食主義はすたれ、ウシ、ウマ、ブタなどの家畜飼養と肉食がさかんとなった。済州島は高麗にもともと属さずにモンゴルの直轄地として牧場が開拓され、ウマの産地となった。現在でも済州島では馬食がさかんである（神谷 二〇〇二）。三年前、済州島でシンポジウムがあったさい、馬肉料理をいただいたが、馬肉入りの茹でマンドゥは出なかった。ちなみに、日本でも馬肉を使った餃子が熊本にある。山梨県も馬肉食がさかんであり、富士吉田市では吉田うどんの具材は馬肉であり、馬肉を使った饅頭も販売している。

韓国の肉食に影響をあたえたモンゴルでは、肉食（赤い食物）と乳製品（白い食物）中心の食生活を特徴としており（小長谷 二〇〇五）、餃子についていえば、皮には小麦を使う。蒸し餃子にあたるボーズ、揚げ餃子のホーショル、水餃子に相当するパンシがある。ボーズは旧正月（ツァガーン・サル）になると、それぞれの家庭で数百個以上準備し、客をもてなす料理として使われる。ボーズは中国の包子（パオズ）に由来するもので、小籠包にも近い。具材の肉はヒツジ、ウシ、ウマ、ラクダ、ヤギなどで、あと野菜が用いられる。一方、魚の利用は貧困層にかぎられ、肉食中心のモンゴル人の生活のなかではマイナーな位置づけをされていた。現代でも、モンゴル出身の相撲力士が来日後、日本で魚の入ったちゃんこ鍋になじめなかった逸話がある。しかし、モンゴル国北部のブリヤートやオリアンハイなどの狩猟系の集団、ダルハドと呼ばれる半牧・半狩猟民は伝統的に魚を食べてきた。オリアンハイやダルハドの人びとは、揚げ餃子や蒸し餃子にも魚を具材として使う。中国青海省の西寧でモンゴル料理とともに食べた餃子は羊肉を入れたものであった（前頁図1―4）。

チベット料理にはマトンやヤクの肉を使った蒸し餃子のモモがある。形は三角形や丸いものがある。中国の影響もあり、小籠包や包子に近い。水餃子はチベット語でモートゥク、焼き餃子はコティ、具の入ってない小麦粉だけの饅頭もモモと呼ぶ。なお、中国では小麦を練って加熱したものを広くモーモー（饃饃）と称する。ベトナムでは、ひき肉と野菜、ウズラ、野菜などを小麦粉の皮で包んで蒸したバイン・バオ（餅包）がある。ブータン西部のハ（Haa）地方はソバ作地帯であり、餃子をソバ粉で作ったヘンテがある。

ロシア料理のペリメニは、小麦粉と卵をぬるま湯、または牛乳で練った生地に牛肉、豚肉、マトンなどのミンチと刻んだ野菜を包んで茹がいた料理である。調味料にはサワー・クリームやバターを使う。シベリアでは酢やからしを使う。茹がく以外に、揚げて食されることもある。スープの具材としてペリメニを使うこともあり、こちらは水餃子の趣がある。また、魚を具材に使うこともある。スウェーデンでは生のジャガイモ、大麦粉でひき肉を包んで茹がいたピーテパルトや、ベーコン、ひき肉、タマネギをジャガイモで包んで茹がいたクロップカーカがある。

ポーランドにはピエロギと称される餃子がある。小麦粉を水で練って薄く広げ、コップの縁《ふち》で丸く切り取り、具材を入れて半月形に包み、茹でる、油で焼くなどして食べられる。具の種類が多様で肉、野菜、キノコ、チーズ、ジャガイモなどを用いる。また、ブルーベリー、ラズベリー、チーズ、イチゴ、キイチゴ、モモ、リンゴなどを使ってデザートも作られる。肉や野菜の場合はバターやラードのソースが、デザートにはサワー・クリームや砂糖を使う。東アジアの餃子と異なって、味を楽しむ工夫がなされている。このほか、ウクライナには半月形のヴァレーニキと呼ばれる茹で餃子にはカッテージチーズを具材に入れる。東欧では、ピエロギに類する餃子として、ハンガリー料理のデレイエ、スロバキアのブリンゾヴェ・プローギ、リトアニアのコルデゥナイ、東欧在住のユダヤ

図1-5　トルコ・イスタンブールにおけるマンティ料理。
（左はトマト・ソース和え、右は汁物風のマンティ料理）。

民族が食べるクレプラハ（ひき肉とマッシュド・ポテトを具材とする）などがあり、結婚式や大晦日、クリスマスなどの宴会料理によく出される。

トルコを含めた中央アジア地域にはマンティと呼ばれる餃子料理がある。ふつう、味付けしたミンチ状の羊肉を小麦粉の皮で包んで、茹でるか蒸して食べられる。マンティには地域によっていくつものヴァリエーションがある。西方のアルメニアでマンティは揚げるか焼いて食される。最初にバターで軽く炒め、トマト・ベースのだしで蒸すか茹がいて食される。トルコでは多様な種類のマンティ料理がある（図1―5）。なかでもトルコ中央部のカイセリにおけるマンティは小さいのが特徴である。一辺数センチの正方形の生地に具材を入れて、これを茹がいたもので、いい花嫁になるためにどれだけ小さなマンティを作れるかが試される。キルギス、アゼルバイジャン、カザフスタンなどでも独自のマンティが作られる。具材もマトン、牛肉、馬肉からニワトリ、ウズラ、ガチョウなどの鳥類とカボチャ、タマネギ、ニンニク、ジャガイモ、ウリなどさまざまな野菜が使われる。ソースにはサワー・クリーム、

図 1-6　ドイツのボンで食べたパスタ料理。

バター、ニンニク、トマト・ペーストなどが用いられる。

イタリアのラビオリは四角形の生地に肉や野菜などを詰め物としたパスタ料理である。トルテッリーニはイタリアのボローニャ料理で、薄く伸ばした正方形の生地にラビオリのように詰物をして、それを三角形に折り、両端を合わせて指輪状にしたパスタである。ふつうスープに入れて食される。ドイツのマウルタッシェと呼ばれる詰め物をした大型のパスタは肉食禁止の日に隠れて肉を食べた例とされている（図1―6）。

このほか、南米でもひき肉、トウモロコシ、ソーセージなどをトウモロコシの粉製の生地で包んで茹がいたブラジルのパモーニャがある。

インドでは、豆類、タマネギ、羊のひき肉を小麦粉で包んで揚げたサモサや、南西部のマーレナドゥト地方では、米粉を練った生地で、けずったココナッツやヤシの糖で包み、茹でるか、茹でたものを油で揚げたカダブがあるが、こちらは主食でなくデザートである。

闘鶏餃《たうちぃちょう》は胡麻餡と桔餅《きっぱん》（柑橘類の砂糖煮）を生地に詰めて半円形にしたあと、周縁部に餃子のようなひだをつけて揚げた沖縄の伝統的な菓子である。原産は中国の油角《ヤウゴック》で、豚肉や香腸（腸詰）、シイタケを具材に使った鹹角仔《シャンディアォ》とココナッツと砂糖を主体とした甘い甜角仔《ティアンディアォ》がある。

アジアを中心としてユーラシア大陸からヨーロッパにおける餃子の例から、その料理法（焼く、蒸す、茹でる）、具材（肉、魚、野菜）、主食とデザートのちがい、歴史性、社会性、儀礼性など、じつにさまざまなメッセージを読みとることができる。東アジアから東欧における餃子の広がりはかつてのモンゴル帝国が広げたとする餃子ロード仮説を石毛直道さんが提案している。もっとも、餃子の料理法は比較的単純であり、多元的な発生起源説も捨てきれないという（石毛編 二〇一一）。さらに、典型的な餃子と饅頭、シュウマイ、ワンタン、パスタ、団子料理（ダンプリング：dumpling）など関連する食品も多く、興味は尽きない。石毛さんは、餃子、包子、饅頭以外の、うどん、ソバ、スパゲッティなどの麺類食文化とその伝播を麺ロードとして論じている（石毛 二〇〇六）。ここでは、とくに水餃子やスープとして餃子を食べる食習慣が広く分布し、本書の議論にとってもたいへん重要である点を強調しておきたい（第5章参照）。

5. カエル食と外来種問題

食材をもとにして、相手を揶揄し、差別的な発言をする場合が世界にはいくつもある。「フロッギー」(froggy)は「何かをしたくてウズウズする状態」を指す英語表現であるが、スラングでは、フランス人にたいする蔑視的な表現で「このカエル食いめ」という意味になる。わたしがはじめてカエルを食べたのは、一九七八年、インドネシア・ジャワ島のチタラム川デルタでタンバック(ミルクフィッシュの養殖池)の調査に参加した折であった。チタラムにあるホテルの中庭でビールを飲みながら談話をしていると、大きな皿に山盛りのフライ物が運ばれてきた。中国系の研究者は、「カタック、カタック」と指さしていった。カタック(katak)はカエルの意味である。脚を揚げたもので、味は鶏の手羽に似ている。食用ガエルはカタック・ブトゥン(katak betung)と呼ばれる。ビールのつまみとしては絶品の揚げ物であった。

日本ではウシガエルを食用とするが、もともと食用とするため戦前の一九一八年に渡瀬庄三郎東大教授により、米国からアメリカザリガニとともに導入された。ザリガニはカエルの餌とするものであったが、両者ともに野生化した。渡瀬教授は、トカラ列島の悪石島と小宝島の間に生物地理学的境界線のあることを見出し、これを渡瀬線と名付けたことで知られている。二〇一七年五月、那覇で外来種のアメリカザリガニを駆除する活動が各地でおこなわれている話をその活動に参加している研究者から聞いたが、沖縄では毎日バケツ一杯ほどのザリガニを捕獲するという。ただし、どれくらい獲れば、どんな意義があるのか分からないままでやっているとも聞いた。これでは外来種駆除の意味がないことになる。

かつてユネスコ未来遺産の現地調査のため、岩手県一関市にある久保川イーハトーブに行った。久保川イーハトーブは日本ユネスコ協会の第1回未来遺産（二〇一一年度）としても選定された。周辺の里山には非常に多くの小さなため池があり、そこに棲む生物の多様性について東京大学の鷲谷いずみさん（当時）のグループが、里山の自然再生プロジェクトを進めていた。樹木葬をおこなう知勝院の前住職でもある千坂げんぽうさんによると、ため池にはウシガエルが生息しており、在来種に悪影響があるため、トラップで捕獲しているという（千坂 二〇一六）（図1―7）。外来種と自然再生の問題は全国的にあり、ここではウシガエルの与える影響の広さとともに、ため池が無数にあることで取り組みのたいへんさを実感した。ほとんどは個人所有のため池であるが、大きな池は村有であり、多様な取り組みが不可欠とおもわれた。だが、現代日本でウシガエルを賞味する人びとがどれだけいるだろうか。味はチキンに似て淡白であるが、食習慣としても新しいので今後が悩ましい。

フランス人が食べるカエルは、ヨーロッパトノサマガエル（グルヌイユ・ヴェール）である。カエルは炒めてから、小麦や生クリームで香草とともに煮込んだ白いシチューで、フリカッセないしブランケットと呼ばれる料理となる。カエル料理はポアソン（poisson）つまり魚料理として出される。フランスでもカエルが減少し、海外からウシガエル、トラフガエルなどが輸入され、その数は年間で六〇〇〇万匹にも及ぶという。かつての植民地であるベトナムでもカエル食はふつうにみられるが、フランスからの伝播によるのか東南アジア独自のものであるかは分からない（図1―8）。

フランスではカエルを食べたことはなかったが、中国雲南省、ラオスではずいぶんとカエルを食べた。ラオスでは南部のパクセという町を調査の基地としていたので、町の食堂でカエルの寄せ鍋はお決まりの御馳走であった（図1―9）。味が鶏肉と似て淡白であり、やはりビールに合う。ラオスでは、水田でカエル獲りをする。太いミミズを餌として、水田の畔に置きばりの竹製漁具を突き刺し、翌朝に見回ってカエルを集める（図1―10）。カエル獲りは子どもたちの重要な仕事で、一人当たり数十本分の道具を準備する。この漁具はシット・ペットと呼ばれる。小さな筌を使ってカエルを獲ることもある。カエル獲りは自給的なおかず用の営みであったが、市場などで売れることか

図 1-7　一関市のイーハトーブにおけるため池とウシガエル捕獲用のトラップ。

図 1-8　ホーチミンの市場で販売されている食用カエル。

図 1-9　ラオス南部・パクセ市内の食堂に持ち込んだカエル。これを鍋で煮て食べる。

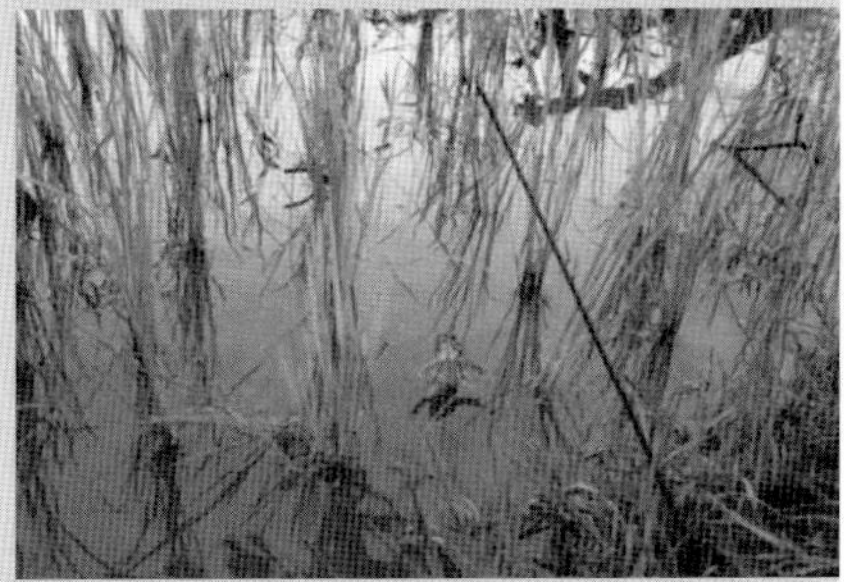

図 1-10　水田に仕掛けられたカエル獲り用の置きばりにかかったカエル。（写真撮影・野中健一）。

ら、商人が村に入り込みカエルを獲るようになり、数が減ったと人びとは嘆いていた（秋道・池口・後藤・橋村二〇〇八）。興味があったのは、メコン河の中央部にあるファット島の村で、カエルの資源管理を村独自に進めていることが分かったことだ。村ではカエルの禁漁期間に市場でカエルを売っている個人が発覚すると、その人物に罰金を科すことも決められた。この村は政府主導の資源管理政策に異議を唱え、村落基盤の資源管理こそが重要とする提案を村レベルでおこなっており、わたし自身も村を何度も訪れて、住民主体の資源管理策について学ぶことができた（秋道二〇〇八）。

6. 地魚と地野菜

地魚をめぐって

二〇一六年、奄美の名瀬で石干見に関するシンポジウムに基調講演者として参加した。シンポジウム後に奄美北部の笠利町周辺をまわった。赤木名《あかぎな》という集落にあるガジュマルの郷市場に立ち寄っていろいろと珍しい海産物に出会った。市場では、地元笠利産のさまざまな魚介類が販売されている。商品名が方言で記載されており、外部の人間には分かりづらいが沖縄と共通するものもある。魚は地元で獲れたふつうのサンゴ礁魚類であるグルクン（タカサゴ）、カンパチ、イカ、ブダイなどだけではなかった。カミ（ウミガメ）、ヒキ（スズメダイ）、ハージキリとタフシキリ（ナマコ）、タカラガイなどがあった。タカラガイは装飾品や網漁具用のおもり、あるいは貝貨とされるのは知っていたが、小型のハナマルユキと大型のハチジョウダカラが食品として売られていた。どうして調理するのかについて聞くのを失念したが、おそらく茹がくか、焼いてなかの身を取り出すために貝を割るのだろうか。大型の貝なら身の取り出し方も貝を壊さずにやる方法がある。たとえば、ミクロネシアのパラオ諸島最北端にあるカヤンゲル環礁に滞在した折、お世話になったご主人が大型のホラガイをもってきた。どうするのかとみていると、貝の身にカギをつけ、他端に石の重しをつけて重力で身を引き出すようであった。

赤木名の市場でみた仰天の食品はコウムイであった。コウムイはイソアワモチのことで種類からすると貝殻が退化ないし小さくなった腹足綱、つまり巻貝の仲間である。イソアワモチはウミウシと外観が似ているがまったくちがう種類である。奄美では、潜ってウミウシを観察するダイビング・ツアーもあるようだ。こうしてみると、奄美の市場で売られているもののなかには、地域外の大都市部で売られることはまずないものがある。供給される量もかぎられているだろうし、流通ルートも整備されていない。消費者のニーズはおなじ奄美諸島ならそれなりにあるだろうが、築地でタカラガイがセリにかけられるほど商品価値があるとも思えない。

いわゆる「地魚」のなかには少量であり、おなじサイズのものがそろわないために市場商品としては排除されがちだが、かえってそうした魚を積極的に購入して消費者に提供する地域外のレストランや料理屋が努力を重ねておられることはたしかだろう。第7章で取り上げるウナギ料理で浜松の特産料理となっている「ボクウナギ」は、ウナギが大きすぎて市場で排除されるので、地元で調理して食べられる料理である。

定置網漁や底曳網漁で漁獲された魚介類で規格外のものはくず魚（＝トラッシュ・フィッシュ）として処分されることが多く、資源の無駄使いが指摘されてきた。東南アジアのタイでも底曳網漁によって獲れた魚は選別され、規格外となるくず魚はニワトリの餌などとして再利用する工夫もなされている。資源の有効利用は現代の重要な課題である。むしろ、問題とすべきは地魚の流通を阻害する要因を洗い出し、一部の大企業だけが営利を得るようなシステムを抜本的に改革すべき点であろう。

一〇年ほど前、山形県の酒田でフランス料理の昼食をいただいた。メインはマトウダイのムニエルで、大都市ではそれほどお目にかかれる魚ではない(図1—11)。シェフがそれなりに浜で掛け合って数をそろえたものなのだろう。酒田ではマトウダイを方言で「カネタタキ」と呼ぶ。あとで触れるが、山形県では多種類の在来野菜が見直されており、地域全体が地物の食材を大切にしていこうとする思いが広くいきわたっているのかもしれない。とすれば、地魚、地野菜だけを標榜しても当たり前のこととして受け取られ、地域振興の大きな動きには結びつかない可能性もある。

図1-11 マトウダイ(*Zeus faber*)。
フランス語でサン・ピエール。

奄美では、地魚が地元中心に販売、消費されているといったが、すべての魚介類がそうではない。奄美諸島の南部にある加計呂麻島には、クロマグロの蓄養施設がある。たしか二〇〇一年と記憶するが、現場を訪問した。行くと、なるほど広大な蓄養場で、小さな生け簀のイメージはまったくない。マグロのような外洋魚を小さな生け簀で飼育する業者もあるが、いずれ人間の胃袋に収まるものであるとはいえ、ここではマグロの健康に配慮した広大な施設があることは当然のことと考えてしまう。現場でイワシの餌をスコップですくって海に投げ入れると、マグロが寄ってくる。ここで蓄養されたクロマグロは鹿児島市や東京の築地に輸送されるようだ。

地魚を地元だけで消費するシステムは長らく継承されてきた。瀬戸内海の岡山、広島では漁民の妻自身が頭に飯びつ状の桶をいただき、魚を近所から近郊の町や村まで売り歩いた。この商いはカベリと呼ばれた。夫の獲った魚が少ないと、魚市場から魚を買い、逆に多く獲れた場合はおなじ漁業者仲間の女性に魚を分配し魚を売ってもらうこともあった。徳島では魚を売る女性はイタダキサンと称された。このほか、オタタサンと呼ぶ地域もあった（秋道 一九九二）。地魚の販売は民俗学の分野でよく研究されてきた。地魚売りの商いには、圧倒的に女性が従事した。彼女らは典型的な頭上運搬の習俗をもっていた。沖縄の糸満でも、夫の海人が持ち帰った魚を妻が買い取って売る経済慣行がある。浜で買い取った魚をバーキと呼ばれる魚籠にいれ、町を歩き回って魚を売る女性をアンマーと称する（加藤 二〇一二）。アンマーは数十キロにもなる魚を頭部に載せ、糸満から遠くは那覇まで売りに行った。糸満では魚の販売自体を浜ウリーと称する（秋道 二〇一六）。

地野菜の変容

地魚とともに地野菜も全国各地で栽培がさかんであり、地産地消の用語は定着しているといってよい。この試みは昔からあったが、新たに見直す発想は三〇年以上前にさかのぼる。秋田県河辺町（当時）は、一九八四年に地元野菜の生産を増やして農家の収入向上と食生活の改善をもくろむ事業を開始した（谷口 二〇一七）。数年前、ＪＲ秋田駅横の生鮮市場や秋田市民市場をのぞいたが、朝採りの新鮮な野菜や山菜が売られていた。この市場では生野菜だけでなく、地元産の漬物や乾燥食品も豊富である。最近では「道の駅」が繁盛しているが、とくに野菜類については生産者の名前を明記することで、食の安全・安心とトレーサビリティー（追跡可能性）を前面に押し出している。産地や商品名の偽装にたいする消費者の眼はきびしいが、おなじようなことが繰り返される背景には、やはり産品の表示の不透明性がある。国産のクロマグロという触れ込みで高い値段がついていても、それが国産か外国産の輸入品であるかは見た目や食感ですぐ判別できるものではないだけに厄介である。

時代の変化とともに、地産地消の対象も大きく変化してきた。たとえば、味噌汁や吸い物の具とするジュンサイ（蓴菜）は、わたしがまだ子どものころ、よく食べたことがある。というのも、京都市内の北にある深泥池《みどろがいけ》はジュンサイの産地であった。栄養価もそれほどないスイレン科の水草であるが、市内で採れた新鮮な食材で、初夏から夏に若芽のヌルヌルした食感を楽しめるなじみのものであった。いまでは深泥池も浅くなり、池の存亡さえも危機的な状況にある。全国的にもジュンサイの絶滅危惧の恐れがある県が多くなっているのが現状である。

北海道では大沼公園の沼地が産地であるが、とくに秋田県の三種町《みたねちょう》（かつての山本町）が全国生産量の約九割を占めている。現在では、自生のものでなく栽培もされている。また、中国でもジュンサイが利用されているので、輸入品も混じっている。つまり、かつては日本のいたるところで自生していたジュンサイはそれぞれの地域で消費する地産地消型の食材であったが、環境の変化などにより生育する沼や池が減少し、ほぼ秋田県三種町のものか中国産のものを利用する変化が起こった。こうした変化をもとに地産地消を考える広い視野が必要だ。

フード・マイレージとバーチャル・ウォーター

地産地消の振興には、鮮度、地域活性化、伝統的食文化の継承、いわゆるフード・マイレージ（food mileage）の削減など、いくつもの利点がある。ただし、自給率が高い地域では需要が低レベルにとどまり、生産の向上につながらない懸念がある。国内産の生産物に投入されるエネルギー量が輸入品より高くなれば、その分、フード・マイレージの数値が大きくなる。フード・マイレージは食料の量（トン）と移動距離（キロメートル）の積で表されることはいうまでもない。国内産和牛の生産投入エネルギーが米国や豪州産の牛肉を輸入するよりもその数値が三〜五倍と大きいのは、距離が大きいからではなく、和牛にあたえられるトウモロコシをほとんど米国から輸入しているために、結果として投入エネルギー量が大きくなるからである。A5ランクの黒毛和牛はやっぱり美味しいという前に、飼料を海外に大きく依存していることを周知しておく必要があるだろう。

フード・マイレージは個々の食物をもとに積算する考えであるが、さらに地産地消の問題を包括的に理解するうえで、「仮想水」の考え方がより普遍的な議論を提起するうえで有効だ。仮想水は英語でバーチャル・ウォーター（virtual water）と称される。たとえば、トウモロコシを一キロ生産するのにどれだけの水を使ったかを試算し、さらにトウモロコシを餌として食べる肉牛を一キロ生産するのにどれだけの水を使ったかを試算する。こうして、日本に輸入される食品を水の量で換算することができる。世界全体でみると、日本は世界でもっとも多くの仮想水を輸入する国であることが明らかとなる。国別に見ると、日本への仮想水の輸出量は、米国から年間三八九億トン、豪州から八九億トン、カナダから四九億トン、ブラジルとアルゼンチンから二五億トン、中国から二二億トン、デンマークから一四億トン、タイから一三億トン、南アフリカから三億トン、その他で三六億トンとなっている。日本では、地球研で仮想水についてのプロジェクト研究をおこなった沖大幹さん（現、東京大学）らがその中心となっている。バーチャル・ウォーターの大きな数字は食料の自給率が低く、海外諸国に食料や飼料の輸入で大きく依存している証左となっている。

地域の宝物としての食

山形県と秋田県の県境には鳥海山（二二三六メートルの活火山）がある。遊佐町《ゆざまち》は鳥海山の西山麓にあり、湧水を豊かに噴出することで知られている。町中いたるところで湧水がわき出ている。海岸部にある釜磯《かまいそ》でも砂浜から湧水が湧き出している。遊佐周辺の沿岸域を地球研の谷口真人さんらが調べた結果、海底からも湧水が湧いていることが分かった。沿岸域では素潜りによるイワガキ漁がおこなわれている。秋田県側の象潟金浦《このうら》でも海底湧水が湧いていることを、地元のイワガキ漁の漁師である渡部広さんがネット上で情報を流していた。「おらほの海はよ、所々、海底から真水がわいている場所があるんだ。そういう場所のカキは、塩水だけの所のカキより確かに甘みがある。だから人気があるんだべな」。栄養分のある海底湧水によってプランクトンが増え、それを摂取したイワガキの甘みが増すと渡部さんは考えたわけだ。これこそ湧水の恩恵を示す地産の食材といえるだろう（図1―12）。

図1-12　イワガキ（*Crassostrea nippona*）。山形県遊佐町。

遊佐には二〇〇三年以来何度も通っている。二〇一七年の二月に遊佐で講演を依頼され、湧水を中心として「地域の宝物」について話しをした。この用語はいまでは広く使われるようになったが、もともとわたしは福井県の内陸部にある大野市で、やはり湧水をめぐる講演をした時に「地域の宝物」の話をした。大野市は盆地にあって、湧水が豊かに湧き出す町である。さきほどの山形県遊佐には湧水域にのみ生息することのできるイバラトミヨというトゲウオ科の魚がいる。大野にもおなじトゲウオ科のイトヨが生息しており、大野での講演はトゲウオ科魚類の専門家である森誠一さんから依頼されたものであった。地域にいると、その土地の良さや当然と思っていることの価値を自覚できない。子どもたちを前に、大野の自然を考えるために、何が大切であるかを考えてほしいと訴えた。大野にしかない宝物を見つけて、それを大切にしていくことが重要であると話をした。

遊佐での講演のあとに、地元遊佐の小学校、中学校、高等学校の生徒による環境を守るさまざまな取り組みについての発表があった。そして、それにコメントをすることになっていた。小学校の取り組みの一つに地元産の「善吉菜」の栽培とその継承についての発表があり、興味深く聞いた。これはアブラナ科の野菜で、かつてはよく地元野菜としても植えられていたが、後継者がいなくなることや商品化して大量に栽培する動きもなかった。在来種は遺伝的にも希少性をもつことでも知られており、全国どこでもおなじような種類の野菜を食べることは食文化の未来に禍根をのこすことになる。かつて、緑の革命（グリーン・レヴォリューション）が世界を席巻したが、収量の増加の反面、いったん生じた病気や気候の変化などによる脆弱性を露呈した。人びとの文化や儀礼的な価値観を消滅させるなど、負の結果をもたらした。東北の野菜もおなじような道を歩んでほしくはない。善吉菜をあたかも人間のような存在とみなす考えの意義を訴えたい。

山形県では在来野菜の保存に関する多面的な活動が山形大学や山形県、山形在来作物研究会などを中心におこなわれている。研究会の推進役は山形大学の江頭宏昌さんである。ネットで見ても、さまざまな在来野菜のあることが分かった。それまでは、温海《あつみ》カブくらいしか知らなかったが、カブ、マメ、ナス、キュウリ、カボチャをはじめ、各地域特産の野菜類の多様性は見事なものだ。主な一覧を表1―1に挙げておこう。

表 1-1　山形県の在来野菜

ナス：	民田ナス、沖田ナス、窪田ナス、八ツ房ナス、薄皮丸ナス
カブ：	温海カブ、雪代カブ、南沢カブ、牛房野カブ、次年子カブ、吉田カブ、最上カブ、角川カブ、肘折カブ、西又カブ、遠山カブ、藤沢カブ、宝谷カブ
ワケギ：	アサツキ、小野川アサツキ、ヒロッコ
オオバギボウシ：	ウルイ、小笹ウルイ、雪ウルイ
カボチャ：	蔵王カボチャ、次年子カボチャ、宇津沢カボチャ
マメ類：	神代豆、紅大豆、ダダチャ豆、クルミ豆、金持チ豆、ヨウノコ豆、久五郎豆、青バコ豆、漆野豆、馬ノカミシメ、オカメササギ、インゲン豆
フキ：	三河フキ、夏刈フキ、友江フキ
キュウリ：	鵜渡河原キュウリ、畔藤キュウリ、外内島キュウリ、坂田キュウリ
ウリ：	高豆蔻ウリ、早田ウリ
大根：	花作大根、梓山大根、野良大根、小真木大根
イモ：	悪戸イモ、カラドリイモ、甚五右ヱ門イモ
	青菜、雪菜（ヒメウコギ）、ツクモ高菜、赤根ホウレンソウ、オカヒジキ（アカザ科）、小野川豆モヤシ、平田赤ネギ、青コゴミ、モッテノホカ（食用菊）、最上赤（ニンニク）、掘込セリ、金谷ゴボウ、来迎寺ソバ、エゴマ、谷定孟宗、黄金ミョウガ、オバコ梅

鳥海山から流れ出す湧水や水は遊佐で牛渡川となり、月光《がっこう》川と合流し、河口部で吹浦《ふくら》川となって日本海に流出する。牛渡川は貧栄養の小さな川であるが、春から夏になると梅花藻が川床を埋めつくす。ちかくには箕輪鮭生産組合のふ化場があり、この小さな川に一一月からサケが遡上してくる。ふ化場のすぐ山手には丸池があり、町の天然記念物として指定されている。湧水の噴出する丸池は信仰の対象にもなっており、みだりに魚を獲ることやものを投げ入れることは禁じられている。そのすぐ奥には縄文時代の貴重な小山崎《こやまざき》遺

跡があり、地産地消の思想を縄文時代にさかのぼって考える意義が浮上している（遊佐町教育委員会二〇一七）。

山菜と野生動物

牛渡川の右岸は山の斜面であるが、左岸は平坦で森の小道を歩ける。落葉樹の林床部にはミズが群生している。標準和名でミズやアオミズ（ヤマトキホコリ）と呼ばれるのはイラクサ科ミズ属の一年生のものであるが、東北地方では方言でミズと呼ばれるのはイラクサ科ウワバミソウ属の多年生植物で古くから山草として利用されてきた。雌雄異株で、根元まで青いものを青ミズ、根元が赤いものを赤ミズと呼んで区別する。赤ミズの葉の付け根にはムカゴができる。このムカゴが地面に落ちてそこから発芽するので群生につながる。何度かしか食べたことはないが、調理の多様性からしてもミズは貴重な食材である。ミズの茎を刻んでいるとネバリ気がでてくる。生のまたたいて、味噌とあえて食べられるほか、湯を通してたたきにする。おひたしやすり鉢でトロロ状になるまですりおろして食べることもある。また、炒め物、煮物、揚げ物、汁物としても美味しい。ムカゴも食用とされる（菅原 二〇一七）（図1―13）。

栽培される在来野菜とは別に、春の山菜、秋のキノコ類も北海道や東北地方では地元で消費される貴重な食材となっている。山菜には多様な種類がある。たとえば、ワラビ、ゼンマイ、フキ、タラノメ、フキノトウ、ウドなど非常によく知られたものや、セリ、コシアブラ、シオデ、ミヤマイ

図1-13　ミズ（ウワバミソウ科）の茎とムカゴ。

ラクサ（アイコ）、ウルイ、カンゾウ、クレソン、ギョウジャニンニク、ミズ（ウワバミソウ）、アオミズ（ヤマトキホコリ）、ワシドケ（モミジガサ）、ハリギリ、シャク（ヤマニンジン）、赤コゴミ（イッポンコゴミ）、青コゴミ（コゴメ）などがある（日本の食生活全集秋田編集委員会編纂 一九八六、山口 一九九〇、永田 一九九七、加藤 二〇一〇）。ワラビ、ゼンマイなどは換金用に採集されることがあり、マタギの人びともこうした活動に従事し、たがいに採集場所のなわばりを決めて活動した（田口 一九九二、池谷 二〇〇四）。換金用とはならなかった山菜や量的に多く採れないものは自給的な利用が中心であったであろう。あるいは山菜の小売り商を営む人びとが個人で山菜採りに従事することもあるだろう。最近、山菜採りでクマに襲われて死亡する事故も起こっており、単独の採集は危険だ。

付け加えれば、三面川上流部に住むマタギの人びとはゼンマイ採集のさい、カモシカが食べる分を残しておくという。これは山のカミが人間だけでなくカモシカにたいしても食べるものをあたえてくれるとするマタギの自然観を如実に示している（田口 一九九二）。ゼンマイだけでなく、ほかの山菜をクマやシカも食べる。先述したミズはクマの好物でもある。

いうまでもなく、自然界の生き物は地産地消の暮らしを営んでいる。こうした視点から、人間の地産地消を考えることはきわめて重要であろう。ただし、シカ、クマ、サル、イノシシなどをはじめとする獣害が顕著になっている現代にあっては、自然界の動物と人間の関係は共存から対立の様相さえ帯びてきている。この背景には針葉樹主体の人工林の植林や道路、ダムなどの建設により野生動物の生息地の縮小と分断が大きな要因となっている。地産地消の問題について生態系全体を視野に入れて考えることの現代的な意味はどうやらこの辺にありそうだ。

2 スカトロジーの遍歴

1. 排泄文化論

わたしが研究の拠点としてきた京都上賀茂の総合地球環境学研究所（以下、地球研と称する）、初代所長の日高敏隆さんには個人的にもいろいろとお世話になった。京都駅前のホテルで「生命をデザイン」するというタイトルのシンポジウムが二〇〇四年にあった。わたしは、コーディネーターを依頼され、迷わず日高さんに基調講演を依頼した。

動物学者の発表らしく、無脊椎動物の構造がスライドに出てきた。ナマコには体の前と後ろに栄養分を摂取する口と排泄する排泄孔がある。余談であるが、われわれはナマコの本体だけでなく、口と肛門をつなぐ腸管のこのわた（海鼠腸）を賞味する。ウニも同様で、体の下部にある口から栄養分を吸収し、上部の排泄口から老廃物を外に出す。このシステムはナマコと似ている。

つぎのスライドにイソギンチャクがでてきた。イソギンチャクはサンゴとおなじ腔腸動物で、触手を通じてプランクトンなどの餌が外界から口に運ばれる。餌はイソギンチャクの胃腔に取り込まれ、消化液で分解され、吸収される。未消化の排泄物はふたたび口から吐き出される。サンゴで顕著なように、共生する褐虫藻が光合成をおこない、酸素と栄養分を生産し、宿主のサンゴに供給する。ナマコは口と肛門をもつが、イソギンチャクは口が食物の取り込みと排泄の両方の機能を果たす（図

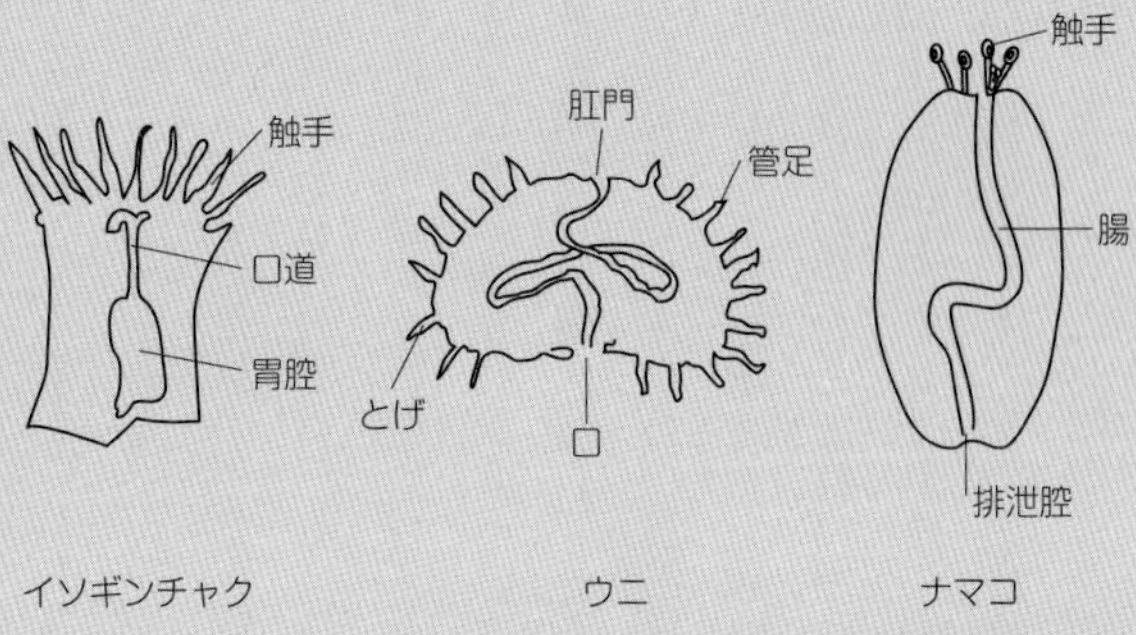

図 2-1　イソギンチャク、ウニ、ナマコの形態学的構造。

2―1)。このことをもって、人間は自らの身体を想定して、イソギンチャクが下等で、ナマコのほうが優位な関係にあるなどと想定するのは間違っているとする主張だった。この話は日高さんの著作にもくわしい（日高 一九八八）。

なお、イソギンチャクのなかには褐虫藻とともに、宿主動物と共生するズークロレラ（zoochlorella）も知られている。ともかくも、食を主題とする本書では、日高式の議論ではないが、本章で排泄の問題を考えてみたい。スカトロジー（scatology）は日本語で「糞便学」と呼ばれ、何やらうさん臭い学問と映る。社会学、心理学、文化人類学、文学・芸術学などが主な研究領域であるが、最近では考古学や歴史学、保健学などでも注目されている。たかが糞の研究ではないのである。以下では、その概要を示そう。

スカトロジーの現場

地球研では、わたしが進めてきた「モンスーン・アジアの生態史」研究を継承した門司和彦さん（現、長崎大学）がラオスで「エコヘルス」プロジェクトを推進してきた。エコヘルスは、環境と人間との相互作用をふまえて人間の健康を考えようとする立場を指す。その重要な事例研究が、タイ・ラオスにおける淡水魚の生食と肝吸虫症の因果関係に関する取り組みであり、広義の人と自然にかかわる興味あるものといえる。淡水魚の生食については第5章でふれるとして、ここではどのようにして研究するのかについてふれてみたい。

人がほぼ生の淡水魚を食べると、肝吸虫の卵も一緒に摂取することになる。卵からふ化した幼虫が血液を通じて肝臓に達し、そこで宿主の人間から栄養を得て繁殖する。寄生虫卵は十二指腸に移動し、便を通じてふたたび自然界に排出される。この卵が水を通じて川や池に達し、そこで小さなマメタニシにより摂取され、体内でふ化して幼生になる。何度か変態を経て、マメタニシの体外からセルカリア幼生として排出される。セルカリアは水中で活発に動き、淡水魚の鱗から魚の体内に中間宿主として取り込まれる。魚の筋肉内でメタセルカリア幼生となった段階の魚を生ないし半生で人間が摂取すると、そのまま感染することになる。

では、どのようにしてこのことを確認することができるのか。ラオスの農民は水田や森林で用を足すことが多い。そのさいに排泄された便を集めて調べるしかない。成人男女の農民にGPS搭載のスマートフォンを持参してもらい、排泄場所とその時間を記録する。あとはそのデータをもとに

図 2-2　洪水時における村の様子。
（2011 年 8 月　ラオス南部チャンパサック県のメコン河右岸）。

資料を集めて分析することができる。この面倒くさい仕事をしたのが地球研の蒋宏偉さんである。人の便を調べるのはたいへんなことである。蒋さんとは調査で一緒のこともあり、その努力がよく分かる（蒋 二〇一六）。

蒋さんと一緒にラオス南部を回ったとき、洪水で道路が冠水して車が動かない。船で回り道をするしかなかったが、日本で洪水などがあると悲壮感が漂うが、ラオスでは雨季の洪水はいわば常襲の現象である。冠水した道端では露店が鉄板焼きの菓子を売っている。冠水した水田をボートで移動する若い女性は日傘をさしてゆったりとしたたたずまいであった。これで、野糞も広く拡散するのだろうと思ったが、肝吸虫のライフ・ヒストリーと人間の毎日の排泄、洪水の周期などが絡み合った暮らしに触れた思いであった（図2―2）。

いまの日本ではトイレは水洗で、隔離された狭い空間で用を足し、糞便は下水処理される。しかし、日本の都会でもちょっと前まではバキュウム管で汲み上げる方式がふつうであった。その前には、肥え担ぎが町を闊歩していた。糞便は金肥として貴重な農業肥料とされていた時代は厳然としてあった。

歴史のなかのスカトロジー

下水文化研究会の第三五回定例研究会（二〇〇六年一〇月七日）が都内で屎尿研究会との共催によりおこなわれた。そのさい、「葛飾区郷土と天文の博物館」の堀充宏三さんが江戸から戦後期までの下肥輸送船について興味ある話をされており、ネットで拝見した。人口が数百万人に増加した江戸の町から出る糞尿の量は相当なものであっただろう。糞尿は仲介業者を通じて江戸近郊の農民により買い取られた。糞尿は肥料として農作物の生産に使われ、生産物は江戸の町に売られた。

近世に世界でも類まれな循環型社会が営まれていたとする言説が語られてきた（速水 二〇〇三）。こうしたなかで堀充さんは、地形や土地、水運からして、武蔵野の農家ばかりが注目されている点に疑義を発し、いまなら練馬や中央線添いの武蔵野の農村ではなく、江戸の東側の近郊農村に下肥が運搬されたとしている。

一七八九（寛政元）年以降、武蔵国葛西領などの村々の農民たちは、江戸の町から買い取る下肥の値段を引き下げていただきたいと勘定奉行に願い出た。同時期、多摩地方の農民はやはり米糠の買い取り価格を下げていただきたいと請願していた。

おなじ江戸の近郊であっても、東側では下肥を、西側では米糠を用いていた。堀充さんによると、西の多摩地方は山林が多く、萱や樹木などの森林産物を堆肥としたが、米糠を地面にまくことで森林の更新を遅らせ、若木を採取するために必要であった。東の農村周辺には山林もなく、地元の河川や池の泥を使うほかは下肥を購入して使うしかなかった。しかも、江戸東方地域では、水路がたいへん発達しており、船による下肥の大量輸送が可能であった。下肥の輸送船は富裕な農家が所有し、船頭を雇って運搬した。明治期以降、中川（利根川支流）沿いの村々（葛飾あたり）には下肥仲介業者が多くいた。河岸から内陸への輸送のための馬車屋も多く抱えていたということだ。年中絶え間なく供給される下肥に応じて、稲作ではなく季節に応じた換金野菜が多く畑地で栽培され、ネギ、蓮根、夏野菜のキュウリ、ナス、小松菜、亀戸大根、金町コカブ、山東菜などがあったという。狭い水路でも移動できる船が機動性を発揮し、江戸期には「葛西船」、明治期以降は「長船」と呼ばれる下肥運搬船が活躍し、専業で運搬業を営む人がいたようだ。江戸の近郊野菜については、野村圭祐さんの仕事があり、興味ある考察をおこなっている（野村 二〇〇五）。

京野菜・浪速野菜・大和野菜

おなじような状況は京都や大坂、大和でもあった。江戸初期から、淀川を遡上し、京都の伏見まで物資を運搬する三十石船が活躍したが、伏見と京都を結ぶ運河の高瀬川が角倉了以《すみのくらりょうい》親子により一六一四（慶長一九）年に完成した。当時、運搬船とされたのが高瀬船である。高瀬川は京都の住民の下肥を運搬する役目も果たし、団栗橋《どんぐり》下がる付近（四条木屋町下がる）は明治中頃まで肥場であったとされている。古代以来、京の宮廷や寺院、料亭、あるいは町衆に供給された多様な種類の京

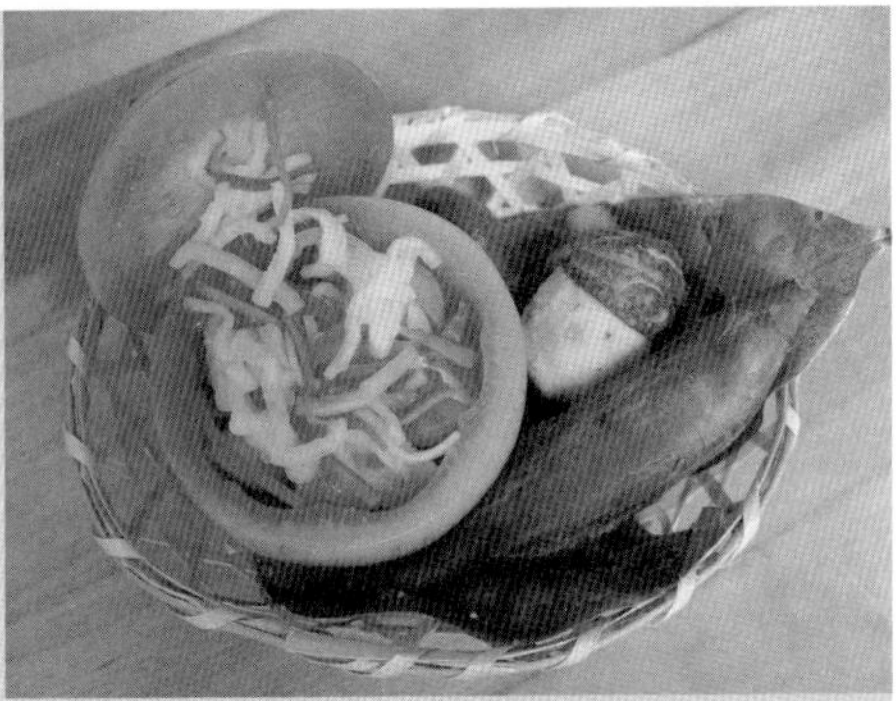
図 2-3　浪速野菜を使った料理。
（大阪法善寺・「喜川」にて筆者撮影）。

野菜があったことも下肥のおかげであったというべきだろう。京の伝統的な野菜には多くの品種がある。聖護院大根、辛味大根、青味大根、聖護院カブ、酸茎菜、壬生菜、水菜、賀茂ナス、伏見トウガラシ、海老イモ、堀川ゴボウ、クワイ、九条ネギ、金時ニンジン、京タケノコ、ジュンサイなどがその例である（日本の食生活全集京都編集委員会 一九八五）。

　大坂（大阪）でもおもに江戸時代以降、天下の台所に供給する多様な野菜類が栽培されてきた。現在もその保存・栽培と普及活動が進められ「なにわの伝統野菜」としてブランド化されている。そのなかには、毛馬胡瓜《けまきゅうり》、玉造黒門越瓜《たまつくりくろもんしろうり》と服部越瓜《はっとりしろうり》、カボチャの勝間南瓜《こつまなんきん》、天王寺蕪、葉菜としての大阪シロナ・高山真菜《たかやままな》、田辺大根、守口大根、鳥飼ナス、金時人参、吹田慈姑《すいたくわい》、三島独活《みしまうど》、高山牛蒡《たかやまごぼう》、泉州黄玉葱《せんしゅうきたまねぎ》、芽紫蘇《めじそ》、碓井豌豆《うすいえんどう》、難波葱《なんばねぎ》などがある（図2―3）。

　奈良盆地でも古代以来、近郊の野菜栽培は大陸からの導入野菜を含め、また盆地周辺の山地における野菜栽培と採集活動が活発におこなわれた。現在も奈良県は在来野菜の保存と生産振興、ブランド化推進について県独自に品種を認定している。このなかには、祝大根、片手アラネ（蕪）、筒井レンコン、宇陀金ゴボウ、大和イモ（ヤマノイモ科）、味間イモ（サトイモ科）、大和マナ、千筋ミズナ、結崎ネブカ（ネギ）、大和キクナ、下北春マナ、ヒモトウガラシ、紫トウガラシ、黄金マクワ、大和三尺キュウリ、大和丸ナス、黒滝白キュウリ、軟白ズイキ、大和水ネギ、香リゴボウ、半白キュウリなどがある。未認定であるが、山地の畑地で栽培される仏掌芋（ヤマノイモ科）も江戸時代、貝原益軒による『大和本草』や寺島良安による『和漢三才図絵』にもこの仏掌芋（ツクネイモ）が記載されている。

図 2-4　籌木（ちゅうぎ）。

歴史をさかのぼった古代・中世になると、便所の話が脚光を浴びる。平城京の長屋王邸地址から貴重な考古資料が二〇〇九年一月に見つかって話題となった。円形の穴のなかから、籌木（ちゅうぎ、ちゅうぼく）、別名「くそべら」、ウリをはじめとした野生・栽培植物の種子、ソバやアブラナ、ヨモギなどの花粉とともに、寄生虫卵が見つかった。肛門を拭く用具とともに、特定の食物を摂取することで人間が感染する寄生虫が発見されたことから、その穴が便所であることが分かった。しかも、肝吸虫や横川吸虫、異形吸虫、日本海裂頭条虫などの寄生虫卵の存在は、それらの中間宿主となる特定の魚を生の状態で食べたことを強く示唆しているという（山崎 二〇一三）（図2―4）。

図 2-5　富山の鱒寿司。

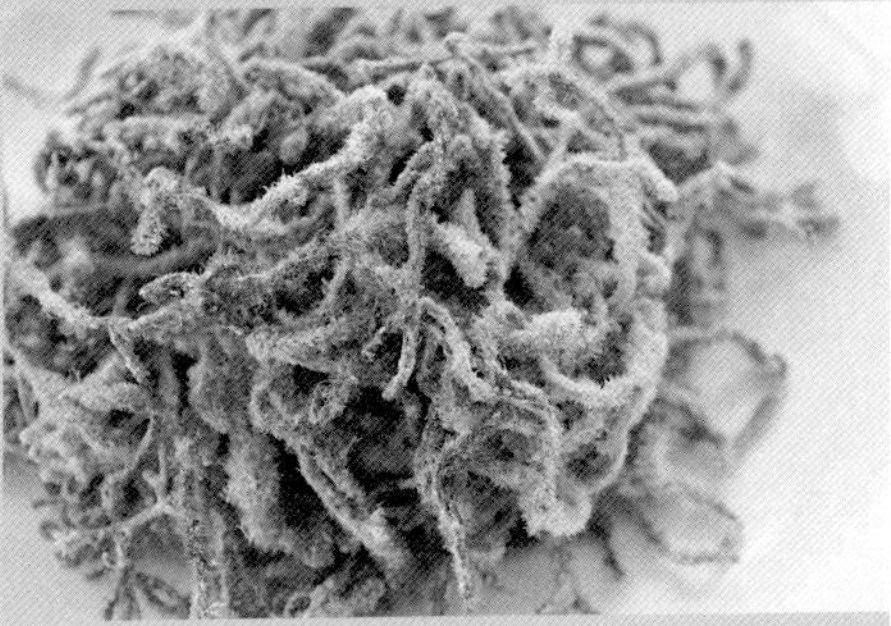
図 2-6　海人草。

ラオスの話題で述べたように、肝吸虫卵はコイ科、横川吸虫はとくにアユを中間宿主としている。また、日本海裂頭条虫が多く見つかった岩手県平泉の中尊寺遺跡群の例では、当時の人びとがサケ・マスを生ないしそれに近い状態で食していたことを物語っている。

　酢味噌でいただくコイの洗い（温水処理）やアユのせごしは生食にほかならず、やはりコイは煮付け、アユは塩焼きのほうが安全というわけだ。となると、生のキングサーモンのオードブルやにぎり鮨は大丈夫かと考えてしまう。サクラマスも時期によってはなかにムシがいることもあるが、富山の鱒寿司は酢じめしてあるので問題はない（図2―5）。

　あと、古代・中世人の便所から回虫・鞭虫卵が大量に検出されることがある。当時、人びとは野菜や野草を生ないしは十分に火を通さずに食べていたことが考えられる。わたしが小学校のころは、いわゆる「検便」検査があった。大きめのマッチ箱にサンプルを入れ、学校にもっていったことを思い出す。虫下しの薬はきまってマクニン（海人草）であった。

沖縄では琉球王国時代、税として種々の産品が貢納された。このなかには上布をはじめとして、ジュゴン（ザン）、ナマコ（イリチー）、ユミガタオゴノリ（イーシー、原文ではツノマタ）、ヤコウガイ（ヤクゲー）などとともに海人草（ナチョーラ）が入っており、当時も虫下し用の薬が利用されていたことが分かる（図2―6）。

2. 大腸の苦悩

海辺のトイレ

漁撈民の調査を手掛けてきたわたしは、海辺の村でもいくつもの興味ある便所があることを知った。ソロモン諸島マライタ島北東部にある広大なラグーンに小さな人工島を作って居住しているラウ漁撈民の場合、トイレは岩場の海岸部にある。ここがトイレですと書いてあるわけではないが、居住区域からみえないタコノキの繁る島の北東部にある。サンゴの岩でごつごつした波打ち側でお尻を海側にむけてしゃがむ。毎朝、数人から五～六人の男性が一定の距離をおいて座り、無言で用を足す。じろじろ見るわけにもいかないが、あと紙を使うわけでなく、手で海水を局部にかけるだけのようであった。少し前に用を足した人ののこしたものが波打ち際にただよっていることがある。見て驚くのは結構、太くて長いものがあることであった。これはタロイモのなかでも繊維質の多いミズズイキ（キルトスペルマ属のもの）をおおく食べたことによるものだろう。ラウの人びとはこのタロイモをカカマと呼ぶ。

波風のある日や夜に便所に行くのはつらいことがある。満潮時にはしゃがむ場所もなく、手前にあるタコノキの気根を両手でつかんで用を足す。夜などには懐中電灯を持参するが、目の前にあるしげみの奥には頭骨が安置されているので気味が悪い。

漁撈民は海岸部に居住しているので、杭上家屋生活を送る場合が数多くみられる。とくにインドネシアでバジャウと呼ばれる漁撈民は杭上家屋で集住生活を送っている。密集した家屋のなかにある便所は杭を伝って移動する。床に隙間があり、下の海に便をそのまま落とす。

パプアニューギニアの北部にあるアドミラルティー諸島の主島であるマヌス島の南東部で調査をおこなったさい、人びとは陸地に居住していたが、トイレだけは海岸から離れた海上にあり、細長い杭を伝ってその便所まで歩いて行かなければならない。昼間は周囲が海でもそれほど問題はないが、夜間になると、懐中電灯で前を照らして細長い杭を伝って歩くとバランスを失ってしまうことがある。面倒になり、海に飛び込んで排便した方が早い。夜は海岸の砂浜で用を足すことにした（図2―7）。

漁撈民は陸地で排便するとハエのウジがわくので清潔でないと考えている、そのため、わざわ

図 2-7　マヌス島漁撈民の水上トイレ。右側に 1 ヵ所、左側奥にも 3 ヵ所みえる。

ざ海上のトイレを使うのである。この村で昼間泳いでいると、満潮のために沖にあったゴミが海岸部のほうへ流れてくる。木の葉や木切れなどなら問題ないのだが、時には排泄物がプカプカ浮かんでいることがあり、そのあいだを泳ぐのも考えてみれば勇気のいることかもしれない。たいていは魚が食べてくれるのだが、その魚を食べることに人びとはとくに関心を持っていない。ただし、先述したマライタ島のラウの場合、便所の近くによくいる魚はイア・ニ・ビリア、つまり「不潔な魚」とされている。このなかに含まれるのはコトヒキの仲間である。

これまでは男性の話であるが、女性の場合についてもふれておこう。当然、漁撈民の場合、女性も海上や杭上のトイレを使う。海岸部で用を足す場合はふつう人に見られない場所が決められているが、公然と排便される場合がミクロネシアにある、中央カロリン諸島のサタワル島では、島のサンゴ礁の裾礁《きょしょう》で早朝多くの女性がしゃがんでいる光景を目にすることができる。海岸から遠いのでしかとは分からないが、腰布をつけたままじっとしているのではない。用を足すときは、その腰布を取るものとおもわれる。興味があることに、島で食用の魚について聞いていたところ、チョウチョウウオの仲間は便の匂いがするので食べないという意見を聞いた。これはまさに、女性が裾礁で用を足すところに多くいるチョウチョウウオが実際に臭くなくても、そのような場所にいる魚であると考えられていることを示唆している。

海岸のしげみや森に行ったときに用を足す人がないわけではない。クサトベラなどが生育する海岸部のしげみにはヤドカリがいて、人間の排便に群がっていることがある。したがって、島民はヤドカリを魚釣りの餌とすることを忌避している。なぜなら、人間の便を食べたかもしれないヤドカリを餌として魚を釣ると、その魚にもヤドカリの影響がおよび、結局、釣れた魚を食べることは人間の便を食べることになるからである。

恐怖のウニ

パラオ諸島はミクロネシアの西部にある。主島のバベルダオブ島は火山島であるが、南部のペリリュー島とアンガウル島は隆起サンゴ礁島である、最北端にはカヤンゲルと呼ばれる環礁がある。首都のあるコロールに滞在中、町の市場に行くとナマコを瓶詰にして売っていた。話を聞くと、自分たちで採集したものだという。ナマコを一口大に切って、果実で香りづけをしたものが売られていた。女性たちと交渉して、一緒にナマコ漁に行くこととした。南海産のナマコは種類が北方の海域にくらべてたいへん多い。

ナマコをサンゴ礁の浅瀬で採集するため、ゴム製の浮き輪が採集物を入れておくために使われていた。三人の女性は少しずつ離れて浅瀬の海を見ながら移動し、海底のナマコを素手で採集する。種類や大きさは関係ないようだ。時折、ウニを見つければそれもゴムの浮き輪に入れる（図2―8）。

図 2-8　パラオ諸島におけるナマコ漁。

こうしていろいろな種類のナマコが採集された。南海産のナマコは内臓を除去し、天日や火を使って乾燥する。これは主に中国向けの輸出品として利用される。ただし、パラオではナマコをスライスして味付け用に香りのよいかんきつ類を加え、小さな瓶に入れて売られている。日本とおなじような「酢ナマコ」というわけだろうか。太平洋でこうした食べ方をする地域はまずない。戦前、パラオが日本の委任統治領であった時代（一九二二～一九四五年）、南洋庁の中心はパラオのコロールにおかれていた。当然、日本の影響も少なくなく、教育も日本語でおこなわれた。件のナマコの食べ方も、当時導入された公算が高い。

日本では冬場、生のマナマコを酢で味付けして賞味する。コリコリした食感がとてもよい。そうした思いもあって、市場でナマコをひと瓶買い、ゲストハウスの部屋で食べてみたが、期待はずれであった。市場ではナマコの瓶が相当数ならんでいたから、現地で消費する人も多いのだろう。ナマコはパラオで二八種知られており、なかでもエレムルム（cheremrum）という体表面に突起のある種類がもっとも値段が高い。このナマコは別名でアゲムシとも呼ばれていた。アゲムシは日本語で南洋庁時代にはいったことばであろう。アゲムシの用語を知る日本人はむかしは多かった。ナマコとウニの本で知られる九州大学名誉教授の大島廣さんの本にもアゲムシの名がある。アゲムシは中国語で梅花参と呼ばれる。現在でもインドネシアから中国向けに輸出される乾燥ナマコのなかでも、最高の値がついている。アゲムシは、インドネシアではトリパン・ナナス（trepang nanas）と呼ばれる。トリパンは「ナマコ」、ナナスは「パイナップル」のことを意味する。トリパンは英語のトレパン（trepang）の借用語である。なぜパイナップル・ナマコと呼ばれるかは、このナマコの体表面にある突起がパイナップルに似ているからだ。ちなみに、インドネシア語でハリセンボンという体表面に棘のあるフグの仲間はイカン・ドリアンと称される。イカンは「魚」、ドリアンは果物の王様と称されるドリアンである。ハリセンボンのトゲがドリアンの外皮の形状と似ているため、そのように呼ばれる（図2―9）。パラオのエレムルムの内臓にあたるコノワタは、パラオ語でムレムリー（mlemlii a cheremrum）と呼ばれ、食用とされる。

図 2-9　採集されたエレムルム（梅花参）、ドリアン（左下）、ハリセンボン（右下）。

パラオのナマコ漁で採れたウニをひとつもらい、殻を割って浜辺で卵巣を手ですくって口に入れた。ほどなくして猛烈な下痢に襲われた。浜の岩場にしゃがんで用を足したが、あまりに早い生体反応で、いったいなにが悪かったのか、見当もつかない。このウニはいわゆるシラヒゲウニに相違ない。大型のウニで黒褐色の体表面に短い白色の棘がある。

おなじような経験は石垣島でもあった。石垣市の石垣新川港は地域の漁撈活動の基地となる水揚げのセンターである。一九七一年に初めて訪れたさいは、漁港に係留されている漁船の半数以上がサバニと呼ばれる伝統的なタイプのものであった。のこりは外洋で釣り（底釣りとはえなわ）をおこなう新規に導入されたサンパン船であった。仲間と漁港にある食堂に寝泊まりして、昼間はひたすらウミンチュ（海人：糸満系の漁民）から話を聞く生活が続いた。

春先、膨大な数の採集されたウニを海人のお母さんが三人、新川港の水際で殻をかち割り、なかの卵巣を取り出してバケツに移す作業をしていた。作業を覗きみながらいくつか質問をしていると、お母さんたちにはいかにも物欲しそうに映ったのか、ウニの身を取り出して手のひらに乗っけてくれた。「ありがとう」というわけで、ウニを胃袋におさめたが、しばらくして強烈な便意を催した。あとはご想像のとおりである。このウニもパラオとおなじシラヒゲウニであった。石垣での下痢が一九七一年、パラオは一九七八年のことである。それ以来、シラヒゲウニは口にしたことはない。もっとも復帰後に何度も訪れた沖縄の鮨屋で、ウニの軍艦巻きを頼んだことはあるが、聞くと北海道などの内地産でシラヒゲウニではなかった。京都の祇園の鮨屋でもウニを食べることはあるが、たいていは北海道厚岸の浜中産の「塩水ウニ」である。

便秘の憂鬱

便秘に悩む女性がおおい。一週間も便がないと聞くと、異常としかおもえない。さぞかしつらいとおもうが、薬では酸化マグネシウム（MgO）が良いとか、食物繊維やヨーグルトの効用がメディアを通じて喧伝されている。何が本当であるのか、何を信じてどんな食物や薬を摂取するのがいいのか。医食同源の原理が便秘にたいしてどのように作用するのか。ちなみにわたしは、毎朝一錠、食後にイリボー錠（Irribow）五マイクログラムを服用している。

ここからは、ひどい便秘の話になる。一九九八年、パプアニューギニアの西部州で調査をレークマレー（マレー湖）でおこなった。フライ川の上流に位置するレークマレーは熱帯の淡水湖で、周辺には漁撈とサゴヤシデンプンの採集を主要な生業とする人びとが住んでいる。われわれの間では、低湿地の調査はかなりたいへんであり、「ズブズブ」調査と呼んでいる。ニューギニアでは、低湿地はマラリアの巣窟であり、衛生状態も決して良くはない。

レークマレーで調査を始めたが、高床式の住居では夜は蚊帳をつって過ごした。あまり想像できないかもしれないが、蚊帳のなかでランプをつけていると、蚊帳の外側には無数のカがへばりついている。その数があまりに多いので、背筋がひきつる。

村での食生活では、主食のほとんどがサゴである。サゴにはデンプン質のほか、食物繊維がほとんどない。タロイモやサツマイモとは大きなちがいである。オカズも焼いたナマズのことが多い。一日三食、すべてサゴで、多少、魚が加わるが、食品数は一日で二〜三種類である。こうした食生活を続けていると、目に見えて便秘症状が顕著になる。わたしは仮設トイレに毎朝通った。だが、出るものが出ない。いくらいきんでも、駄目である。要するに、便が固いのである。つらい思いをして外に目をやると、湖に棲む水鳥が群れで飛んでいくのが見える。その鳴き声を聞きながら苦しんでいる姿はみじめそのものとしか映らなかっただろう。手を使って、セメントのように固い便を出そうと何度も試みたが出血するだけで成功には至らなかった。食生活の改善をと思い、マメ科植物のやわらかそうな葉を茹がいて摂取するような努力もしたが、便秘はいっこうに改善しなかった。ところが、ある日、村人の獲ったナマズを焼いて食べた。すると、その日の夜、下痢に見舞われた。腹痛はなかったが、とりあえず下痢でそれまでの難儀が救われた。ナマズの脂分が作用したのだろうか。こうした経験が蓄積され、いわゆる本草学における薬効が定式化されるようなことが過去にあったに相違ないと考えてしまう。

ベジタリアン精神

おなじパプアニューギニアでも、高地周縁部で調査したときはちがった経験をした。パプアニューギニア西部州の、海抜一二〇〇メートル地帯に居住するマウンテン・オクのグループに属するセルタマンで調査をおこなった。このあたりの海抜高度における人口密度は非常に低い。海抜数メートルの低地では、湿地環境ゆえの不衛生、洪水、マラリアの災禍が顕著である。一方、高地ではマラリアの罹患もなく、ニューギニアでも人口密度が高い。サツマイモの導入後、ブタ飼育を含めて栄養面が改善し、いわゆるサツマイモ革命（Ipomoean Revolution）が実現した（Watson 1965a, 1965b）。しかし、低地と高地の中間地帯は急峻な斜面にある。村はたいてい尾根筋にあり、水の利用面でも農耕や生活全般にわたってハンディキャップが大きく、人口密度も希薄である。

セルタマンの村落は人口二〇〇人くらいの小さな規模で、やはり山岳地帯の尾根にある。セルタマンの人びとはサツマイモやタロイモを耕作する農耕民で、弓矢による狩猟もおこなう。降水量も多く、朝晴れていてもほとんど毎日降雨があるくらいで滞在していてもウンザリすることが多かった。尾根筋にある村の正面向こうの山塊が崩落することもしばしばで、住むのがたいへんな場所である。

セルタマンの食は端的にサツマイモ中心である。要するに、サツマイモを三食食べる。それで終わりである。これはまずいと考え、調査助手のA君に、野草を追加するように頼んだ。その結果、シダ植物がメニューに加わった。

図 2-10　セルタマンでの日常の食。
サツマイモと山菜のスープ。

さすがに三食、サツマイモだけでは異変が起こった。立ちくらみである。毎日三食、サツマイモだけではつらい。わたしはサツマイモを茹がいて食べるさいに、ワラビなどの山菜を一緒に食べることにした。味付けは持参したマギーのコンソメストックで、これに食塩とコショウで味付けする。調査助手のA君が大体準備をするが、野菜スープの味付けだけは自分ですることにしていた（図2—10）。日本ではうまい山菜がたくさんある。ニューギニアでも煮ると柔らかい山菜がある。しかし、ウラジロに似たシダは最悪であった。現地語でシックと呼ばれるこの山菜は、固くて喉を通らない。名前がシックだけに、わたし自身、これは病気になる山菜と悪ふざけでいた。

低血圧に襲われながらも、サツマイモ食は便に関しては問題がなかった。サツマイモの繊維質によるのだろう。意外であったのは、便はふつう茶色をしているが、セルタマンに滞在中は、便はモスグリン色であった。

一日ほど歩いての距離にあるファコビップ村にいた調査仲間の口蔵幸雄さんが体を壊し、セルタマンまでやってきた。久しぶりで日本語を話し、たがいの村の状況について意見交換した。食生活については、セルタマンよりも食料事情は悪そうだ。イモだけでも十分な量食べていなかったために、体調を崩したようだ。立ち上がるとめまいがするとのことで、血圧もかなり低下しているようであった。便の色が灰緑色になるどころのさわぎではない。

食事はわたしと助手の二人だけですますわけではない。食事時になると、数人の男が勝手に上がり込んでわれわれが食べているのをじっとみている。われわれが食べ終わるさい、だいたい三分の一くらいは残しておく。無言のまま、その鍋を座り込んでいる男たちの前に差し出す。かれらは無心にイモを食べ、それが終わると無言で家を出ていく。完全にこのパタンが定着したが、震災時の炊き出しを思い出す。無言で食事をもらい受ける。持っているものは持たないものに与えるのは当然とされている社会である。

セルタマンでは動物食はたいへん限られている。日常的には動物は食生活に登場しない。昆虫やカエルのオタマジャクシさえ、食の対象となる。ガなどは熱い炉の灰のなかに入れて、食される。

オタマジャクシの栄養分析をするため、籠に入れて太陽光で乾燥したが、乾燥すると骨と皮だけの黒い物体となり、これでは腹の足しにはなるまいと実感する（図2−11）。

セルタマンでは、かつて部族間の戦争があった。とくに一九六〇年代に白人のパトロールが入るまで、宿敵バクタマンとの間で戦闘が繰り返された。バクタマンは、F・バース（Frederick Barth）が調査をしたことで知られている（Barth 1975）。わたしは村の成人男性全員に、これまで狩猟で獲った獲物を挙げてもらう質問をした。野ブタ二頭、ヒクイドリ一頭などの情報が得られた。村長はふつうマムシと呼ぶが、セルタマンのマムシにこの質問を投げかけると、突如としてその場で立ち上がり、大きな声で語った。「バクタマンの男一人、バクタマンの男一人！」。要するに戦闘でバクタマンの男一人を殺したのだ。そして、腕を切り取り、肩に担いで村に持ち帰った。

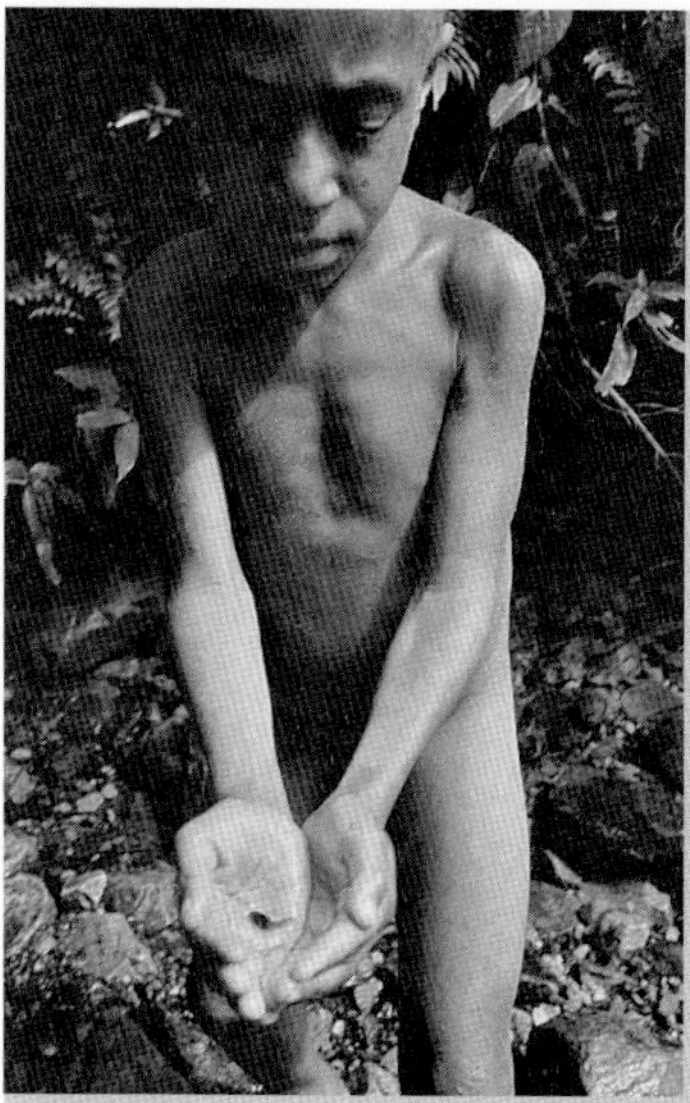

図 2-11　セルタマンの村の近くの小川で採れるオタマジャクシも食べる。

話の続きはまだあった。セルタマンでは、野ブタや飼育するブタを調理するさいに、石蒸し焼きの調理をする。地面を少し掘って、大きな石を投げ込み、上に木の幹をおいて火をつけ、肉を葉に包み、石の余熱で

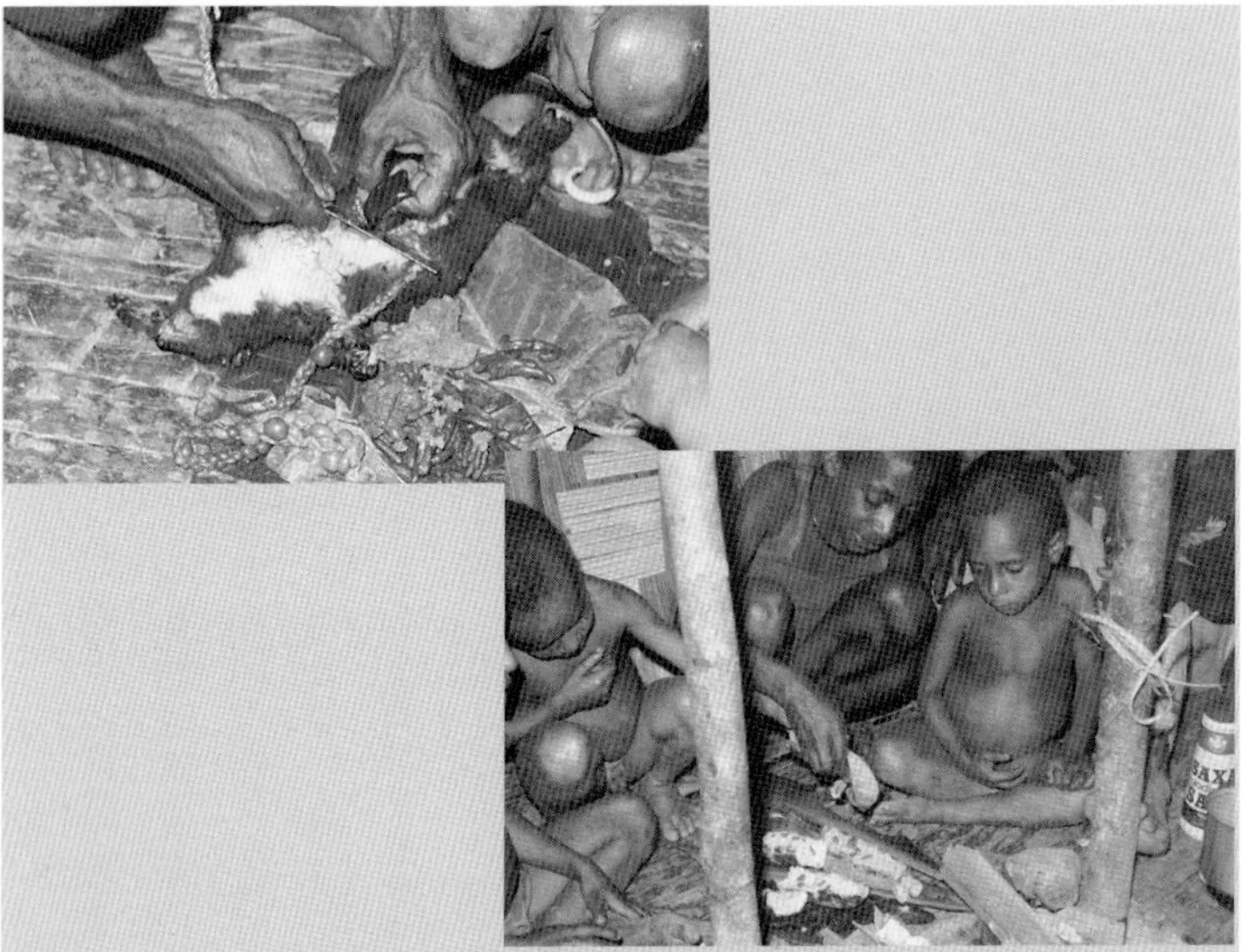

図 2-12　有袋類の腸の内容物をイモに塗って食べる。

肉を蒸し焼きにする。さきほどの敵の手足は、ブタ肉と混ぜて調理されたようだ。

セルタマンの話をもう一つ挙げよう。村周辺の森には有袋類の仲間が数多く生息している。セルタマンでは総称でヌーク（nuuk）と呼ばれる。たいていは樹上生活を送り、草食性である。ある日、ヌークが弓矢で獲れた。炉の直火で毛を焼き、さらに肉を焼いて食べる。それだけと思っていたら、腸の内容物をしごくようにして取り出した。腸が長いことに驚いたが、さらに仰天したのはその内容物をふかしたサツマイモにペースト状に塗って美味しそうに食べ始めた。色はやや緑がかった黄土色のもので、便そのものといってよい。味は苦くて酸っぱい。パンにジャムを塗って食べるのとおなじセンスなのだろうか（図2―12）。

中国貴州省のトン族は、牛や山羊の未消化の内容物を食べる。これはトン族のことばでビー（biè）の当て字で癟と呼ばれるもので、牛癟や山羊癟などがある。セルタマンの有袋類の腸内のものと類似している。味のほどは試したことがない。

かつて、モンゴロイド集団がベーリング海峡を越えてアメリカ大陸に拡散したさい、現在の米国の「無氷回廊」を南下した。モンゴロイド集団の拡散に課する研究を主導した赤澤威さんによると、見つかった大型獣の遺骨には肉を食べるために解体した痕跡のないことから、おそらく草食獣の内臓を選択的に食べたものとの仮説を提示した。内臓がビタミンや食物繊維を多く含んでおり、栄養上、きわめて重要な役割を果たしたと考えたわけである。現代のエスキモーは古い時代の食文化を継承している面がある。とくに、動物の生食はタンパク質だけでなく、各種のビタミンを摂取するうえで重要であると指摘されてきたが、内臓やなかの内容物がどの程度消費されたのかについて手持ちの資料がない。ニューギニアの有袋類もそれほど毎日食されるわけではないので、この問題は今後の課題としておこう。

3. 厠　考

ブタと排泄物

セルタマンでは、飼育するブタは夜、家屋内で人間と一緒に住まわせる。家は高床式で、木の階段がついている。ブタはそれを登れないので、低い位置に斜めに板が敷かれており、そこから家の中に入る。ブタを可愛がるさまは顕著で、横たわるブタの体を子どものように愛撫する女性を何度も見たことがある。ある日、焼き畑で一頭のブタが死んでいた。飼い主は自分のブタを殺されたような場合、大声で泣きわめく。ブタは食用に飼育されているが、飼育していたブタを殺して調理する場合、飼い主はそのブタ肉を食べることはできない。わが子を食べるようなものだと人びとは考えている。

ブタはアム・コン（am kon）と呼ばれる。コンはブタの総称で、アムは「家」を指す。野ブタは、サーミン（samin）と呼ばれる。

一九七七年二月、前年の一二月からテレビ局の取材番組の助手としてソロモン諸島、ヴァヌアツを回った。ヴァヌアツでは、バンジージャンプ（ナゴールと呼ばれる成人式儀礼）の元となったペンテコスト島の取材をとディレクターは考えたようだが、許可が出なかった。かつて、グァルティエロ・ヤコペッティが「世界残酷物語」の映画（一九六二年公開）で取材したので二番煎じの感もした。ヴァヌアツの北端にあるバンクス諸島や中部のマレクラ島を訪問して取材の可能性を探った。

マレクラ島には内陸部にビッグ・ナンバスと呼ばれる部族が住んでいる。村にはいかなかったが、成人男性数名と子ども一名を含むビッグ・ナンバスの人びとと接触した。取材は困難であったが、歓迎の意味を込めてカヴァ（kava）をいただくことになった。カヴァはコショウ科植物で、その根を砕いて出る樹液を水と混ぜてできる液を飲むものでポリネシアやミクロネシアのポーンペイ島で知られている。ヴァヌアツにもカヴァを飲む習慣のあることが分かった。

問題はカヴァをどのようにして調整するかであった。ビッグ・ナンバスの社会では若い男の子が口腔内で咀嚼し、それを水と混ぜて飲むことが分かった。それまでにカヴァを飲んだことがなかったので、ただ苦いだけの飲み物で、生薬に近いとおもった。ビッグ・ナンバスの人びとと別れてものの三〇分も山中を歩いていると、急に腹具合がおかしくなった。完全にカヴァを飲んだことによる腹痛である。水が悪かったのか、少年の咀嚼したことで雑菌が口に入ったのかはいざ知らず、あまりに急激な下痢に見舞われてしまった。

結局、ヴァヌアツの南部にあるタンナ島での取材となった。タンナ島には活火山がある。取材は海岸部にあるレナケル村で行われた。三食の準備と皿洗いはわたしの役割であった。一軒の平屋を借りてディレクター、カメラマン、それにわたしの男性三名による共同生活がはじまった。さて、トイレはどうするか。村にはトイレなどない。浜辺の繁みで用を足すしかなかった。

一五年ほどのちに、ふたたびヴァヌアツを訪れた。ソロモン諸島から小型の飛行機でヴァヌアツの北部にあるエスピリトゥ・サント島まで飛んだ。わたし以外のただ一人の乗客はホニアラの空港で出国できず、結局、わたし一人だけになった。飛行機は双発のプロペラ機で、乗客よりも荷物を輸送するものであった。パイロットはおそらく豪州の白人で、なんの愛想もない。貨物室には野菜やダンボール箱などとともに、一頭の子ブタがいた。やけに冷房が効いており、尿意を催したが貨物専用の小型機にトイレなどあろうはずがない。パイロットにことわりなく、立膝をしてそのまま床にタレ流した。

ヴァヌアツでは、エスピリトゥ・サント島南部のほか、マレクラ島、エマエ島、ウリピヴ島、エファテ島を調査し、後半は南部にあるアネイティム島で合同の調査をおこなった。以前いったマレクラ島海岸部の村に滞在したが、ブタは放し飼いされていた。朝、村を見回っていると、一人の男性が大きな木製の器の端を木の棒きれでたたき始めた。トントントンという甲高い音が周囲に響きわたると、どこからともなく、茂みからブタが集まってきた。音を合図にブタの朝食時間を告げるものであった。ブタは放し飼いであっても、きちんと餌付けされていることが分かった。

さて、村にはトイレがない。小便なら繁みに入って用を足せばよいが、大便はどうするかだ。わたしはトイレット・ペーパーと懐中電灯を持って、浜辺にある茂みに向かった。用を足していると、周囲で何やら物音がする。匂いでイヌか放し飼いのブタが寄ってきたのである。懐中電灯で照らすと、イヌではなくブタであった。手元にある木切れを投げて追い払おうとしたが、動く気配がな

図 2-13　フール（豚舎）久米島の宇江城集落にあったもので、昭和 20 年代まで使用されていた。久米島博物館に 2010 年に移築。

い。砂で便を埋めて立ち去ろうとした瞬間、ブタがその場所をめがけて突進してきた。あとはご想像通りである。つぎの日もおなじパタンで、ブタが寄ってきた。たまたま、匂いをかいでブタがやってきたとも考えたが、この村の人びとは海岸部で用を足すことをブタも学習していたにちがいない。

ブタ便所は、人間の排泄物をブタに与えるため、便所とブタ小屋を併設したもので、日本では戦前まで奄美・沖縄で見られた。現地ではフールと呼ぶ。わたしは久米島の久米島博物館の野外展示でこのフールを見たことがある（図2―13）。衛生上の点から、フールは使われなくなった。

中国や韓国でもブタ便所をみたこと

がある。中国では、雲南省の大理白族自治州で白族《ペー》の村を訪れたさいに見つけた。白族の居住地は洱海《アーハイ》の周囲にあり、ほぼ海抜一九五〇〜六〇メートルに位置している。洱海の西側には海抜四〇〇〇メートル級の蒼山十九峰があり、白族の村々では豊富な地下水をくみ上げて生活につかっている。中国語でブタ便所は豬厠（ちょそく：ズーツー）と称される。ここでは、便を川や湖に捨てるようなことはなかった。飼育されているのは黒ブタであり、沖縄の在来ブタとおなじであるが、系統は分からない。

韓国では、済州島の石文化公園でブタ便所（トットンシ）を見た。ここには、石を使ったじつにさまざまな彫刻や造形物があり、ゆっくり見れば一日ではすまない。台湾でも、パイワン族の便所はブタ小屋と併設されている。幸い、日本ではリトルワールドの野外民族博物館（犬山市）でブタ便所を見学することができる（妹尾 一九九六）。

以上、スカトロジーの一端を自分の調査をふまえて紹介した。食べることとともに排泄することはきわめて日常のことであり、排泄に関するさまざまな問題があるだろう。食べることと排泄はもう少しトータルに考える視点があってもよさそうだ。本章の冒頭で述べた日髙敏隆さんの提案した動物の文化論のなかで、例示されたイソギンチャクの口と肛門がおなじであることを再度思い出しておきたい。

スカトロジー論の最後に梅棹忠夫さんの論を紹介しておこう。わたしが国立民族学博物館に在職中、『月刊みんぱく』の編集長を五年務めた。そのさい、紙面の「館長対談」の司会として矢野暢さん（京都大学教授）と梅棹さんとの対談に出た時のことである。話が日米の貿易不均衡の話になった。いまでいえばＴＰＰの話になるが、日米の貿易不均衡で、日本は人糞を巨大タンカーで米国に輸出し、それによって栽培・飼育されたトウモロコシや牛を輸入すべきとする提案であった。地産地消ではなく、グローバルなエネルギー論であり、実現できるかは別として画期的な論と思えた。ウンコが地球を救うとする発想は現代でも生きている。江戸時代の発想を世界にひろげることは今では夢なのだろうか。わたしは、中国の人糞が世界を救うのではとの妄想をいまも持ち続けている。

Ocean Menu
これと
それから…
Menu

3 蟲のグルメ

蟲とは何か

中国語で蟲という漢字は、もともと人間を含むあらゆる生き物を意味した。蟲には、毛のある毛蟲、空を飛び、翼をもつ羽蟲、鱗をもつ鱗蟲、殻をもつ介蟲、裸の蟲である人間を指した。しかし、この場合の蟲と、本来ヘビの象形文字を表す虫が混同して使われるようになった。それでも、蟲ないし虫を（1）昆虫、あるいは（2）裸蟲、毛蟲、鱗蟲以外の小動物一般を指す用法は持続的に本草学でも使われた。本章は、この意味での蟲を扱い、昆虫だけでなく、貝類や無脊椎動物を含めて考えよう。

蟲のグルメというだけで、何やら怪しげなイメージが付きまとう。

大阪の高槻市にあるＪＴ生命誌館にはこれまで何度も行ったことがある。館長の中村桂子さんとも旧知で、たがいにインタビューの聞き手になったこともある。二〇一二年三月から、「虫愛でる姫君」に関連した展示が同館であった。このテーマは、平安後期以降に成立した『堤中納言物語』のなかの一編の短編物語で、化粧もせずにひたすら毛虫を愛してやまない姫君を主人公とするものである。生命誌研究を目指す館では、「蟲愛ずる姫君」が庭の身近な生き物を観察し、生き物の本質を発見する現代の科学に通じる心を持っていたと位置づけている。この「蟲愛づる姫君」の世界を表す、身近な日本の自然を江戸時代の博物画の手法を取り入れ、六曲の屏風として展示していた。ただし、この姫君は蟲をめでることがあっても、それを食べることはなかった。

部首が虫の漢字に蜃がある。この語は本来、水中に棲む竜を指す。蜃の吐く息が天に昇ってできるのが蜃気楼と考えられた。蜃気楼は英語でミラージュ（mirage）であり、蜃気楼以外に、自動車や戦闘機の名前にもなっている。日本では富山湾で蜃気楼の発生することがよく知られている。江戸時代中期の一七八一（安永一〇）年、鳥山石燕《とりやませきえん》による『今昔百鬼拾遺《こんじゃくひゃっきしゅうい》』妖怪画集が発刊された。このなかで、蜃気楼は巨大なハマグリとして描かれている（図3—1）。

図 3-1　蜃気楼とハマグリ。

鳥山石燕は前漢の紀元前九一年に編纂された『史記　天官書』に依拠して、海の大蛤が「蜃の気により楼が形づくられる」としている。蜃楼は貝楼《かいやぐら》と訓読みしたものである。ハマグリは通常、巨大な二枚貝ではない。世界ではオオジャコが世界最大の二枚貝で、長さ一一五センチ、重さ三三〇キロに達する。富山湾内では、縄文時代前期～中期の朝日遺跡（氷見市）からハマグリが出土している。現代ではほとんどハマグリは見つかっていないうえ、生息状況も分かっていない。数年前、神通川河口で生きたハマグリが偶然見つけられた。富山湾では干満差も小さく、大陸棚の張り出しもあまりない。また河川水の影響が大きく、干潟があまり発達していない。蜃気楼のよく見られる地域の地形や海洋気象とハマグリの関係を探る試みは夢なのであろうか。

1. 虫を喰らう

昆虫食と人類

昆虫食は、英語でエントモファギー（entomophagy）と呼ばれる。エントモス（entomos）はギリシャ語で「昆虫、切る」、ファギーは「食べること」を指す。昆虫の体躯が切って分断されたようになっていることに由来する。昆虫食の野生動物には、アリクイ、センザンコウ、モグラ、ハリネズミ、トガリネズミなどがよく知られた例であるが、人間もすべてではないが昆虫をよく食する動物である。また、昆虫を食べる生態をもつ植物は食虫植物である。

インドネシア東部のスラウェシ島北には、フィリピンのミンダナオ島との間に七七の島嶼が鎖状に分布している。スラウェシ島から船外機で一時間ほどのところにマンテハゲ島がある。島の周囲はマングローブが発達している。一度だけであったが、この島に滞在したことがある。マンテハゲ島には、原猿類のツパイが生息することで知られている。夜行性のサルで昆虫や小動物を主に食べる。じつは、マンテハゲという名前は、このサルのことを指す。学名は *Tarsius tarsier* である。スラウェシ島南部には近縁の *Tarsius fuscus* が生息している。ハリモグラはオーストラリアとニューギニアの南部に生息する。わたしはこのハリモグラをニューギニアの村で食べた。現地語はピージ（piiji）であり、全身長いはりで覆われ、長い舌をもっている。この舌を使ってアリやミミズなどを食べる。肉は固くて決しておいしくはなかった（図3―2）。

日本の昆虫食

いわゆる昆虫類の食用については、野中健一さん（立教大学・人文地理学）の業績がある（野中 二〇〇五）。野中さんは東南アジアのインドネシア、ラオスなどで一緒に調査研究をしてきた仲間である。車で方々を回るなかで、車を停めて、水田で働く人や村で暇そうな人を見つけ、できるだけ実物の昆虫標本を入手する。もちろん、現地語や調理法などの情報を収集する。昆虫食マニアでないとできない仕事ともいえるだろう。

岐阜県の恵那山地に串原（恵那市）という町がある。ここで毎年、ヘボ祭りがおこなわれる。ヘボはクロスズメバチ、オオスズメバチを指す。スズメバチの巣を採集し、その大きさを競うもので、全国から自慢のヘボの巣がもちよられる。

図 3-2　ハリモグラ。現地語でピージ（piiji）と呼ばれる。

図 3-3　ヘボの供養碑。（恵那市串原）。

二〇〇五（平成一七）年九月二三日、地元の関係者が参列するなかで、ヘボ供養碑（地蜂友好の碑）の建立記念式典が挙行された。宮司による祝詞の後、ヘボをたくさん殺して食べたことへの供養など、あまり聞いたことがない人もいるだろうが、わたしも野中さんと一緒に供養碑に榊の玉串を捧げた（図3―3）。

ヘボはうまい昆虫であり、成虫、サナギ、幼虫などをすべて使う。揚げ物や甘辛煮、バター炒め、佃煮などにする（図3―4）。串原や中津川ではヘボの子を使った「ヘボめし」が有名だ。ハチの子を揚げるか炒めておき、ニンジン、ゴボウ、油揚げなどと炊きこんだごはんにハチの子を混ぜていただく。ヘボ祭りの日の夕方、各種のヘボ料理が持ち寄られ、ハチとお酒だけの夕食は初めてであった。日本ではハチ以外に、バッタ、イナゴ、カイコ、ザザムシなどが、長野県、岐阜県、山梨県などの山間部で食されている。バッタ、イナゴは稲作にとり害虫でもあり、佃煮にして食される。いったん茹がいて炒め、砂糖と醤油で煮込んで佃煮を作る。カイコ食は養蚕地域でさかんであり、蚕糸を取ったあとのサナギを佃煮にする。長野県の伊那谷は天竜川にあり、トビケラ、カワゲラなどの水棲昆虫が甘露煮にして食され

図 3-4　ヘボの料理。
揚げ物（左上）、野菜との炒め物（右上）、炊き込みごはん（下）。

ている。いずれも、保存食となるとともに、貴重なタンパク質源ともなった。

　虫を食べたことへの感謝とその霊を供養するだけで、供養碑が建立されるわけではない。その例が日本の江戸時代にある。一八—一九世紀に生きた伊勢国の藩主増山正賢《ましやままさかた》（号は雪斎）は風雅を好んだ文人であり、昆虫の詳細な図譜『虫豸帖《ちゅうちじょう》』をのこした。増山雪斎の後継者たちは、

図 3-5　蟲塚。

彼の遺言に従い、犠牲となった昆虫を供養する蟲塚を上野の寛永寺境内に建立した（図3—5）。一八二一（文政四）年のことである。写生後に死んだ

虫たちを「これわが友なり。これ糞壌に委すに忍びず」と碑文に記されている(中峰 二〇一三)。一寸の蟲にも五分の魂という表現にあるように、日本人は小さな虫の命を考える感性をもってきた。世界の採集狩猟民や農耕民はこのような感性を抱いているのだろうか。

東南アジアの昆虫食

東南アジアのタイ、ラオス、中国雲南省、さらにはインドネシアの島嶼部各地で調査をおこなうなかで、日本とはまったく異なった昆虫食のあることが分かった。そのことは、町の市場や道路沿いにずらりと並ぶ露店商で昆虫が売られていることからすぐに理解できる。

ラオス南部のアタプー県を淡水漁撈の調査で回ったさい、いくつもの市場や露店をのぞいてみた。市場では緑色のタマムシが売られていた。あまりにきれいな虫であったので二〇匹ほど買った。食べることもなく結局、外に放ったが、これはタマムシ科の昆虫で二〇〇四年発行のラオスの切手にもデザイン化されており、学名は *Megaoxantha assamensis* である。美しい緑色の殻は工芸品にもなっていた。町の食堂で昼食をとっているさい、ごはんを入れる容器にタマムシの殻が

図 3-6 タマムシの外皮を飾りとしたごはん入れ。
(ラオス南部アタプー県の食堂)。

使われていた（図3—6）。

アタプー県の道を走っていると、ところどころの道端に女性が座り、前にいろいろなものを並べて、通る車を待ちうけている。彼女らは低地ラオ人で、農閑期に昆虫や野菜を売り、現金収入源としている。車から降りてのぞいてみると、大きめの籠のなかには、コオロギがウジャウジャと入っている（図3—7）。その横では、水で濡れた籠のなかに、ゴジャゴジャとした小さな生き物が入っている。よく見ると、トビケラ、小エビ、小魚などがいる。おそらく小さな河川でたも網やざるで掬い取られたものであろう。いずれも、食用とされる。理科の実習で集めた生き物をそのまま商品にしているようで、ラオス農村の子どもたちは蟲のことを遊びの対象ではなく食べ物と思っているのか聞きたくなる。

図3-7　バケツに入れられたコオロギ。（ラオス南部アタプー県の路上）。

ラオスの首都、ビエンチャンの市場では、大型のカメムシを調理して櫛刺しにしたものが売られていた。タイとおなじで、やはり君らは食べるのかとため息が出る。野中さんはビエンチャン郊外に位置するドンクワァイ村で調査するなかで、農民が耕耘機を使い始めたこと

図3-8　タガメ（下）とカメムシのチェオ（上）。

で、労働時間が短縮し、野生の資源を水田や周辺の森で採集する時間的な余裕が出てくるようになったことを明らかにした。雨季と乾季で利用される野生資源の種類は異なるが、ツムギアリ、カメムシなど二〇種以上の昆虫が含まれる。乾季には収穫後の水田でバッタ、イナゴ、コオロギが採集され、雨季には水田や水域でタガメ、オタマジャクシ、カエルなどが食用に利用される（野中・斎藤・足立 二〇〇八）。聞くと、セミも食べるという。アンダマン諸島民がセミを食べることを知ってはいたが、よほど昆虫が好きなのかとの思いを抱く。

タイの市場も、昆虫食の宝庫である。バンコクの巨大な市場やタイ北部のチエンマイ、チエンコーンでも多種多様な昆虫が売られている。目につくのは、調味料として欠かせないタガメとカメムシである。タイではタイワンタガメ（*Lethocerus indicus*）が食用にされる。市場では生きたタガメをよく見るが、蒸し焼きや油で揚げたものも別の店で売られていた。タガメはとても臭く、カメムシに似た匂いをもっている。カメムシやタガメはすりつぶしてチェオと呼ばれる調味料として使う（図3—8）。渡辺弘之さんは東南アジアの農産・林産物研究の第一人者であるが、タガメはオス・メスともに強い匂いをもち、オスの方が好まれて値段も高い。乾季のはじめ、タガメのメスが抱卵しているときはメスの腹部にある卵塊が好んで食される（渡辺 二〇〇三、二〇〇五）。

図 3-9　タケツトガの幼虫の素揚げ。

ラオスでも一般的だが、タイでも人びとはフンコロガシの幼虫を好む。東南アジア大陸部ではゾウ、スイギュウ、ウシなどの大型草食獣の排泄した糞を食べたり、糞を転がして穴に貯蔵し、そのなかに卵を産みつける昆虫類が知られており、一般に糞虫と呼ばれる。市場では糞が売られており、なかのサナギは調理して食用とされる。このなかには、コガネムシ科、センチコガネ科、コブスジコガネ科などのコガネムシが含まれる。昆虫の幼虫はふつう木のウロや見えないところにある。昆虫食の最たる対象はさなぎや幼虫で、人類史のなかでもたいへん長い歴史をもっていると確信する。

中国雲南省南部の西双版納傣族自治州でも、低地のタイ族や山地に住むハニ（哈尼）族、チノー（基諾）族などの少数民族は、竹に卵を産むガの幼虫を食べる。州南部にある熱帯植物園内の竹林を見たことがあるが、熱帯産の多種類の竹が植えられている。そのなかに中をくりぬいてある竹を何本も見た。これはガの幼虫を取ったあとであろう。このガはタケツトガ（タケノメイガ：*Chilo fuscidentalis*）である（図3―9）。ちなみに、このガの幼虫は、ハニ族などが野鶏を獲る囮用の餌として用いる。

パプアニューギニアの昆虫食

ツムギアリの話が出たので、ここでアリ食についてふれておこう。東南アジア、中国の雲南省、パプアニューギニアなどでも特異な巣を作る樹上性のアリを食べた人がいるだろう。ツムギアリはサイホウアリ（*Oecophylla smargadina*）で、樹上に木の葉でドッジボール大の巣を作る。この巣を長い棒で地上に落とし、なかにいるアリの成虫や白い幼虫を食べる。幼虫は甘い味がするが、成虫は生きたまま口に入れると、口内を刺すのでとても食べられたものではない（図3―10）。

パプアニューギニア・西部州にあるギデラ族の村で調査をしたさい、このアリの成虫を食べるために村人はパイナップルや木の灰をつけていた。これはアリのもつ酸っぱい味（ギ酸）を中和するためのものといえる。ツムギアリは現地でカサカサ・バーグと呼ばれ、男性が成長過程で最初に食べる動物（グワァージ）とされている。ただし、タイの食堂ではアリの成虫を食べるのではなく、白い幼虫をスープに入れるか、香草のサラダとあえたものが提供されていた。

サゴヤシの木の上部にある生長点あたりに口で穴をあけて卵を産むヤシオオサゾウムシは、サゴヤシを枯れ死させることもあるが、一方では住民に貴重なタンパク質源となる。

わたしは仕事の関係で、このゾウムシを七二尾、生きたまま村人からもらい受け、栄養調査のために水分を抜いて持ち帰る作業をパプアニューギニアのギデラ族の村で始めた。さて、どうするか。グネグネとうごめく幼虫を、立てたドラム缶の上において太陽光で自然死させる方法をとった。といっても、一日ですぐに水分がなくなるわけでも死ぬわけでもない。しかも、結構動きがあって、すぐにドラム缶から地面に転落する。ドラム缶から落ちたゾウムシを拾い上げて、元にもどす作業を数日かけてやった。昼食時間はビニール袋に入れて、紛失しないようにする。夜は野ネズミなどが寝ている部屋にやってくるので油断がならない。蚊帳のなかにおいて、食べられないようにした。ゾウムシを狙うのは村にいるイヌである。ドラム缶から落ちたとみると、すぐ駆け寄って食べようとする。油断も隙もない。こうしてペチャンコになったゾウムシを毎

図 3-10　ツムギアリと樹上の巣。

図3-11　サゴゾウムシをサゴ・デンプンで巻いて作る料理。

日カウントして、標本を日本に持ち帰った。論文ではたった一行の栄養分析結果だけしか残らず、なんとなくゾウムシ供養でもするかとの思いに駆られた。

ギデラ族の人びとはよほどこの虫が好きなのか。サゴ採集の現場を見に行ったさいに、そばにいた男性は倒されていたサゴヤシの幹にゾウムシの成虫を見つけると、生きたまま口に入れてキチン質のある皮をバリバリと咬み始めた。わたしからみれば、茹がいてない枝豆か落花生を皮や殻ごと食べるような行動と映った。

村では、サゴヤシのデンプンを調理するさい、ゾウムシを十数匹入れ、葉で春巻き状に巻いてヒゴで縛り、直火で焼いて食べる調理法がある。わたしも何度か食べたことがあるが、問題は生理的な感覚である。というのは、長さ四〇センチ、直径五センチ程度の細長い棒状のサゴをかじっていくと、突然、ゾウムシの幼虫の頭部が顔を出す。頭部は固くて歯でよく咬まないと消化しにくい。胴体の部分は甘味があり、ここがうまいということは大体分かるが、いまから思えば、われわれがトロ鉄火をほうばるようなものかとも思ってしまう（図3―11）。

ゾウムシ以外に、カミキリムシなどの幼虫を木の髄から見つけて食べるようだが、詳細は不明であった。甲虫類の幼虫は大型でもあり、甘味や食感を含めて、古い時代からも貴重なタンパク質源となったであろう。人類の昆虫食について、幼虫、サナギ、成虫のどの生活周期のものを選択的に利用してきたのか。現在、世界では人口増加の進む地球で栄養価の高い昆虫食を見直すべきとする意見がFAO（国際連合食糧農業機関）によっても提起されている。

しかし、人類のためだけに昆虫を利用すべきとする考えに、わたしはあまり賛成をしていない。現状では、食用昆虫は一四〇〇種にもなるとされているが、もちろん昆虫の多様性はそれをはるかに凌駕している。

わたしなりの意見では、有益な昆虫と有害な昆虫のみに執着して人間が突き進むとすれば、有益でも有害でもない大多数の昆虫の生きざまとどうかかわるのかについての哲学を持っていない点が根源的に悲しいことと考えている。せめて、生物多様性に関する議論だけはきちんと守り伝えるべきだろう。とくに、進化の過程で昆虫の多様な生活様式が生み出されてきたことをわれわれ人類は学ぶべきと思う。

2.「海の蟲」食をめぐって

陸域の昆虫の話題から、ここでは海産の無脊椎動物を「海の蟲」と位置づけ、多様な食について考えてみたい。

海産の甲殻類食

節足動物には陸地に生息しているものもあるが、海にも結構多くの種類がいる。そして、食用に供されている。その幾種類かについて体験を踏まえて紹介していこう。

カメノテ

カメノテは、その形態がカメの手に類似しているからそう名付けられた。甲殻類のミョウガガイ科の仲間で、日本では島根県の隠岐諸島で食べた。味噌汁の具として朝食に出てきたが、一緒に旅をした米国人や英国人は不思議な顔をして食べていた。歯ごたえがしっかりとしており、味噌仕立てであるとはいえ、スープの味は抜群である。

カメノテはポルトガルやスペインでペルセベス（percebes）と呼ばれ、茹がいて食される。イセエビ（キロ単価九〇ユーロ）などよりは安いものの高級料理で、キロ単価六〇ユーロである。白ワインと

図3-12　カメノテ。カナダのバンクーバー島（左）、三重県・伊勢（右）。

の相性は抜群である（図3―12）。

フジツボ

フジツボも沿岸の岩礁帯でよく食される海産甲殻類である。流木などにも付着してプランクトンを摂取する。ミクロネシアのサタワル島で調査をしたさい、巨大なフジツボが流木に付着して島に流れ着くことが分かった。島の人びとはフジツボをロコヨックと呼び、ココヤシ繊維で編んだ小さな網袋に入れて首から下げ、お守りとしている。大きさは高さ一〇センチほどもあった。異界信仰（この世とは違う不可思議な世界）の象徴となるかも知れない例だろう。

エボシガイ

エボシガイ（*Lepas anatifera*）はかつて貝の仲間であるとみなされ、カサガイを意味するレパス（Lepas）が属名となった。エボシガイの種小名*anatifera*はラテン語で「カモを産む」の意味で、おなじレパス属のカルエボシ（*Lepas anserifera*）の種小名は「ガンを産む」ことを指す。アナス（anas）は「カモ」、アンセル（anser）は「ガン」、フェラ（fera）は「猟の対象となる鳥」を表す。

キリスト教世界では、かつてから四旬節をはじめとして肉食を禁止し、魚は食べてよいとする教義があり、肉を食べないことはファースティング（fasting）、食べない日はファースト・デイ（fast day）と称された。中世期、いわゆる魚類ではない鳥類を食べてもよいとする例があった。それがバーナクル・グース（barnacle goose）と呼ばれるカオジロガンで、この鳥は流木から生まれ、卵から産まれないとして、魚とおなじようにファースト・デイでも食された。バーナクルはフジツボやエボシガイを指す。中世ヨーロッパでは、カモやガンが流木に付くエボシガイから産まれるとされた。しかし、さすがに一三世紀にはローマ教皇のインノセント三世が、この鳥をファースト・デイに食べることを禁止した。ユダヤ教でも一二世紀には、バーナクルの木から生まれるこの鳥をふつうの鳥とおなじくコーシェル、つまり食べてもよい食材とされていた。バーナクルの木からこのカモが生まれたとする伝説は、絵画としても残されている（図3―13）。

カブトガニ

カブトガニは、カニの仲間ではなく節足動物門の鋏角《きょうかく》亜門の動物でむしろサソリに近い。アジア産のカブトガニ属にはカブトガニ、ミナミカブトガニ、マルオカブトガニの三種がある。日本でカブトガニといえば、自然保護対象の代名詞の

図3-13　バーナクル・グース（barnacle goose）：カオジロガン。

ように考えられているが、かつても重要な食料であったわけではなく、魚網にかかるのでむしろ害とされてきた。

　ベトナムでフエから南のホーチミンにいたる沿岸部で調査をおこなったさい、海辺の市場ではかならずといってよいほどカブトガニを見ることができた（図3―14）。ベトナムの沿岸域には砂泥質の海が広がっており、サムとベトナム語で呼ばれるカブトガニは重要な食料とされている。ただし、小型のマルオカブトガニにはフグ毒でもあるテトロドトキシンをもっており、食べると中毒を起こす。じっさい、ベトナムや中国広東省の北海、湛江、長楽、平譚などで相次いで中毒が起こっている。中国でカブトガニは「鱟」（ホウ）ないし「鱟魚（ホウユー）」と呼ばれ、ネット上で一杯一五〇〇元の値段が表示されている。

図3-14　カブトガニ。
ベトナムではサム（sam）と呼ばれる。

　タイ、ベトナムはイスラーム国ではない。イスラーム教国では「這う動物」のカブトガニを食べることはないが、タイ、ベトナムでは食されている。カブトガニを裏返してみると、食べる部分などほとんどないと考えてしまう。焼いたカブトガニ料理もあるが、ふつうはその卵を食する。福建省では、卵や肉などを鶏卵と炒めて食用とされている。高級食材として知られるカブトガニを使った料理は世界遺産で著名な観光地ハーロン湾の名物のひとつである。カブトガニの血に調味料などを混ぜ入れて固めた料理やサラダ、カブトガニの脚の甘酸炒めやトウガラシ炒めなどがある。また、カブトガニの卵だけを炒めものにすることもある。わたしはカブトガニの卵を炒めたものしか食べたことがない。

シャコ

甲殻類の最後に、絶品のシャコ料理を紹介しよう。ソロモン諸島マライタ島北東部にあるラウ・ラグーンの人工島に居住するラウの人びとの調査をおこなったのは、一九七四〜七五年のことで、当時、わたしはまだ大学院生であった。ラウの人びとは一〇〇種類近くにも及ぶ多様な漁撈をおこなっていた（秋道 一九七六）。漁法は実際の漁撈活動を見ないことにははじまらない。シャコ漁にはトリ・ウラとシシキがあり、いずれも砂泥地の穴に棲むシャコを

図3-15 ラウ族におけるシャコ釣り漁。

獲る漁法である。

シャコのことはラウの用語でウラ（ula）と称される。トリ・ウラはあらかじめ入手したシャコの前鋏を小枝に取り付け、他端を糸で結んだものを砂地にあるシャコのいそうな穴に差し入れる。しばらく動かしていると、穴の中にシャコがいれば、差し込んだ前鋏をつかんで威嚇をする。先入者のいることを知らせるためで、手ごたえを感じたら棒を穴から引き出すと、シャコが釣り上げられる。日本で食べる鮨ネタのサイズよりも大きく、体長は二五〜三〇センチもある。これを熱した石の上に直接おいて焼く。皮を剥いて食べるとイセエビの食感がする美味な食べものとなる。もう一方のシシキは、竹ひごを束にして、その中に小魚を一尾ひもで固定し、やはりシャコのいそうな穴に差し込む。今度はシャコの仲間でなく、餌があると思い、前鋏で小魚をとらえようとする。感触から手ごたえを感じたら、道具を引き上げてシャコを釣る（図3—15）。いずれも潮の引いた干潮時におこなわれるが、問題は砂地に無数にある穴を見分ける技術で、そう易々と分かるわけではない。

海の蟲

ホシムシ

海にはミミズやナメクジのようなグニャグニャした無脊椎動物が数多く生息している。気味が悪く、食べるのをいやがる人も多いだろう。わたしは一九七八年の夏、ミクロネシアのパラオ諸島で食物に関する調査をおこなった。環境条件の異なる、主島のバベルダオブ島（古い火山島）、最北端

図 3-16　ホシムシの採集。
パラオ諸島・カヤンゲル環礁。現地でギムル（ngimur）と呼ばれる。

にあるカヤンゲル環礁、南部の隆起サンゴ礁島であるペリリュー島を選んだ。

カヤンゲル環礁までは一〇〇馬力のエンジンを二機搭載したスピードボートで三時間かかった。この島では名物として知られるギムル（ngimur）の採集活動の観察が目当てであった。ギムルはホシムシ、つまり星口動物の仲間である。潮の引いた砂地に島のMさんと二人で出かけた。Mさんは手に一本ヤスをもち、砂地を見回し、突然ヤスを砂に突き刺した。ヤスを上げると、先端に長さ二〇～三〇センチのミミズのようなものが絡みついている。これがギムルだ（図3―16）。

地上から見えない砂中の獲物を見つけるコツは、砂地にある接近した二つの穴を探すのだという。砂地には方々に穴があり、どこを狙えばよいかはむつかしい。自分でもやってみたが、何も突き刺さらなかった。笑われたが、相当の訓練が必要なのだろう。潮が満ちてくるまでに十数匹のギムルが獲れた。これを茹でてそのまま食べる。見た目は海の巨大ミミズと映るが、食べてみるとコリコリして貝に似た味がする。ただし、人によっては皮膚がかゆくなることもあるという。幸い、わたしの場合はギムルを食べてもかゆみは起こらなかった。

図 3-17　ベトナム沿岸のホシムシ採集と乾燥品。

パラオ諸島では、異なった地域に住む人びとを揶揄するさいに、その地域の人がよく食べる副食を指して、たとえばカヤンゲル環礁の人びとにたいして「マンガ・ギムル！」といえばどうなるか。それは、「ホシムシなんかを食べているくせに！」と相手に悪口を言うことになる。マンガは「食べる」ことを意味する（Akimichi 1980）。

フィリピンで調査を続けている辻貴志さんによると、フィリピン・セブ州のマクタン島では、スジホシムシ属の仲間を現地でサルポと呼び、酢と薬味をあえて生食されるか、天日干しの乾燥品をあぶって食べるという。このほか、サルポより小型の種類のホシムシ類が食されるほか、魚の釣り餌や民間薬としても使う。

ベトナムでもホシムシを沿岸の干潟で採集する漁を見た。北部のクワァンニン省で調査をおこなったさい、沿岸部の砂泥地に生息するホシムシは鎌で砂地を掻き出して採集される（図3―17）。内臓を出して調理して食べられ、ベトナムではサスンと称される。泊まっていた宿の廊下においてあった段ボール箱に、一〇センチほどの乾燥した褐色の細長いものが詰め込まれているのを見つけた。宿に泊まっている中国人からそれについて筆談で聞いてみた。これは中国語で「沙虫《シャーチョン》」と呼ばれるもので、なんと昼間に見たホシムシであった。サスンは、ニンニク炒めや甘酸っぱい味付けにした炒め物などにするが、唐揚げがもっともおいしく、人気が高い。サスンは乾燥後、中国に輸出される。

中国の海南島北端にある海口市の大衆食堂でホシムシ料理を注文した。ホシムシは野菜と一緒に鍋料理にして食べたが、やはり貝と似た味がした。福建省ではサメハダホシムシを煮凝りにした土筍凍《どじゅんとう》の料理がある。

図3-18 ユムシ。(韓国・済州島の魚市場)。

ユムシ

ユムシはユムシ動物門のユムシ目ユムシ科の海産動物で、日本、韓国、中国などの沿岸砂地に生息する。韓国ではケブルと称し、済州島で水槽に入れられたユムシを見たが、ナマコを小さくしたような太ったミミズに似た肉色の動物で、気持ちのいいものではない(図3―18)。北海道ではユムシをアイヌ語であるルッツと呼ぶ。石狩市の増毛山地沿岸にある浜益《はまます》では冬場の時化の後、海岸にルッツが大量に打ち上がることがある。浜益の人びとはそれを拾い集め、刺身、三升漬け(トウガラシ、麹、醤油を等量にしたもの)、酢味噌あえ、三杯酢、焼き物、煮物、干物、茹で物、炒め物、塩辛などとして広く食する。中国の渤海湾沿岸ではハイチャン（海腸）と呼んで食用とされる。瀬戸内海の伊予西条市（愛媛県）にある加茂川河口部の干潟でユムシを採る人びとを何度も見た。いまでは漁業権が設定されていないが、明治期には魚の餌を釣り餌とする漁業として漁業権の免許が必要であった。

パロロ

イソメの仲間は環形動物の多毛綱に属する。ふつうパロロ（palolo）ないしンパロロ（mpalolo）と称される。イソメは一年の特定時期、雌雄個体の後方四分の三がちぎれて生殖群遊し、沿岸域に来遊する。太平洋パロロ（*Palola siciliensis*）はインドネシアからメラネシア、ポリネシアまでの広い地域で生殖群遊する時期に大量に採集される。パロロは木の葉に包んで蒸し焼きにするか、鍋で調理して食される。ポリネシアの西サモア産のイトメを日本に持ち帰った大石敏雄さんから土産にもらい、みんなで食べたことがある。緑色をした細いミミズのようで気味が悪いが、意外とうまい。インドネシアのジャワ、バリ、ロンボク、スンバなどの島じまでは、緑色をしたパロロをニャレ（nyare）と呼び、海に身を投じた美しい姫が化身し、一年に一度島に戻るとされている。西ジャワの南部にあるプラブハン・ラトゥに行ったさい、ある家に行くと、部屋中、怪しげな飾りがあり、壁には緑色をした王女が描かれていた。これがニャレの化身した王女であり、民間で豊饒のカミとされている。一年に一度、おおよそ決まった季節の大潮時期に来遊するニャレは稲作と深く結びついた存在である。オセアニアではパロロの来遊する時期を暦として取り込んでいる社会もある（図3—19）。

以上のホシムシ、ユムシ、イソメは見た目ではそれほど気持ちのよいものではないが、貝の味がするのでおいしく、歯ごたえもよい。パロロはやわらかいが、珍味であることにかわりない。つぎにもうすこし、食感からするとコリコリした「海の蟲」を取り上げよう。

ヒザラガイ

ヒザラガイは貝という名前がついているが、軟体動物のなかで多数の殻を背面に前後に並べる多板綱の仲間で、英語でカイトゥン（chiton）と呼ばれる。あまり食べられる部分はないようにおもえるが、鹿児島県奄美諸島にある喜界島ではヒゲヒザラガイを茹がいて、肉の部分を酢味噌和えや煮つけにして食用とされる。台湾の蘭嶼に居住するタオ族（ヤミ族）もヒザラガイを食用とする。

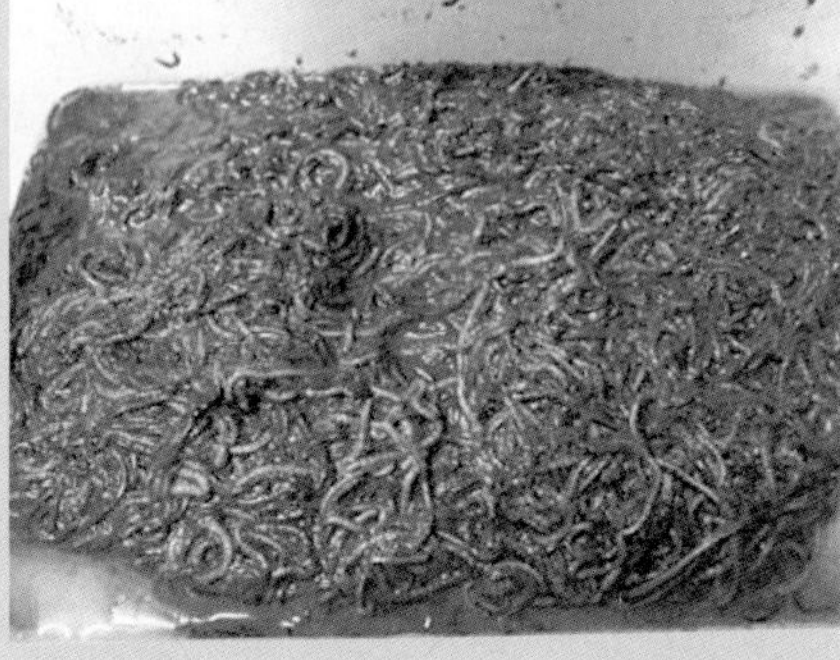

図3-19 パロロ。

前述したホシムシと同様、パラオ諸島の隆起サンゴ礁であるアンガウル島では副食としてヒザラガイを食べる。現地でエウイ（chechui）と呼ばれる（Akimichi 1980）。「マンガ・エウイ！」は「このヒザラガイ食いが！」の意味となる。魚やノコギリガザミなどにくらべて、味はともかくも明らかに食物としては見劣りするという評価が人びとの間にあるのだろう。

ただし、北方には全長が四〇センチにもなる巨大なオオバンヒザラガイが生息している。北海道でもよくみられ、アイヌ語でムイと呼ばれる。アメリカの北西海岸の先住民であるトリンギット、ツミィシャン、クワァクワァカワク（クワキュートル）なども、生食、焼くか蒸すなどの方法で食し、とくに食料不足の時期の貴重な食材となった（図3―20）。

アメフラシ

アメフラシは貝類とおなじ軟体動物であるが、外見上貝殻はない。島根県の隠岐諸島や島根半島、房総半島、奄美諸島、沖縄の伊平屋島や伊是名島（イソアワモチ・ドロアワモチ）、千葉県夷隅郡大原町などでは身を刺身や煮つけなどにして食用にする（図3―21）。隠岐ではアメフラシをベコと称する。奄美大島笠利町の赤木名にある市場で売られていたイソアワモチについては第1章で

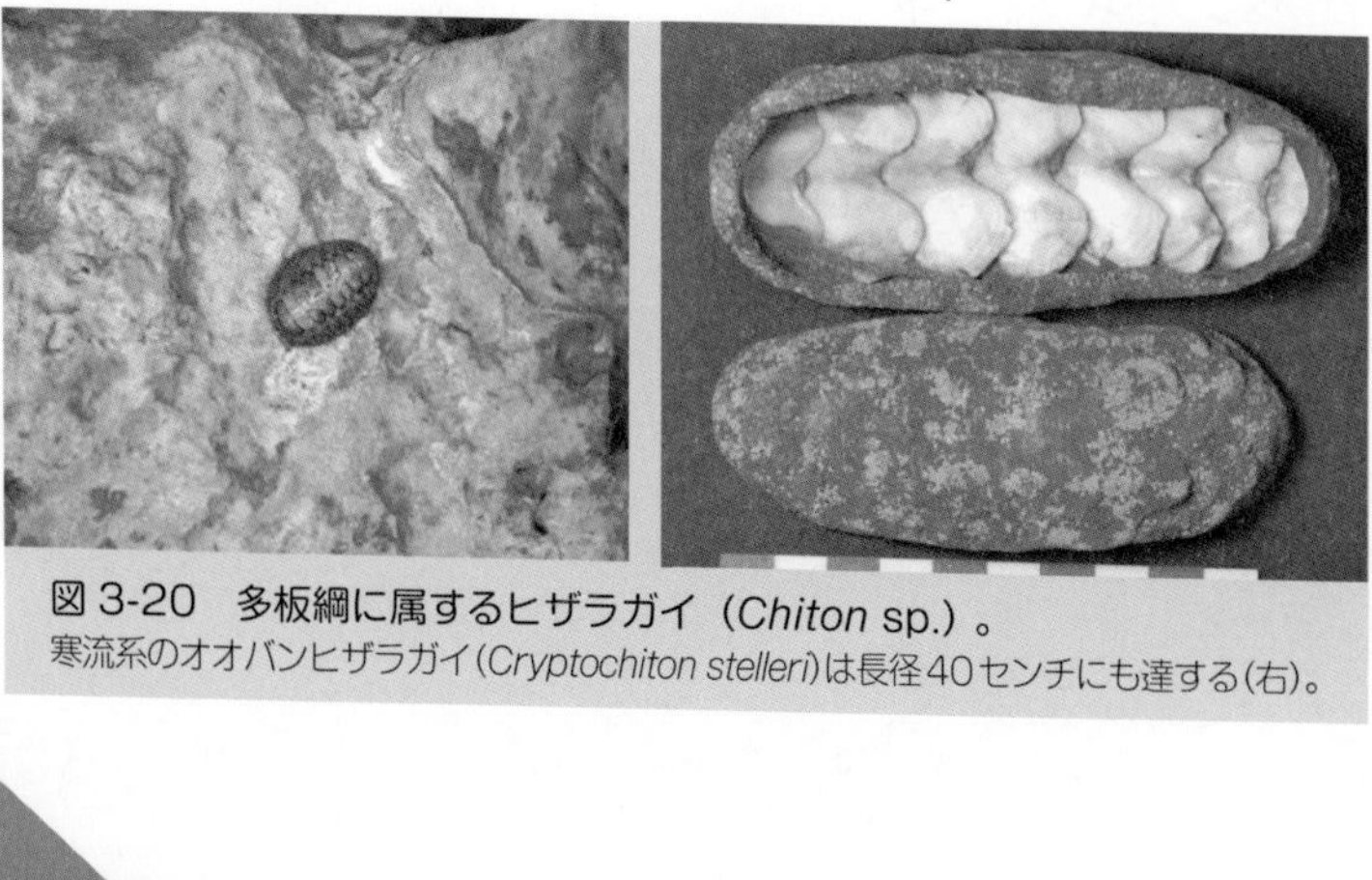

図3-20　多板綱に属するヒザラガイ（*Chiton* sp.）。
寒流系のオオバンヒザラガイ（*Cryptochiton stelleri*）は長径40センチにも達する（右）。

ふれたとおりである。韓国の釜山のチャガルチ魚市場でも調理して黒くなった乾燥アメフラシをみた。オセアニアのフィジーでは、アメフラシの仲間をココナッツ・ミルクで煮て食べる。また、アメフラシの卵塊はウミゾウメンと呼ばれ食用とされる。富山湾産のウミゾウメンも茹がいて三杯酢でいただく。ただし、アメフラシの食べる海藻に毒成分のあることがあり、要注意である。

ミドリシャミセンガイ

貝という名前がついているが、貝類ではなく腕足動物門の舌殻目シャミセンガイ科の動物である（*Lingula anatina*）。シャミセンガイは岡山県の児島湾や九州の有明海で食用とされてきたが、埋め立てや海洋汚染などで個体数が激減している。有明海では「めかじゃ」と呼ばれる。貝と甲殻類をあわせたような絶妙な味をもち、煮つけ、味噌汁、塩ゆでなどにして食される。この種類は日本における海岸動物の分布を探るうえでも重要な遺存種であり、大陸部にも生息している。中国の広東省湛江《チャンチァン》市、広西チワン族自治区北海《ペーハイ》市でも「海豆芽《ハイドゥヤー》」と称され、炒め物にして食べられて

図 3-21　隠岐諸島で食べたアメフラシ（左）と釜山のチャガルチ魚市場で売られていたアメフラシ（右）。

いる。

以上、昆虫と「海の蟲」を中心に検討してきたが、多様な種類の蟲が食用とされてきたことが分かった。昆虫は将来の重要な食料資源としての評価がある一方、干潟や岩礁に生息する海の蟲が意外と美味な食材である。海の蟲類は釣りの餌とされる場合が日本では多いが、東南アジア・オセアニアでは食用、薬用などとしても多様な利用方法がみられた。

水炊き池
ボルシチ池
フカヒレスープ池
カレー池

4 汁物と人類の食

人類は、採集・狩猟段階から農耕と家畜飼育を開始する以降の時代を通じて、エネルギー源を獲得するさまざまな技術を生み出してきた。一方、タンパク質は動物とマメ類などを含めて摂取されてきた。狩猟・漁撈とともに家畜飼育が大きな役割を果たしてきたことはいうまでもない。

農耕と家畜・家禽飼育を意味するドメスティケーション（domestication）が、人類の食生活により大きなエポックとなったことはよく知られている。ただし、いつの時代にあってもデンプンとタンパク質だけで人類の食生活を考えることは単純すぎる。食物の食べ方や調味料の使い方を含めて食の実態に迫ることが重要ではないか。栄養学的なバランス、食物繊維、ミネラル、微量元素などの摂取と食の多様性を考えると、エネルギーとタンパク質が重要な指標であるとしても、食の問題をその二要素だけに還元して考えることで、モレ落ちる面がある。従来とは異なった人類の食をとらえる視点はどのあたりにあるだろうか。

わたしはこの章で、煮込みやスープを含む広義の「汁物」に注目して人類の食を考えてみたいと考えた。一般論であるが、汁物は水ないしスープ・出汁《だし》にさまざまな食材を入れて加熱調理したものである。地域の食材とコスモポリタンな調味料（コショウ・トウガラシなど）を加えて作られる汁物は、刺身やビーフ・ステーキのような単品料理の世界とは明らかに異なっている。汁、つまり液体分の多い料理は人類の食にとり、どのような意味があったのか。少なくとも、汁物から人類の食を考える視点はこれまでなかったが、さて何が出てくるか。

1．なぜ汁物なのか

主食と副食

人類の食について、汁物をメインに考える発想はまったくなかった。液体の食は重要ではなく、主食のコメ、パン、イモと、牛肉、豚肉や魚、鶏などの固形の「肉」や野菜類が重要であるとする考えが主流を占めてきたのではないか。要するに、汁物は主食でも副食でもない、「箸休め」、「前菜の後のもの」、あるいは「口直し」としてつねに料理の脇役とみなされてきた。しかし、汁物こそ主菜、つまりメイン・デッシュではなかったかというのが議論の出発点である。

これまで、主食と副食をセットとして考えることが食事文化論においては当然のこととして議論されてきた節がある。たとえば、日本食は主食のコメと多様な副食あるいは菜からなっている。そのさい、汁物は一汁三菜の用語で食事の要素とされているが、つねに脇役であった。稲作社会では、コメと副食物を組み合わせた食事が一般的である。東南アジアのタイでは、食物はアーハーン（aahǎan）ないしカーォ（khǎaw）であり、カーォはコメ、ごはんをも表す。これにたいして、オカズはごはんと一緒に食べるという意味で、ガップ・カーオ（kàp khǎaw）である。ガップは「～と一緒に」の意味で、コメと一緒に食べるものは何でもよかった。まして、汁物のタイ語はスップ（súp）であり、これは外来語である。

カレーとカリ

もっとも、タイには伝統的な汁物のゲーン（kɛɛn）がある。ゲーンはインド料理のカレーや、東南アジア各国の類似の料理と比較して、乾燥させた香辛料を混合したものよりも生のハーブや芳香の強い葉を多用する点に違いがある。また、香辛料を使わないものもゲーン（汁物）と呼ばれる場合がある。ゲーンの種類は多く、それぞれ固有名称があるが、大まかに「レッドカレー」「グリーンカレー」「イエローカレー」などに分けられる。ただし、これもタイ国外での一般名称である。さまざまな香辛料を調味した「ゲーン・クルーン」（ゲーンの調味ペースト）を作り、これを用いて調理するが、ペースト自体をゲーンと呼ぶこともある。タイのプーケットで好みのグリーンカレーを頼んだ。ごはんにカレーを入れて、スプーンですくって食べるが、あまりに辛くて涙と鼻汁が出て困った（図4―1）。カレーは副食というより主菜であり、汁物でもある。

図4-1　グリーンカレー。

　そもそもインドにおいてもカレーなる語はもともと存在せず、インドの香辛料を使ったさまざまな料理を、外国人がカレーと呼んでいるに過ぎない。タイにおいてカリー（kari）として知られる料理は、タイ語でポン・カリー（phong kari）というインド風のカレー粉を用いた料理またはゲーン・カリーを指す。カレー粉を利用したタイ料理では、クン・パット・ポン・カリー（Gung phat phong kari、エビと卵のカレー粉炒め）がその一例である。

南インドのドラヴィダ語族（タミール語）では、主食のコメはアリチ（arici）で、肉、野菜などのオカズはカリ（kari）と呼ぶ。また、インドだけでなく、バングラデッシュ、ネパールでは、各種のマメ（レンズマメ、キマメ、ヒヨコマメ、リョクトウ、ケツルアズキ）を香辛料と煮込んだダールあるいはダル（dal）は、コメやチャパティ、ロティなどと一緒に食べられる主菜となっている。ここで、ダールをスープ料理と位置づけたい。

米食にたいして、小麦を使ったパン（bread）食はロールパンやフランスパン（バタール、ブール、パン・ド・カンパーニュ、シャンピニオン、クーペ）だけのものではない。小麦食は西洋社会のみならず、ナン、ピタ、ホブズ、チャパティ、ロティなど多様な形でアフリカ、中東、インド、東南アジアに広がった。対応する副食にも地域により多様な種類の肉、魚、乳製品などが利用されてきた。

イモとコメ

イモ類、サゴヤシ、その他の樹木作物を主要なデンプン源とする社会はアフリカ、南米、東南アジア、オセアニアに広がっている。イモ類には、タロイモ、ヤムイモ、サツマイモ、ジャガイモ、キャッサバ、コンニャクイモなどがある。樹木作物でデンプン源となるのは、パンノキ、パンダヌスであ

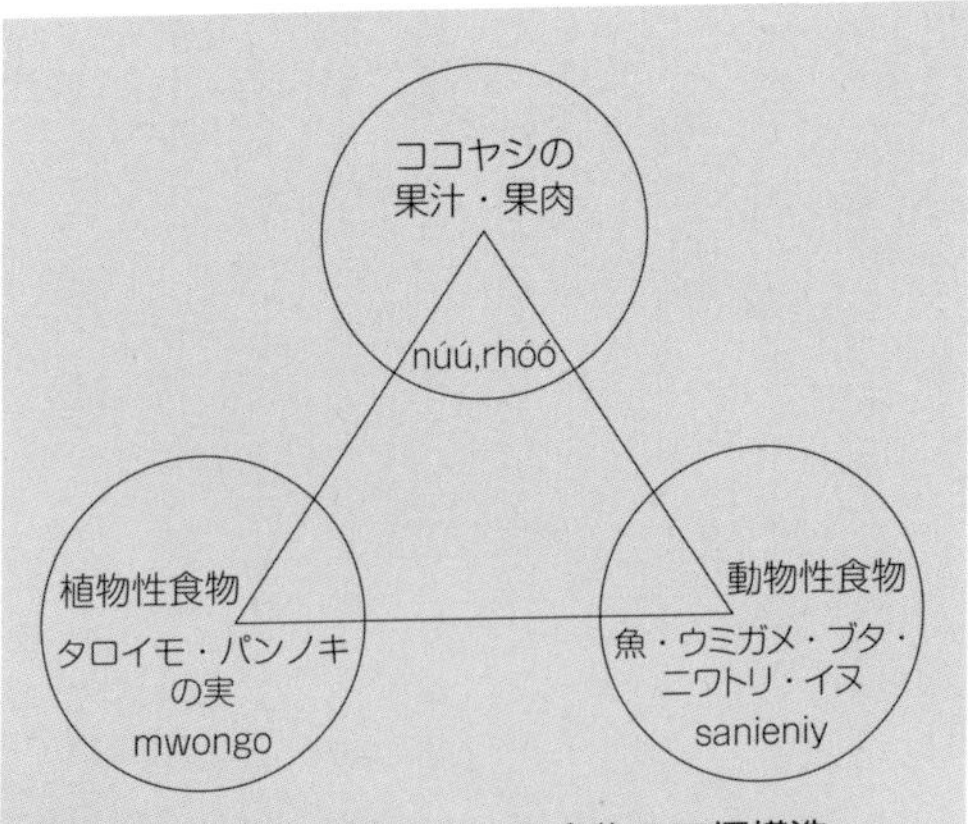

図 4-2　サタワル島における食物の三極構造。

る。あと、果肉や果汁を利用する樹木はじつに多い。タンパク質源としては、森林から海洋における多様な種類の動物が利用されてきた。

パプアニューギニア北部にあるアドミラルティー諸島の漁撈民社会では、食物はアピ（api）、タロイモやサゴ・デンプンのような植物性食物はおなじくアピ、魚介類はニー（nii）として類別されている。おなじパプアニューギニア西部州の低地に住むギデラ族の場合、食物はギナ（ngina）、植物性食物もギナ、動物性食物はグワージ（gwaaji）である。

日本語では、メシは食事であるとともに、炊飯したコメのごはんを指す。一方、副食物は一般にナ（菜）、あるいはオカズということになる。ミクロネシアのサタワル島では、食物はモゴ（mwongo）、タロイモやパンノキの実などの植物性食物もモゴ（mwongo）、魚やブタなどの動物性食物はサニエニー（sanieniy）である。ただし、ココヤシの果汁と果肉はニュー（núú）、ロー（rhóó）とそれぞれ呼ばれ、植物食のモゴには入らない（秋道 一九八九）（図4—2）。インドネシア東部のハルマヘラ島ガレラ族では、コメ、サゴ、バナナ、サツマイモなどの主食はオノ（ono）、副食はシホデ（sihode）であり、

図 4-3　パラオにおける植物性の副食（オドイム）。
バナナの花の千切りサラダ、タロイモの茎やサツマイモの葉のココナッツ・ミルク煮、カボチャの花・魚・カニの煮込み、完熟したココヤシの胚乳がその例である。

食物はオド（odo）と呼ばれる（Ishige 1980）。これらの場合、アピ、モゴ、ギナ、メシは食物とともに植物性食物の二つの意味をもつ。ふつう、こうした言語上の多義性を欠性対立と称する。

インドネシアでは、食物はマカナン（makanan）と称され、主食はコメのナシ（nasi）であり、副食はふつうラウク（lauk）である。野菜だけの副食はサユル（sayur）と称される。同様に、ミクロネシアのパラオ諸島では、食物はカル（kall）であるが、主食はオグラオル（ongráol）、副食はオドイム（odóim）である（Akimichi 1980）。なお、この場合の副食はかならずしも動物性のものにかぎらない。たとえば、ドゥモック（demók）はタロイモの葉や茎をココナッツ・ミルクと一緒に煮込み、さらに魚やカニの身を加えたものである。リウス（lius）は完熟したココヤシの胚乳、イシル・ア・トゥウ（chisil a túu）はバナナの花（花序）を細かく刻んでサラダとして食べるものを（図4―3）、エムティ（chemúti）はサツマイモのことで茎や葉を茹でてココナッツミルクと合えたもの、カルバサン（kalbásang）はカボチャの花を魚やカニの身と煮込んだものを指す。

なお、サツマイモを表す用語は一六世紀以降のメキシコ・アカプルコから太平洋を横断するガレオン交易を通じてフィリピンのマニラにもたらされ、その影響でパラオに伝わったものと考えられ、ひろくカモテ（camote）系のサツマイモの名称に相当する。また、「オドイムを調理する」ことを表す動詞はメレンゴエス（melengóes）、「オグラオルを調理する」ことはメリオン（melióng）として区別される。ただし、コメを調理するさいにはメレンゴエスを使う。つまり、副食を食べるさいの動詞が使われる。もともとパラオはイモ食社会であり、コメは外来食品であることが関係するのかもしれない。

ごはんとオカズの食べ方

主食と副食から食事が構成されるとして、実際にどのようにして口に入れて食べるかという問題について考えてみよう。日本では一汁三菜（汁物とオカズとなる菜が三品）で、ごはんと汁物、オカズは箸で別々に食べる。食べたものは、口のなかか胃袋で合体する。韓国では器を手に持たず、箸と匙で食物を口に運ぶ。そして、汁物の器にごはんを入れて食べることはあっても、ごはんの椀に汁物を入れることはない。例外はお茶漬けかもしれない。ただし、この場合はサケ、ノリ、梅などはトッピングに類するもので、汁自体は白湯かお茶である。

タイではどうか。インディカ米を皿にいれ、オカズの肉、野菜、魚料理はみんなで分けて食べるので、オカズを少しずつごはんの皿に取り、調味料のナム・プラーなどをつけてフォークとスプーンで食べる。口に入れる直前に、ごはんとオカズが合わされることになる。このタイプの食べ方は、インドネシアでもおなじである。皿にごはんを入れ、オカズの焼き魚や若鳥の唐揚げなどを添えられたフォークかスプーンで切り分けて自分の皿に入れ、手を使ってオカズとごはんを混ぜて食べる。このさい、調味料となるサンバル（sambal）やダブダブ（dabudabu）、リチャ・ロア（rica roa）、あるいはコロコロ（colo-colo）にオカズをひたすか、オカズに調味料をつける。サンバルはトウガラシ、赤いシャロット、ニンニク、コショウ、トラシ（エビ・ペースト）などを搗いてペースト状にしたもので、これと類似した調味料には多様なものがある。これにヒラミーレモンなどをしぼって使う（次頁図4—4）。リチャ・ロアはイカン・ロア（サヨリの燻製）にトラシ、赤トウガラシなどを加えたものである。

さて、ここからがポイントである。ごはんやパンと合わせて食べる副食には食材とともに調味料を含めた多様な材料が使われる。ただし、ビーフ・ステーキは塩とコショウを振りかけて食べる。焼き魚は大根おろしと醤油で食べる。いずれも単品の料理であるがこれらとはちがって、多種類の野菜や肉、魚とともに、多くの香辛料を添加した「混ぜ物」料理が世界には多く見られる。鍋物、シチュー、スープ煮、汁物がその典型であり、インドを中心とした南アジア料理からこの「混ぜ物」料理の意味について考えてみよう。

南アジアのスープ料理

南インドのタミール料理では、正餐は英語の借用語であるミールズ（meals）と呼ばれ、バナナの大きな葉にごはん以外にバナナやラッサム（トマト、タマリンド、コショウ、トウガラシなどを使った酸味の強い辛いスープ）、サンバール（野菜を煮込んだスパイシーなスープ）、アヴィアル（ゆで野菜、魚、肉に、ヨーグルト、塩、ターメリック、クミン、トウガラシなどを加えた煮込み）、各種のカレーやシチューなどだけでなく、ヨーグルト、アチャール（野菜や果

図 4-4　インドネシア東部の調味料。
スラウェシ島北端のメナドにおけるダブダブ（① dabu-dabu）とリチャ・ロア（② rica roa)、マルク州・ケイ諸島のコロコロ（③ colo-colo）とサンバル（④ sambal)。

物の漬物）、トーレン（野菜炒め）、ソースとなるチャツネ（チャトニー）、デザートなどが豪勢に並べられる。ベジタリアンとノン・ベジタリアンとで食材は異なるが、多種類の食材と香辛料を使う点では共通している。

ポイントは、これらの料理をごはんと食べるときに、手を使って混ぜて食べることである。バナナの葉は皿であり、食材を混ぜてあえる調理板でもある。自分で調味料や味を調整して食べる魅力がインド料理にあり、時系列で提供される日本料理、フランス料理、中国料理とは異なって、前菜からデザートまでがすべてそろって出されている。辛ければ、甘いデザートを少し口に入れて調整することができる。

図 4-5　ネパール料理の豆スープ、ダル（daal）。これとごはん（bhaat）の組み合わせはダルバート（dālbhāat）と呼ばれる。

ネパールに行くと、日常食としてバート（メシ：bhaat）、レンズマメ・キマメ・ヒラマメなどの豆のスープであるダル、ないしダール（daal）、カレー味のオカズであるタルカリ（tarkaarii）、漬物のアツァール（acaar）の四品が基本的なセットとなる。ただ、オカズと漬物がない場合でもかならずごはんと豆スープが出され、ごはんとダルを組み合わせたダルバート（dālbhāt）の用語がある。要するに豆スープごはんを食べることになる（図

4―5）。食べるときは、ごはんに豆スープをかけて手で混ぜて口に運ぶ。インディカ米のメシの代わりにロティ（パン）やヒエ・トウモロコシの粉を練ったものを使うこともある。南インドにおけるごはんとスープのラッサムやサンバールを混ぜて食べる場合やネパールのダルバートは、日本で食べるカレーを想起させる。

カレーとライス

日本におけるカレーでは、ごはんとカレーを別々に出し、客がカレーをごはんにかけて食べる場合と、最初から皿にごはんとカレーが盛られている場合がある。インドやネパールでも、食べる直前にスープをごはんにかけて手で混ぜて食べる。主食とともに食べるカレーは水っぽいものから、ドロドロ状態のものまでさまざまである。しかし、とくに手でカレーを食べる場合、ごはんと馴染みやすくするには、ある程度とろみのある方が食べやすい。

以前フィジーで、インド人の運転手を雇って仕事をした。仕事が終わった日、運転手から家に食べに来ないかと誘われた。翌日、子ども六人の大家族と一緒に遅めの昼食を食べた。出てきたのはもちろん、カレーである（図4―6）。ごはんの入った皿にカレーを入れて食べるが、やけに水っぽい。その運転手は手でうまくカレーをすくい取って口に運んでいた。わたしも真似をして右手でカレーとごはんを混ぜて食べようとしたが、サラサラでうまく手の上に乗らない。スプーンより手で食べる方がおいしいとは思うが、焦る気持ちが高じて味も十分堪能できずに食事が終わった（一二〇頁図4―6）。

さて、ここで日本のスープ・カレーについて考えてみよう。スープ・カレーは札幌がルーツとされている。一九七〇年に薬膳カリィが元祖とネット上で知った。スープ・カレーという名前が世に出るのが一九九三年というから、ここ二〇数年のことだ。全国展開しつつある現在、札幌ではいまや二〇〇店舗以上でスープ・カレーを提供しているという。

数年前に新千歳空港でスープ・カレーを食べた。もちろん、具だくさんのスープ・カレーは、ごはんと別の容器に入れられている。さて、どのようにして食べるかだ。基本的には自由に食べればよいが、スープ・カレーの味付けやスープとごはんの量などは店によって違っており、食べ方にもいろいろなうんちく話がある。最初にスープの味を確認し、スープを少しずつごはんにかけ、汁の浸った部分を口に入れる。このパタンだけで最後まで通して、多めの具はその都度食べる。二つ目は、スプーンにご飯を載せ、それをスープに浸して一口ずつ食べる方式である。この場合も、具はその都度食べる。三つ目はごはんをスープのなかに入れて食べるやり方である。ごはんの皿にスープを入れることもできるが、スープの量が問題で、平皿に多くのスープは入らない。要するに、ごはんを汁物と食べる場合、いくつものオプションがあることになる。

もう二例、韓国とインドネシアの例を挙げておこう。済州島でシンポジウムがあったさい、現地の村で開催された昼食会に出た。黒豚を使った郷土料理がふるまわれ、蒸しブタや直火で焼いたブタのおいしい料理を食べた。済州島の黒豚はうまい。スープはワカメの味噌汁である。さて、ごは

図 4-6　フィジーのインド人家族とカレーを食べる。

んと味噌汁を前にどう食べるか。皿やお椀を手でもって口につけるのはご法度と思い、飯茶碗を手にもって食べることは避けた。ごはんと味噌汁を別々に食べていたが、ソウル国立大学の友人の全京秀さんは味噌汁のなかにごはんをドサッといれ、いわゆる猫メシ式に混ぜて手で器を持ってかきこんだ。ウソッと思ったが、汁物にごはんを入れて食べることは問題ないことが分かった。しかも、手に器をもって食べてもよいという。ただし、ごはんの器にスープを入れて食べることはないという。

韓国には独特の汁物料理がある。内臓を取った鶏一羽分の肉に高麗人参、ニンニク、ナツメなど入れて煮込んだものを小さな土鍋で出される料理がサムゲタン（参鶏湯）である（図4―7）。あらかじめモチゴメを土鍋の底にいれておくこともあるし、スープの残りにごはんを入れて食べることもある。参鶏湯と似て、イヌの肉を煮込んだ汁物は補身湯《ポシンタン》と呼ばれ、同様に小鍋にごはんをいれて混ぜて食べる一種の薬膳料理である。さきほどの済州島での味噌汁にご飯を入れるのとおなじ発想である。これは、日本でフク鍋、カニ鍋、スッポン鍋などにごはんを入れていただく雑炊に似ている。

図 4-7　参鶏湯（サムゲタン）。（韓国・木浦）。

オランダがインドネシアを植民地としたいわゆる蘭領東印度時代、植民地政府の高官たちはブッフェ・スタイルのインドネシア料理のパーティーで、リストターフェル（rijsttafel）を提供した。リスト（rijist）は「コメ」、ターフェル（tafewl）は「テーブル」の意味である。ごはんには、白ごはんのナシ・プティ（nasi putih）、ターメリックで色付けしたナシ・クニン（nasi kuning）、焼き飯のナシ・ゴレン（nasi goreng）が出る。それ以外はオカズで、牛肉、鶏肉、山羊肉、魚、野菜類、バナナを油で揚げたピサン・ゴレン（pisang goreng）、鶏スープのソト・アヤム（soto ayam）、デザートなどが並べられる。オカズの品数も二〇～三〇種類に達するという。現代でも、ふだんの外食では、ごはんとソト・アヤムのスープだけとする質素な食事がふつうでもあり、スープが副食とされる典型的な例として覚えておきたい。

2. スープの多様性

スープは食べるもの

前項でふれたとおり、スープは液体であるが、飲むものではなく食べるものである。フランス語でスープを食べることはマンジェ・スープ（manger soupe）であり、ボワール・スープ（boire soupe）とは決していわない。マンジェは「食べる」、ボワールは「飲む」ことを指す。かつて、肉や野菜の煮込みに固いパンを浸してブヨブヨにしたものがスープの原型である。フランスでは濃い目の煮汁は鍋で煮た料理でもあり、鍋を表すポット（pot　フランス語ではポ）に由来するポタージュ（potage）という用語がスープ全般を指していた。主食のパンの入った汁物がスープであり、スープが主菜の位置を占めていたことが分かる。

ポタージュには、とろみのあるものと澄んだものがある。前者はポタージュ・リエ（potage lié）、後者はポタージュ・クレール（potage clair）と呼ばれる。とろみのあるポタージュ・リエには、さらに野菜を煮込んで裏ごししたものにミルクや生クリームを加えたピュレあるいはピューレ（purée）、小麦粉をバターで炒めて野菜と生クリームを合わせたクレーム（crème）、卵黄と生クリームを使ったヴルーテ（velouté）、カニ・エビからだしをとって仕上げたビスク（bisque）などがある。

一方、コンソメは澄んだスープであるのが絶対条件であり、牛肉・鶏肉・魚などからとっただし（ブイヨン）に脂肪の少ない肉や野菜を加えて煮立てる。完成したスープの色は澄んだ琥珀色でなくてはならず、コンソメが濁っていることは許されない。煮込むことで具材から茶色が染み出るとともに、アクが出てスープが濁るので、アクをまめにすくうほか、卵白や卵の殻を加えてアクを吸着させる。さらに漉したあとで浮いた脂分を取り除く。レストランなどではこれらの手順は厳密におこなわれ、さらに焦がした野菜やカラメルなどで着色し、綺麗な琥珀色を完成させることもある。見た目以上に非常に手の込んだのがコンソメ・スープである。コンソメはポタージュの上澄み液にも相当すると考えれば、ポタージュから分離したものであるともいえる。汁物の話ではないが、魚醤は塩辛を作る過程で浸み出る上澄み液で、やはり塩辛の一部の製品である。

西洋社会のスープは、肉や野菜の煮込みに固いパンを入れたものがその原型であるとすれば、主食のパンと副食の煮込みを混ぜたものがスープということになり、むしろ、煮込み料理が重要な食材であったことが分かる。

時代とともに具材の入らないコンソメとポタージュが主流となった。それでも、具の入ったスープがまったくなくなったのではない。具の入ったコンソメ風のスープを二〇一六年の秋、大阪の高級ホテルで食べたことがある。ただし、スープは底の深い平皿ではなく、耳付きのカップで出された。さて、小さなスプーンが添えられているので、スープとともに具材も一緒にスプーンで食べなければなるまい。カップの耳は手を添えるためだけのものであろう。だが、周りを見回すと、カップを手にもって口元まで運んで食べている人もいた。これはルール違反のイエローカードだとおもったが、中国料理の湯《タン》でも、器が小さく、レンゲでいただくのは面倒なことがある。日本料理の汁物は、箸を添えて口元までお椀をもっていただくのがふつうだし、カップのスープはどうも苦手だ。各国での事情はどうなっているのか。

世界の四大スープ料理

世界の四大スープは、中国のフカひれスープ（魚翅）であるテェンジュウチー、ロシアのボルシチ、タイのトムヤムクン、フランスのブイヤベースである（図4―8）。フカひれ・スープのうち、紅炖魚翅はフカひれがメインであるが、魚翅湯／魚翅羹はスープ料理で、フカひれのほかに、カニやエビを入れる。カニミソのみを入れた場合は蟹黄魚翅湯《シエ・ファン・ユー・チー・タン》、カニのミソと身の両方を入れた場合は蟹粉魚翅湯《シエ・フェン・ユー・チー・タン》と呼ぶ。最近では、フカひれをごはんとあわせた魚翅撈飯に人気がある。これはフカひれ丼に相違ない。なお、フカひれで最高値は天九翅《テェンジュウチー》で、ウバザメやジンベエザメの背鰭を使う。

ボルシチは、アカザ科のビートを主としてさまざまな野菜や肉を煮込んだ料理で生クリームを使うこと、ビートの独特の紅色が大きな特徴となっている。ボルシチが世界に伝播する過程で、ビートが入手しにくいのでトマトを代わりに使うなどの工夫もなされ、中国ではビートを使ったものとトマトを使ったものを区別して、前者を「紅菜湯」、後者を「羅宋湯」と呼んでいる。なお、本場のウクライナではボルシチにはパンプーシカという揚げパンをつけて食べる。私見であるが、ボ

図 4-8　世界四大スープ。
①フカひれ・スープ（中国）、②トムヤムクン（タイ）、③ボルシチ（ロシア）、④ブイヤベース（フランス）。

ルシチだけを食べるのは少しつらい面があり、パンは不可欠である。ウクライナにはボルシチ以外に有名なスープ料理がある。それがソリャンカであり、ブイヨンの違いから肉のソリャンカ、魚のソリャンカと、茸のソリャンカの三種類に分けられる。基本の素材としてキュウリの塩漬けをブイヨンで煮てからオリーブ、キャベツ、レモン、クワスに茸の塩漬け、キュウリの塩漬けの漬け汁を加えるので、スープは塩辛い。また、トマト、テーブルビート、タマネギなどを加えるためスープの色は赤みを帯びている。風味づけにパセリやセロリ、香辛料に黒コショウなどがよく使われる。食べるさいにはスメタナ（サワークリーム）を加えるのが一般的である。

ブイヤベースは魚介類をふんだんに使った南仏のスープ料理である。伝統を守るため、「ブイヤベース憲章」なるものが決められ、カサゴはかならず使い、ホウボウ、アンコウ、アナゴ、マトウダイ、イセエビなど、特定の魚介類を使うべしとしている。ブイヤベースを食べれば、魚の種類が分かるので。正統性を知るうえでも文句のない基準であろう。この発想は、地魚の活用につながるものであり、ブイヤベースという世界的な料理を押し上げるものとして注目しておきたい。日本なら、環日本海地域の魚鍋を創生すればよい。

トムヤムクンは、タイのスープ料理で、トムは「煮る」、ヤムは「混ぜる」、クンは「エビ」を意味する。チキンスープにレモングラス、青トウガラシ、コブミカンの葉、ショウガ、魚醤、そのほかの調味料を加えた酸味と辛味の強いエビ入りのスープを作る。トムヤムクンは、ごはんと一緒にいただくことが多く、先述した日本のスープ・カレーの元祖とでもいえるものだ。タイでは何度も食べたことがあるが、店によって微妙に味がちがっており、その分楽しめる料理で、フカひれ・スープなどとはちがうタイでは定番の料理である。

世界のスープ料理

スープ料理は世界にいろいろあるが、食べ方も千差万別である。日本では、味噌汁、吸い物、豚汁、粕汁などのほか、雑煮、潮汁、三平汁などの汁物が全国にある。お椀で出る汁物は器の直径が一〇センチ程度だが、豪快に食べるけんちん汁や豚汁、沖縄のイカの墨汁や魚汁などは丼鉢でいただ

表 4-1　韓国におけるスープ料理

●ウシ・ブタ・イヌ

カムジャタン：ブタ骨とジャガイモの鍋（ブタの背骨であるカムジャ骨のスープ）。

ピョダギヘジャング：１人前のカムジャタンでジャガイモは入っていない。

カルビタン：骨付きのウシのカルビ肉のスープ。

コムタン：ウシの骨・内臓を長時間煮込んだ白濁スープ。

コリコムタン：ウシのテイルを長時間煮込んだスープ。

ソルロンタン：牛の肉（肉・舌・内臓）と骨で作る白濁スープ。骨髄がでている。

トガニタン：牛の膝蓋骨とその付近の肉を煮込んで作るスープ。

ネジャンタン：内臓と野菜を煮込んだスープ。

ポシンタン：イヌ肉の鍋。

ヘジャンククッ：酔い覚まし用スープ。ピョヘジャンククッ：肉のついているブタの背骨をトウガラシ・長ネギと煮込んだもの。カムジャタン：ジャガイモを入れたもの。コンナムルヘジャンククッ：モヤシのナムルの入ったもの。ソンジヘジャンクク：ウシの血を固めたものが入ったもの。ファンテヘジャンククッ：スケトウダラの入ったもの。

●ニワトリ

サムゲタン：若鶏にモチゴメと高麗人参、ナツメを詰めて煮た薬膳料理。

タットリタン：鶏肉とジャガイモなどの野菜を辛味で煮込んだ料理。

タッコムタン：鶏肉を煮込んだ料理。

●魚

チュオタン：ドジョウをすり潰して入れるスープ。丸のまま入れることもある。

メウンタン：ヒラメのアラなどでだしを取って作る辛いスープ。

テグタン：マダラの切り身が入った辛味のスープ。

アルタン：タラコを具として辛味に煮込む料理。

●野菜

シレギタン：大根などの青菜を辛く煮た汁物。

ミョッククク：ワカメスープ。冷たいまま、もしくは凍らせて食べる。

カムジャクク：ジャガイモのスープ。

図4-9　焼き鮎を使った吸い物。（京都・祇園）。

く。器の直径も一八センチと大きい。潮汁はコンソメ、そのほかは具材の多いポタージュ系のスープといえるだろう。ただし、潮汁でもなかに具材を入れる。三月の節句にはハマグリの潮汁をいただくが、貝の味と塩のほかはユズの皮を浮かべる程度である。昨年の二〇一六年、京都・祇園の料理屋でいただいた潮汁は、焼いたアユとユズの皮、にゅうめんを少量入れたものであった（図4―9）。マダイの潮汁も魚のだしと塩、日本酒で味をととのえ、木の芽を浮かべるだけである。

韓国では意外とスープ料理（ククッ）が多い。スープにごはん（パプ）を入れて食べるとクッパとなる。スープは一般にタン（湯）とされ、代表的なものとしては、ウシ・ブタ・イヌを使ったもの、魚や野菜・海藻を使ったものがある。ウシやブタのスープには骨と肉を長時間煮込んだものが多い。香辛料も多様なものが使われ、ヘジャンククッと総称されるスープはとくに酔い覚まし用に使われる。また、のこりの汁にごはんを入れてそのまま食べることや、チャーハンや雑炊にすることもある。韓国でも、汁物とごはんの相性の良いことが分かる（前頁表4―1）。

欧米ではどうか。ミクロネシアのサイパン島のホテルでタートルスープを食べた。コンソメで、緑色の油滴が浮いている。これはウミガメの脂分であり、ウミガメ本来のうま味が出ているのか分からない。
ポタージュ系のスープで定番は、コーンスープであろう。現代日本の結婚披露宴などでも、コーンポタージュが出されることが多い。いずれも、器は平皿かカップである。おなじポタージュ系のスープでも、ヴィシソワーズはジャガイとネギに似たリーキを使った冷製スープで、立食パーティーでよく食べた。器もカップのことが多く、スプーンなしで食べることができるのでおかわりできる。英国のウェールズにあるカーディフに行ったとき、ダックリング（子ガモ）のグリル・チョコレートソース和えと、リーキのスープをいただいた。カモは一羽分でほとんど食べきれないかと思った。デザートで出てきたケーキの大きさも半端でなく、西洋人はよく食べるなとおもったものだ。リーキのスープはあとで調べたらウェールズでカウルケニンというそうだ。日本なら、下仁田ネギで試したらいいかもしれない。冷製のスープでは、ロシアに野菜ベースのシーやオクローシカがある。

図 4-10 シンガポールの大衆食バクテー（肉骨茶）。

やはり野菜中心のオニオン・スープもパルメザン・チーズを振っていただくと、結構、腹の足しになる。こちらは米国というよりもヨーロッパが本場で、フランス、ドイツ、イタリアで国ごとに工夫がなされる。とくに、長時間煮込むかオーブンで加熱する点が特徴である。

クラムチャウダーは、日本の洋食レストランでもなじみ深い。クラムチャウダーは米国東海岸のニューイングランドが本場で、クラムにはハマグリに似たホンビノスガイを使う。大きいもので殻径が一〇センチ以上になる大型の二枚貝で、大きいものはチャウダー・クラムと呼ばれる。北米からの大型船舶のバラスト水に紛れて東京湾や大阪湾に定着した外来種であるが、日本ではその害が確認されていない。結構、味もよいので白ワインの酒蒸しや生食としても良い。ニューヨークでは、トマトやそのピューレを使う赤色のクラムチャウダーがあると聞くが食べたことはない。

具材の多く入ったスープ料理は世界にたいへん多く、具材の種類も多様である。ヨーロッパでは、スペインのガスパッチョ、イタリアのアクア・パッツァやミネストローネ、アメリカのガンボ、ポルトガルのソパ・デ・ペドラ（石のスープ）、トルコ・バルカン半島のイシュケンベやギリシャのパッツァス、ハンガリーのグヤーシュ、ドイツのアイントプフがある。アジアでは、中国の酸辣湯《サン・ラー・タン》、韓国のサムゲタン（参鶏湯）、シンガポールの肉骨茶〔バクテー（前頁図4―10）〕、ベトナムのカイン・チュア、南インドのサンバール、カンボジアのソムロームチュー、インドネシアのソト・アヤムなどがある。南アメリカでは、コロンビアのアヒアコ、ブラジルのフェジョアーダなど具だくさんのスープがある。ものによっては、シチューないし煮込み料理ともいえるものがある。スイスのフォンデュのように、熱したチーズやオイルに食材をつけて食べる場合も一種のスープ料理であろう。スープ料理はごはんやパン（ロティ、ナンなどを含む）と一緒に食べられる副菜にかかわりなく、しかも肉、魚や野菜をまとめて調理し、味付けも手のこんだものが多く、栄養面でもバランスの良いものが多い。さらに、大量に作ることにより、多くの人が共食できる可能性が高い。ではつぎに、日本に着目して汁物の特徴を洗い出してみよう。

3．だし（出汁）文化と汁物

「だし」の食文化については歴史や地域差などをふまえた包括的な論や紹介がある（大石一九八七、藤村一九九七、松下二〇〇三、国立国会図書館二〇一四、伏木二〇一七）。少なくとも室町時代以降の典型的な和食の献立に、汁はなくてはならない要素とされてきた。汁物を作る基本に「だし」があり、調味料としての醤油や塩と、具材の実《み》として野菜、豆類、魚介類などが加えられた。「だし」を使う食には、汁物・椀物のほか、鍋物、麺類（うどん、そば、素麺、ラーメン）、おでん、天麩羅、明石焼きのだし汁、出し巻きなどがある。

雑煮とだしの文化圏

日本のだしと汁物に焦点をあて、だしの多様性について考えてみよう。まず、正月に食べる雑煮はだし文化の地域性を顕著に示している。焼くか煮たモチ（角モチ・丸モチ）と具材の実をだしに入れて調理した雑煮は本来、酒の肴として食された簡素な酒菜としての吸物を意味し、ごはんと一緒に食べる汁物とは区別されていた。わたしは京都人なので、元旦は白味噌仕立ての雑煮で、なかにモチと大きな海老イモを入れる（図4―11）。雑煮を一杯いただくだけで結構、お腹が張る。東京ではすまし汁に鶏肉、モチ、三つ葉のあっさり風の雑煮で、江戸前と京風料理の味付けのちがいとはむしろ反対の傾向かもしれない。

料理研究家の奥村彪夫さんは日本全国の雑煮についての包括的な類型を試みている（奥村一九九八）。まず、モチの形についていえば、北日本、関東、中部まではほとんどが角モチの世界で、それよりも西では丸モチが優先する。煮るか焼くかについても、角モチはほとんど焼いて使うが、新潟、愛知、岐阜、三重、石川あたりの角モチの分布西端部では煮る傾向がある。丸モチの場合、奈良や九州の大分、熊本、長崎で焼く場合がある。それ以外はたいてい煮るのがふつうである。

雑煮をすまし汁とするか、味噌を使うかでも、日本では地域差がある。前述した奥村さんの類型に従うと、北・東日本から中部地方まではすまし汁文化圏にある。近畿地方と四国の香川、徳島では味噌を使う。しかも、多くは白味噌である。島根、鳥取では雑煮に小豆汁を使う文化圏にある点はユニークである。西日本では雑煮はすまし汁であるが、煮るか焼いた丸モチを使う点で、角モチを使う東・中部日本とは異なる点が特徴的だ（農文協編 二〇〇二、二〇〇三）。

奥村さんは雑煮のだしについての類型を試みていない。雑煮のだしは、大きく植物性（海藻、椎茸）と動物性（魚類、ニワトリ）に分かれる。植物性のだしの素材はほとんどがコンブであり、あとは干し椎茸である。動物性のだしの素材である魚類には、カツオ節をはじめとする節類、乾燥品（干しエビ、スルメイカ）、焼いた魚（トビウオ、タイ、ハゼ）、煮干し（イワシ類）、そしてニワトリが含まれる。これらを単独で用いる場合から、たとえばコンブとカツオ節、アゴ（焼いたトビウオ）とコンブ、ニワトリの三種類を組み合わせて使う場合のように、混合だしとしてブレンドする事例まである。カツオ節とコンブの利用についての明確な地域差はない。

図 4-11　京都の白みそ雑煮。
大きな海老イモと輪切り大根を入れる。餅は焼いた丸モチを使う。大きなイモは「お頭」、つまり人の上にたつことを祈願する意味がこめられている。

しかし、丸モチと角モチ、すまし汁と味噌仕立て汁におけるように、比較的広域で区別されるのではないが、細かく見ると地域性のあるだし文化圏が存在する。たとえば、焼いたトビウオ（アゴ）を使う地域は福岡の博多、佐賀、長崎である。東京でもアゴとカツオ節を混ぜて使う例があるが、その意味は定かでない。スルメイカを使う地域は能登半島、岡山県の内陸部、福岡の八女《やめ》・朝倉などにある。仙台では焼いたハゼをだしに使う。だしの種類は多様であるが、味付けはほとんどが醤油であり、砂糖、塩、みりん、酒を使うこともある。このほか、雑煮の実にしてもじつにさまざまな食材が用いられている。

ここではその詳細にふれないが、モチのすまし汁にイワノリをトッピングしただけの簡素なものから、野菜、イモ類、椎茸、エビなどをふんだんに使った豪華な雑煮までさまざまである。

クジラ汁

雑煮ではないが、国内にはユニークな汁物がある。それがクジラ汁である。東北地方から北海道には盛夏にクジラ汁を食する慣行がある。夏に精をつけるとか、農繁期に顔にしたたる汗がクジラの脂で目に入らない、という伝承がある。さらに、函館や対岸の下北半島大間で聞いた話に、年末の大晦日にクジラ汁を食べて年を越すのだ、という言い伝えもある。クジラの「大物」を食べて年越しを祝うとされている行事食といえるだろう。

クジラ汁は東北から北海道で多く食される。実際に、新潟、宮城、福島、山形、青森、北海道のクジラ汁のレシピをネットで検索してみた。だし汁としてはコンブ、カツオ節、煮干しなどが用いられており、とくに地域差はない。野菜としては大根、ゴボウ、人参、ナスなどをはじめ、サトイモ、山菜などが使われ多様であり、味噌仕立てが特徴である。ただし、すまし汁にすることもある(図4―12)。また、だしを使わず、クジラの皮脂からしみ出るうま味を使うこともある。北海道のクジラ汁は明治期以降に東北地方から移住した人びとによって持ち込まれたものといえる。しかし、アイヌの場合もクジラ汁に類する食事が知られていた。

島田(谷)元旦は幕府の命を受け、一七九九(寛政一一)年に蝦夷地を訪れ、紀行文やアイヌのさまざまな風俗や器物を図として記録した（山下 二〇一二）。そのなかの『蝦夷紀行図・上』には、「イルカノ魚ヲ食」と題する図がある。囲炉裏の中央に大きな鍋が置かれ、イルカの肉が調理されている。横にはイルカの肉を解体する人、椀でイルカを食べているアイヌの人びとが描かれている。囲炉裏には串刺しの赤い肉も見受けられる。なお、和人がイルカを食べているわけではない（図4—13）。東海大学の宇仁義和さんはこのイルカを形態や体色から、ゴンドウクジラの仲間と想定している（宇仁 二〇一二）。いずれにせよ、谷元旦の記録した図に示されたようなイルカの鍋料理はイルカの肉や皮脂層を使ったものであることは間違いない。のちにアイヌの食における汁物についてふれるが、この図はアイヌ社会における煮込み汁オハウ（ohaw）に相当するものとおもわれる。

図 4-12　クジラ汁。
黒皮の部分と野菜を煮込んだもの。

東京の浅草にある「どぜう」料理で知られる駒形屋は、創業が一八〇一（享和一）年であり、三〇〇年以上の伝統をもつ。店ではドジョウの鍋やドジョウ汁が供されてきた。なお、店名の「どぜう」は、もともと「どぢやう」ないしは「どじやう」と標示していたが、一八〇八（文化五）年に店が江戸の大火で類焼したのを契機に縁起をかついで店名を三文字の「どぜう」とした。駒形では、ドジョ

図 4-13　谷元旦による『蝦夷紀行図・上』に、「イルカノ魚ヲ食」と題する図がある。

図 4-14　現代のクジラ料理（山口県下関市内）。

ウとともに大きな魚であるクジラも客に提供することとしたようで、ドジョウ汁とともにクジラ汁が振舞われた。

　天保年間（一八三〇〜一八四三）から文久三年（一八六三）にかけて書かれた、加藤雀庵《じゃくあん》の『さへずり草』には、「江戸の市中泥鰌を煮売る家には、必ず鯨のはなるゝことなし。されば鯨汁・鰌汁はあたかもむつましき妹背のごとし」とある。『守貞謾稿《もりさだまんこう》』にも、「江戸ハ葺屋町川岸、堺屋某、竜閑橋……数寄屋橋御門外等、鰌汁、鯨汁ニ名アリ。」とある。

　江戸時代に、京のまちにおけるクジラ食は宮中や公家だけでなく、庶民の間でも相当普及したようで、井原西鶴は『日本永代蔵』のなかで、京のまちでクジラの汁物が多くみられたことを記載している（井原二〇〇九）。江戸では一二月一三日に煤払いをしたあと、「鯨汁」を食べる習慣があった。煤払いのあと、誰かれとなく胴上げするなどの騒ぎになったという。また、クジラ汁には油脂分がこびりつくので、「くじら汁椀を重ねてしかられる」とか「鯨鍋たわしをひとつすてる也」などの川柳がのこっている。

文化・文政期における『鯨肉調味方《げいにくちょうみほう》』にも、クジラの皮、内臓、耳、歯茎、生殖器、骨などの部分を野菜などと取り合わせてすまし汁や味噌汁として賞味することができると評している。利用されるクジラの部位は三七におよび、汁物としての利用は半数を越えている。『料理献立集』や『料理物語』には、塩鯨にゴボウ、大根、ミョウガとともに汁や吸物として調理するのが良いとあり、クジラ汁としての利用が広くおこなわれていたことが分かる。現代のクジラ料理フルコースでも、クジラ汁がついてくることがある（図4－14）。

だしの素材

だしの素材には、植物性（コンブ、椎茸）と動物性（魚、鶏、豚・牛）のものがある。コンブは産地により大きく真コンブ、長コンブ、利尻コンブ、羅臼コンブ、日高コンブ（三石コンブ）、厚葉コンブなどに分類される。地域ごとのコンブは甘み、クセ、コクの強さがちがっており、料理の種類により使い分けられる。ただし、どの種類のコンブにもグルタミン酸（ナトリウム）が多く含まれることを一九〇八年、池田菊苗《きくなえ》が発見した。

干し椎茸は中世から中国向けの輸出品とされ、近世期に椎茸栽培が国内で広まった。現在では大分県が国内生産の半分近くを占め、宮崎県、熊本県、愛媛県、静岡県がこれにつぐ。とくにかさの開いていない冬茹（どんこ）が著名である。干し椎茸にはグアニル酸（ナトリウム）の多いことが一九五七年に國中明らによって解明された（國中 二〇〇八）。

動物性だしの素材である魚類には、カツオ節をはじめとする節類、煮干し、焼いた魚、乾燥品がある。節類（カツオ、ソウダガツオ、イワシ、サバ、ムロアジ、タカサゴ）は削り節や粉砕した粉を使う。一九一三年に小玉新太郎がカツオ節からイノシン酸（ナトリウム）を発見した。煮干し（いりこ）にはカタクチイワシを中心として、マイワシ、トビウオ、アジのほか、タイ、エソ、カマス、アカムツ（ノドグロ）などの白身の魚も使われた。焼き魚にはアゴ（トビウオ）、ハゼ、アユのほか、ワラスボ、ドンコ（エゾイソアイナメ）、淡水産の小魚などがあり、「だし」のなかでは地域性が著しい。つまり、アゴは九州から日本海沿岸、ハゼは仙台、アユは中国地方の内陸部、ワラスボは有明海沿岸、ドンコは東北地方の岩手沿岸部などの地域で用いられる。乾燥品ではスルメイカが重要で、イカを細かく切り、だしをとる地域がある。なお、奄美では冬場にウルメ（タカサゴ）から節が製造され、だし用に出荷された。

鶏ガラ、ブタの骨・ウシの骨を使うだしも決して広くはないが、全国各地でみられる。ラーメン用に多様な「だし」が考案され、すまし（醤油ラーメン）、味噌（みそラーメン）、潮味（塩ラーメン）のほか、濃厚な豚骨ラーメンを生み出した。ラーメンの多様な展開はだしを大きな背景としている点で、だし文化の応用版といってよい。コンブ、カツオ節、煮干し、椎茸などは一般にコクの薄いだしの素材であるのにたいして、鶏やブタのだしはヨーロッパのスープとおなじく油脂分を含む濃厚なものである点が顕著にちがう。だしは単独の素材から調整されることもあるが、コンブと干し椎茸のように複数の素材を組み合わせる「合わせだし」はだしのブレンド化であり、和食の料理人にとり、かくし味、企業秘密ともなる食のブリコラージュにほかならない。いずれにせよ、コンブ、椎茸、カツオ節は日本の三大うま味とされ、「だしは料理の元」とする評価が定着した（河野二〇〇九）。

アイヌの汁物

北海道アイヌにおける汁物について検討しよう。アイヌは狩猟・採集・漁撈とヒエ・アワ・キビなどの小規模な雑穀栽培をおこなってきた人びとである。人びとは季節に応じて自然界の食料資源をたくみに利用してきた。デンプン質の食物としてオオウバユリの鱗茎、雑穀類、米の粥、団子などがあるが、アイヌの食生活にとってもっとも重要なものがさまざまな具材を入れた煮込み汁、オハウ（ohaw）ないしルル・オハウである。ルルは「汁」の意味である。

オハウには、クマ、シカなどの獣肉やサケ、マスなどの魚類、山菜・野菜類を鍋（石なべ、鉄なべ）で煮込んだものである。この場合、水を入れた鍋に獣骨や魚の焼き干し、サケの白子や筋子の乾燥したものなどを加えて加熱してだしをとる。つぎに、肉や魚、山菜、野菜を入れて十分に煮込む。味付けに魚油、動物の脂肪分などを加える点が、内地の汁物と異なっている。さらに、塩や焼いたコンブの粉末やギョウジャニンニクを加える。オハウは具材によって、魚汁のチェプ・オハウ（cep ohaw）（図4―15）、肉汁のカム・オハウ（kam ohaw）、熊汁のカムイ・オハウ（kamuy ohaw）、野菜汁のキナ・オハウ（kina ohaw）、ギョウジャニンニクを入れた汁のプクサ・オハウ（pukusa ohaw）などと称される。いずれも、魚油や獣の脂肪分を加えた脂っこい汁物であった（萩中ほか 一九九二）。

なお、サケは遡上期の秋に漁獲され、生食されるほかは乾燥して囲炉裏の煙で燻製して保存された。夏季に獲れるマスやアメマス、ウグイ、ヤマベ、ヤマメ、ドジョウ、カジカなどは内臓を除去し、囲炉裏の火であぶり、焼き干しとし、そのまま食するほかはオハウのだしとして利用された。サケ料理はアイヌにとり重要で、生食のほかチェプ・オハウの魚汁、内臓の塩漬けであるメフン、サケの骨をたたいてつくるチタタプ、干したサケであるサッチェプ、サケの筋子のチポロの乾燥品などとして食される。

図4-15　アイヌ料理のチェプ・オハウ。
サケの切り身と野菜の汁物。

沖縄の汁物

沖縄ではだしを使った食文化が独自に発達し、いろいろな汁物料理がある（野沢 一九八四）。たとえば、ブタの内臓を具とする中味（身）汁がよく知られている。だしにはカツオ節を使い、内臓（とくに腸）の匂いなどはほとんどないが食感が良く、おろしショウガであっさりとした味が特徴である。中身汁以外にブタを使うものとして、ソーキ（ブタのスペアリブ）を使ったソーキ汁や骨汁がある。魚では、アバサー（ハリセンボン）を使ったアバサー汁、ミーバイ（ハタの仲間）やアカマチ（ハマダイ）を使ったあら汁ないし魚汁、カツオ節だけを煮出して味噌を加えたカツオ汁がある。

図 4-16　沖縄の墨汁料理（沖縄県・糸満市）。

魚以外にも、コウイカの墨を使った墨汁はカツオだしで、刻んだコウイカの身を具とするもので色が真っ黒の汁物である（図4―16）。燻製したイラブー（エラブウミヘビ）のイラブー汁、アーサー（ヒトエグサ）のアーサー汁のほか、ウシやヤギの汁物、ムジ（田芋の茎）を島豆腐などとあえたムジ汁、ヒートゥー（イルカ）の肉を使ったヒートゥー汁などがあり、いずれもカツオ節ないしコンブを使っただしを用いて調理した料理である。イナムドゥチはイナムルチと

図 4-17　沖縄のコンブ料理。
結びコンブ（左上）、クーブ巻き（右上）、クーブイリチャー（下）。

も称され、カツオ節のだしで短冊状に切ったブタの三枚肉、椎茸・こんにゃく・カステラカマボコを入れて味噌仕立てで調理した儀礼食であり、正月、清明祭、盆などの行事に多く食される（松本一九七八）。

琉球列島でコンブがだしとしてではなく食材とされている点は注目してよい。クーブイリチャーや結びコンブ、おでんとしての利用がその例である。クーブ巻きはブタの薄切りや白身魚をコンブで巻いたものを荒巻にしてコンブで煮込んだものである（図4―17）。いずれも結納や結婚式などの慶事や祝事に欠かせない。コンブとブタを組み合わせた料理は栄養学的にもすぐれている。このほか、コンブは沖縄で豚汁、ソーキ汁、アシティビチ（豚足の汁）、コンブ巻き（メカジキを利用）、コンブとヒンガーイチャーグワァ（トビイカ）の炒め煮として使った。だし自体はコンブとカツオ主体の淡白なものであるが、各家庭でブタの脂肪分を長時間煮込んでつくり、油壺に入れて保存されたウアーアンラー（ラード＝豚脂）は汁物、炒め物、煮つけなどに汎用され、沖縄の汁物の特徴でもある（日本の食生活全集沖縄編集委員会編 一九八八）。

石垣市で売られる歯舞諸島・貝殻島産の棹前コンブや厚葉コンブはコンブロードの証しだろう。沖縄におけるカツオ節消費量は総務省による家計調査（二人以上の世帯）の品目別都道府県庁所在市および政令指定都市を対象とした集計（二〇一三〜二〇一五年平均）によると、那覇市は全国でもっともカツオ節・削り節の購入量が多く、全国平均二八五グラムを大きく上回り、一七八一グラムとなっている。沖縄では、カツオ節以外にスルル（キビナゴ）やウーミーグワァ（テンジクダイ）をいったん蒸してから日干しにして保存したものを煮出して使うことがある。

だしの食文化の多様性は、①歴史を踏まえた多様性（交易と伝播）、②民族と文化伝統による多様性（アイヌと琉球）、③地域の生態と食材の利用可能性における多様性（雑煮のハレ食）として重層的に検討する必要のあることが分かった。この帰結はだし以外の食文化を考察する上でも重要な示唆を与えるものであろう。とくに、汁物がアイヌと琉球で重要な食として位置づけられている点が分かった。

ウトウト……

5

生食と発酵食品

1. 魚と生食

日本人は魚臭いか

一九八六年七月、沖縄・本部の海洋博公園にある熱帯ドリームセンター展示用の映像取材でアフリカのケニヤを回った。アフリカの熱帯植物の映像撮影に同行して取材の助言をおこなうためである。そのさい、ナイロビ市内で英国の著名な植物学の先生と話をした。そのときの会話で、「日本人はフィッシー・スメルがするというのは本当かね」との質問をうけた。一瞬、たじろいだのはその意味を計り知れなかったからだ。いまから思えば、「日本人はよく魚を食べるから、魚の匂いが体に染みついているというのは本当か」という問いであった。

世界のなかで、日本人だけが魚を食べているわけではもちろんない。とくにわれわれが生の魚を好んで食べることからいわれなき偏見を生んだともいえるが、わたしとしては義憤を感じざるをえなかった。魚について知らない英国人がふざけたことをいうな！という思いもあったが、当時から三〇年たち、時代も変わった。ヘルシー志向、日本食ブーム、和食がユネスコの無形文化遺産として登録されたことなどがあり、魚食は追い風の状態である。にぎり鮨はニューヨークやロンドンでもふつうに食べることができるようになった。ただし、日本で食べるのとまったく味の評価がおなじかどうかは知る由もない。二〇一七年の築地における初セリで、大間産のクロマグロが「寿司ざんまい」によって七四二〇万円で落札された。

一九九〇年代はじめ、ロンドンで鮨屋にいったが、日本人の職人はいなかった。鮨ネタもサーモンとマグロばかりで、とても鮨を楽しめたとはいえなかった。あれから二〇数年。鮨を例とするだけでも、食のグローバル化の進展とその意味を考えざるをえない状況にある。

一方、魚の乱獲や違法な漁業は世界で蔓延している。厚生労働省の調査によると、国民一人あたりの畜肉類の摂取量が魚介類の摂取量を超えて逆転したのは二〇〇六年、つまりいまから一〇数年ほど前のことである。今後、魚とわれわれ日本人との付き合いをどのように考えればよいのか。この問題は最終章で考えるとして、本章で生食と発酵食品を例として、魚と人との深くて長い付き合いについて考えてみたい。英国のサー（卿）からの問いかけに端を発し、「魚臭い」内容に徹底してみようと思いたったのは以上のような背景からである。

サシミ（刺身）文化

魚を中心とした生の食材を食べるさいの料理、あるいはその料理法を刺身と呼ぶ。魚や、貝（ホタテガイ、アワビ、アカガイ、カキなど）、タコ、エビ、カニ、クジラなどの海産物、アユ（背ごし）、コイ（洗い）などの淡水魚が主なものであろう（図5―1）。ただし生食品には、湯葉、タケノコ、コンニャク、カマボコ、野菜、果物などの植物性食物や、馬刺し、ニワトリ（ササミ）、牛刺しなどの肉類もある。しかも、諸外国をみると、生食の文化は思った以上に広がっている。以下、日本以外の地域の例を概観してみよう。

オセアニア

ミクロネシアのサタワル島で調査をおこなった。島民は獲れた魚を石蒸し焼き、直火焼き、煮物などにするほか、生の魚を食べることがある。調理した魚介類はふつうに食べられ、調理したものを食べることとまたその状態をモット（mot）と呼ぶ。ところが、生食をすることは、モットでなくウォロール（woror）と称される。ウォロールには、「かじり食する」ほどの意味があり、やわらかい状態にない食物を食べることを表す。海や森に棲む超自然的な存在が人間を食べることにもこのウォロールを使う。具体的には、タコ（＝クース）を生で食べるさいにウォロー

図 5-1　刺身の盛り合わせ。
（マグロ、カワハギ、タイ、サンマ、ハタ、アジ）（左上）、クジラ（鹿の子と皮鯨）（右上）、アユの背ごし（下）。

図 5-2　ハワイ諸島のポケ（poke）。
赤身の生魚に海藻やアボガドをあえて、レモン汁をしぼったもの。

ル・クースと称する（秋道 一九八九）。クースは「タコ」を指す。魚の生食のことを現地語でどういうのか聞いてみた。すると、「サシュミ」ということばが返ってきた。日本の委任統治時代に日本語が入り、その語が借用語として残っている。第一、電気や冷蔵・冷凍庫のない亜熱帯地域の離島では、調理しないと生の魚はすぐに腐敗する。乾燥、塩蔵、燻製などの加工技術は不可欠だろう。調味料も海水の塩味以外にないので美味しくもなかったのだろうか。

一方、ポリネシアでは魚の生食は広く知られており、ハワイやタヒチではポケ（poke）と呼ばれる。ハワイでは海藻も魚と一緒に生食されることが多い。食べ方としては、海藻を刻むか石ぎねで搗き、塩味をベースとして生魚やエビなどと混ぜて食されるか、生魚をレモン汁でマリネにしたものに海藻を混ぜたポケとして食される（図5―2）。アオサは細かく刻んで塩とともに生魚の切り身に指でマッサージするように練りこむ。この方法はロミ（lomi）と呼ばれ、こうして調理された生魚をイア・ロミ（i'a lomi）と称する。カギケノリはハワイでもっとも好まれる海藻であり、煮込んだ牛肉やマリネ、あるいはイア・ロミと混ぜて食される。ムカデノリは細かく刻んで塩味をつけ、生レバー、生魚、調理した肉にあえて食べられる。

ポリネシアでは、カツオやマグロの生血を飲むこともある。ギルバート諸島でも、成人式儀礼は一人前のカツオ釣り漁師になるための入門式としての意味をもち、若者はカツオの生血を飲む。メラネシアのフィジーでは、生魚をぶつ切りにして、上からレモン汁で軽く酢じめにし、調味料やココナッツ・ミルクに漬けこんだものを冷製にして食べるココンダ（kokonda）がある。パラオでは、ナマコを酢漬けにしたものが市場で売られていた。ポリネシアのサモアでもナマコは生食され、首都のアピアでは、「このわた」がコーラの空瓶に入れられて市場で売られていた（図5―3）。このわたはセア（sea）と称される。また、ナマコの肉は生殖巣と混ぜて食されることが多いが、ナマコのなかでも *Holothuria hillaha* は食用とされない。

図 5-3 ナマコのこのわた（セア：sea）を生のまま瓶詰めしたもの。
（西サモア・アピアの市場）。

韓　国

数年前、韓国の済州島でにぎり鮨を食べたが、ワサビ抜きのもので、似て非なるとはこのことかと思った。韓国でも魚を生で食べる。刺身料理はフェと呼ばれ、タイやヒラメなどの白身魚や、生け簀で活かした活魚のファロフェ（活魚膾）、火で炙っただけのスックフェなどが代表である。済州島の魚市場で、サバの刺身（コトンオ・フェ）が売られていた。日本ではふつうなら、ワサビかおろしショウガと醤油で食べるが、韓国ではコチュジャンを使う。コチュはトウガラシで、この粉（コチュカル）に米麹、大豆麹、塩を加えてペースト状にしたジャン（醤）で、韓国の代表的な調味料である。サバの刺身には小さなプラスティック容器にコチュジャンと醤油がつけられており、練りワサビはない（図5―4）。コチュジャンは刺身だけでなく、いろいろな料理に汎用される。

図 5-4 韓国・済州島の魚市場におけるサバの刺身（コトンオ・フェ）。
ワサビではなく、コチュジャン（トウガラシ・ベースの調味料）と醤油が添えられている。

　韓国南部の麗水（ヨス）で開催された麗水国際博覧会の後、順天（スンチョン）の湿地を回った。ラムサール条約に登録された湿地で、自然観察用の回遊路が整備されている。湿地周辺のレストランで昼食をとった。サルボウの混ぜご飯（コマク・ビビムバ）、茹がいた海藻

図 5-5　テナガダコ（丸焼きのナクチ・ホロンイ）とナマコ（ヘサム・フェ）。
（テナガダコは順天、ナマコは麗水にて）。

のスジメ、テナガダコ（丸焼きのナクチ・ホロンイ）、ワカメスープ（ミリヨックッ）など、海鮮中心の料理が出た。ここでも、コチュジャンが調味料の主役を果たしている。テナガダコ（ナクチ）、海藻のスジメにはコチュジャンが添えてある。ビビムバにも、もちろんトウガラシ味がつけられている（図5―5）。以前、麗水で食べたナマコの刺身にも酢醤油でなくコチュジャンが添えられていた。サンナクチは生きたテナガダコをぶつ切りにしたものの踊り食いで、塩入りのゴマ油か酢入りのトウガラシ味噌（チョコチュジャン）につけて食される。コチュジャンで刺身を最初食べた時は、少し抵抗感がないわけではなかったが、辛味の強い韓国料理を食べなれるとクセになる。オセアニアで、生魚にかんきつ類やココナッツ・ミルクをあえて食べる料理も現地でこそおいしく感じるが、民謡を聞きながら食べるものではない。

二〇一四年一二月四日に、「和食―日本人の伝統的な食文化」がユネスコ無形文化遺産に登録されたことは冒頭でふれたが、そのさい韓国の申請した「キムチとキムジャン（冬場のキムチ

図 5-6　韓国・済州島の魚市場で売られている塩辛。

漬け文化)」も登録を果たした。キムチが韓国料理のなかで占める位置は大きく、キムチ漬けのもつ社会的、文化的な意義が認められた。中南米原産のトウガラシは、コロンブスの時代以降、ヨーロッパへ持ち帰られ、ポルトガル人がインド洋を越えて東南アジア、南中国に運んだ。日本へは、一六世紀中葉の天文年間に豊後国に導入された可能性が大きい。

しかし、朝鮮半島に伝播した後でも、トウガラシがキムチの調味料として普及するのは後代のことである。もっとも朝鮮半島では、冬季の保存食として大根などの野菜を塩や醤油で保存する試みが一二世紀の高麗時代にあった。また、南蛮産のコショウが朝鮮王朝時代以降、肉食の浸透とともに普及するが、いったんトウガラシが導入されて以降は、廉価なトウガラシが急速に半島全域に拡大したと思われる(鄭 一九九八)。現在のような、野菜とトウガラシ粉とアミや小魚をもとにした塩辛(ジョッ、チョッカル)を組み合わせたキムチは、一九世紀以降普及したとされている。仁川のある江華郡は、韓国を代表するアミの塩辛(ジョッ)の一大生産地である。アミには漬け込む時期に応じて、五月にはオジョッ、六月にはユッジョッ、秋にはチュジョッ、冬にはトンベッカジョッが区別されている。アミの塩辛は、キムチを漬け込むさいの調味用に使われる。済州島に行ったさい、魚市場で何種類もの塩辛が販売されていた。それぞれのちがいについて聞いてみたかったが、目的は果たせなかった（図5―6）。

図5-7　春節のさいに「魚生」を食べる。
（シンガポールのチャイナ・タウン）。

南中国

中国では、淡水魚を生で食べることはない。ただし、シンガポールなどの華人社会や香港・広東（広州市順徳区）では、生魚にいろいろな薬味を加えて食べる「魚生」（ユーサーン）の食習慣がある。とくに二月の春節時期に、新鮮な魚を生で食べる。福建省に住む客家《はっか》はソウギョ（草魚）を生食するという。ソウギョなどの淡水魚を生で食べることにより、肝吸虫症に感染する危険性もある。ソウギョには有棘顎口虫《ゆうしがっこうちゅう》が寄生しており、生食はきわめて危険である。にもかかわらず、中国のなかで生食の食文化は依然として廃れていないようだ。潮州料理の魚生（フーセン）もそうで、ソウギョの刺身に香草と梅ベースの「三滲醤」というソースや合わせ味噌であえて食べる。

わたしがシンガポールのチャイナ・タウンでみたところ、海産魚のアイゴが春節時に魚生料理に供されていた（図5―7）。かなり前の一九七六年のことであるが、香港で潮州料理を食べるため、粥専門店に入った。壁にはずいぶん多くの粥料理の名札が貼られている。潮州粥はムエ（糜）と呼ばれる。具材としては、魚やカニ、イカ、カキをおもに使う。わたしは迷わず、魚生粥（ユーサーンチョッ）を注文した。粥は淡白で、粒のわからないようなドロドロのものでなかったが、独特の風味がある。魚生粥は刺身を粥の上にトッピングしただけのシンプルなもので、平らげたがなんとなく物足りない。おそらく飲んだ後などに、小腹に入れるものなのだろう。あとで有棘顎口虫のことを知って、あれがソウギョでなかったのだろうかと気になったが問題はなく、ホッとした。魚生粥は値段も安く、お手軽な食といえそうであった。生の淡水魚は少し怖いので、できたらタイやヒラメの魚生粥を食べたいものだ。

タイ・ラオス

完全な生ではなく、すこし加熱した半生状態の魚を食べる地域は東南アジア大陸部の淡水域ではきわめて一般的である。たとえば、東南アジア大陸で広く食されるラープは、生の淡水魚を湯通しし、サラダや薬味とあえて食されるラープ料理である（図5―8）。ラオスにおけるラープは、魚種や大きさ、うろこ

図 5-8　半生の魚と香草を添えたラープ料理。（ラオス南部・パクセ）。

や小骨の有無、魚肉の匂いなどによっていくつもの方法に区別されている。たとえば、生臭くない魚の場合、大型のものは切り身にして香草と魚醤で味付けをしたコーイ・パー・ディップとして、小型の魚はすり身にして香草や魚醤と混ぜて味付けしたラープ・パー・ディップとして食される。また、匂いの強い魚やうろこのある魚は五〇℃くらいの低温で湯通しし、スープとともに食べるか、スープを除いて半生状態で食される。前者はラープ・パー・ソット、後者はラープ・サー・パーとそれぞれ呼ばれる（友川 二〇〇八）。

ラープが問題であるのは、長年にわたって食べ続けていると、肝吸虫症を発病することが知られているからだ。総合地球環境学研究所（以下、地球研と称する）でわたしがリーダーとなり、プロジェクト研究を中国、ラオス、タイで五年間実施したなかで、ラオス中部のサヴァナケット県で人類生態班が住み込み調査を実施した。班長の門司和彦さん（現、長崎大学教授）によると、便検査で、成人のほとんどが肝吸虫症に罹患していることが分かった。重篤な症状になると肝硬変になる。かつて肝ジストマと呼ばれた病気である。とくに小型のコイ科魚類を生食すると、肝吸虫の卵が魚を媒介として人体に感染する。班員の友川幸さんは、どのような種類は食べない方が良いとする提言を含めた生活改善を訴えた。

わたしも、ラープ料理を食べたが、その頻度も低く、またなるだけレストランでもあらかじめどんな魚を調理するかチェックするようにしていた。調理場でもっと茹がいてくれとも言えず、複雑な気持ちになった。わたしは、メコン河の本流にいるような大型の魚を注文したが、小さな村の食堂などでは、たまったものでない。海産魚と淡水魚では、湯引きをするさい、その意味が両者でちがうことを十分に考えておくべきだろう。

2. 発酵食品の展開

魚の発酵食品は臭いか

五、六年前、秋田県男鹿半島の付け根にある北浦を地元研究者の杉山秀樹さんらと回った。そのさい、魚醤の工場を見学に行った。残念ながら、休日で開いていなかったので、近くの喫茶店で昼食をとった。喫茶店にはたいしたメニューがなく、スパゲッティを頼んだ。食べ始めようとすると、杉山さんは店員の女性に声を掛けて、ショッツルの瓶を持ってこさせた。スパゲッティに振りかけるとうまいという。スパゲッティには、パルメザン・チーズかタバスコやソースが定番の味付け調味料であるが、ショッツルは意外といける。ショッツルの本場にいると、日常の食にも魚醤が登場するのかと思った。ただし、東北では塩分摂取量が他府県とくらべて多いという数字があり、高血圧症の問題もある。摂りすぎに注意するほかない。

わが家では娘がまったく魚醤を受け付けず、ナム・プラー、ニョク・マム、いしり、ショッツルなどをを土産に持ち帰っても、「臭い、臭い」と言われ、部屋の隅にしまうしかなかった。京都で魚食文化をテーマに放送大学の対面講義をした時、家から何種類かの魚醤を持ち込んで五〇人ほどの受講者に匂いをかいでもらった。無言ではあったが、半数以上がノーの反応であったのだろう。慣れないうえ、カレーやそば、フライドチキンのような日常接する匂いとは明らかに異なっているからだ。拒絶反応は仕方ないかもしれない。

二〇一四年、滋賀県琵琶湖博物館でナレズシをめぐるシンポジウムがあった。シンポジウムには食文化、歴史、民俗、生活科学などの研究者が集まった。日本では魚醤とナレズシの研究の第一人者である石毛直道さんも参加した。議論はナレズシの起源、伝播、社会史、ナレズシ製法の温度や塩分濃度などの技術論、発酵の化学変化など多岐にわたった。会場には地元滋賀県でフナズシに興味を持つ人びとが多く参加した。

図 5-9　琵琶湖のフナズシ。黄色の卵がみえる。

シンポジウムの後、博物館内で地元の中学生が準備したフナズシの試食会があり、その味の講評会がアンケート形式でおこなわれた。地元の子なら小さいころから親しんでいるせいもあって、小皿にとってパクパク食べている。わたしもそう毎日口に入らないものだけに、酒がないなあと思いつつ食べた。大皿はすぐに空になってしまった（図5―9）。

関東では、フナズシを食べることはまずない。値段も半端でなく高級品でもあり、関西でも滋賀や京都以外の大阪や奈良、兵庫で状況はどうだろうか。フナズシは慣れないので、すえた匂いに耐えがたいと思う人がいる。かつて滋賀県でナマズのシンポジウムが開催されたあと、ホテルの宴会部屋にフナズシが持ち込まれただけで、窓を開けるように促されたことがあった。おもてなしとはならなかったわけで、滋賀県関係者はどんな思いをしただろうか。かなりの高級品であっただけに、箸もつけられなかったのが悔やまれる。

その一方、酒の肴としてこよなくフナズシを愛する人びとも大勢いる。お湯にフナズシの鰭の部分を入れてうまそうに飲む人もいる。先ほど挙げたショッツルは、東南アジアのナム・プラーやニョク・マムと味も匂いもほとんどおなじ魚醤である。これらを調味料として使う人びとの数は半端でなく多い。日本のタイ料理屋、ベトナム料理屋に行くと、かならず魚醤の瓶がおいてある。日本の和食屋で醬油がおいてあるのとおなじと考えればよい。

ここでもう少し、魚の発酵食品について世界的な視野から考えてみよう。

ナレズシと魚醤の文化

ナレズシは、魚を塩と炊飯したコメを漬けこんで乳酸発酵させた食品である。日本では、滋賀県ではいまなお、ナレズシの食文化が伝統として継承されている。材料となる魚はすべて淡水魚であ

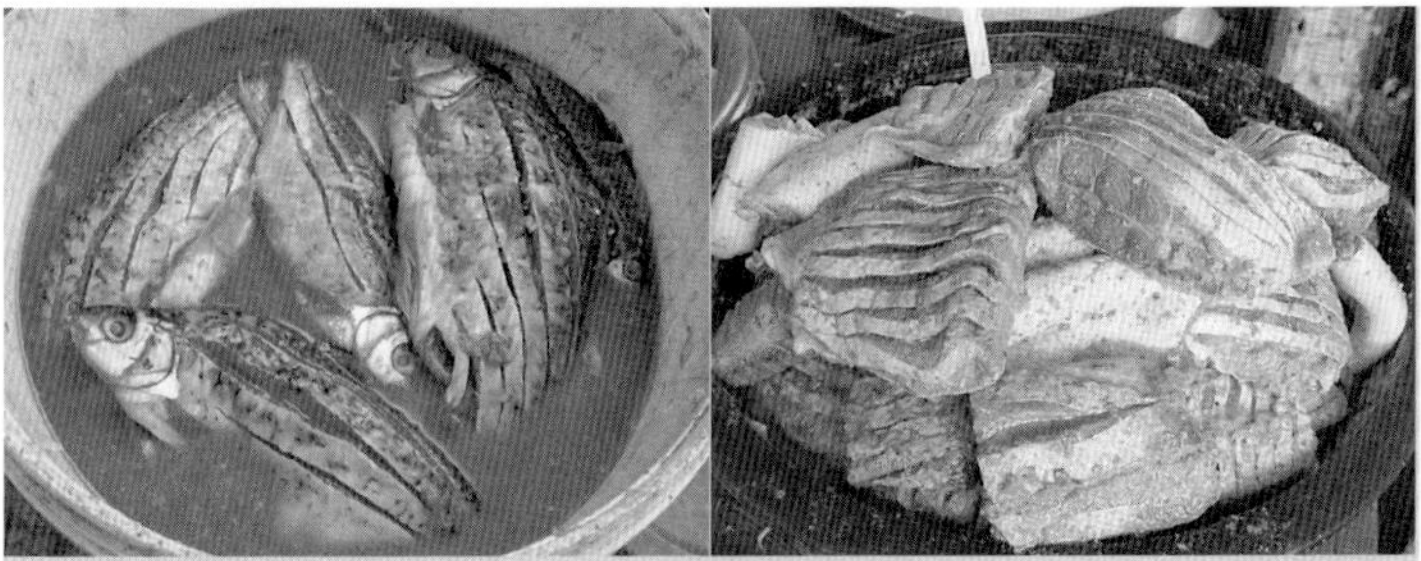

図 5-10　東南アジアの淡水魚を乳酸発酵させたナレズシ。
ラオス南部のパー・ソム（左）とカンボジアのプロ・ホック（右）。魚に切れ目を 入れて発酵を促進する。

り、このなかにはニゴロブナ、ゲンゴロウブナなどのフナ以外にも、ドジョウやナマズ、コイ、ウグイ、ハス、オイカワ、アユ、モロコ、タナゴ、イサザなどのナレズシがある（堀越二〇一六）。琵琶湖産の淡水魚と塩、コメを組み合わせたナレズシの食文化は地域と密着したものであり、歴史も古くさかのぼる（橋本編 二〇一六）。

前述したように、ナレズシは魚類に塩とデンプン類を加えて乳酸発酵を促した保存食品である。塩は魚の防腐作用を果たす。デンプンとしては、米飯が多く使用されるが、日本のイワシの糠漬けのように米糠を使う場合や、後述するようにモチゴメのせんべい粉やサトイモを使う東南アジアや、アワ（粟）やサトイモを使う台湾の例がある。米糠を大量に使う場合は糠漬けと呼ばれる。ナレズシでは、乳酸菌や酵母菌が発酵に寄与する。

興味あることに、ナレズシは日本、東アジア、東南アジアにのみ分布する。ナレズシの食文化は稲作地帯と一致することが分かる。魚の発酵食品にはさまざまなものがある。日本からアジア大陸部にはナレズシ以外にも、魚醤や塩辛などの発酵食品が広く分布することが知られている（石毛・ラドル 一九九五）。

ナレズシには、日本以外に東南アジアではプラ・ラー（タイ）、プロ・ホック（カンボジア）などがある。カンボジアでは、魚に塩、粥、炒ったコメなどを混ぜたポ・オ、さらにパパイアの刻んだものを混ぜたマムなどがある。ラオスでも、メコン河流域で獲れた小魚をコメと塩で漬けた発酵魚は一般にパー・デエーク（pa deak）と呼ばれ、日常の食事に欠かせない。また、魚肉に塩、炒ったコメを混ぜたソム・パー、さらにパイナップのスライスなどを混ぜたケム・マクナットなどがある（図5―10）。

石毛直道さんは、魚醤を（1）魚醤油、（2）塩辛、（3）塩辛ペーストに三区分して議論を整理している（石毛 二〇一二）。これを順番に説明しておきたい。

（1）魚醤油　魚醤のうち、魚と塩を混ぜたものを保存する過程で魚から浸出する上澄みをろ過した液体が魚醤油である。魚醤油はアジアに広く分布し、淡水産、海産の魚介類が利用される。ベトナムのニョク・マム、タイのナム・プラー、ラオスのナム・パー、カンボジアのトゥック・トレイ、中国の広東省やマカオの魚露（ユールィ）が地元で広く使われている。日本では、ショッツル（秋田県）、イシリ（イシル）（石川県）、コウナゴ醤油（香川県）などが魚醤油の代表例である。なお、ショッツルではハタハタやイワシが、イシリ（イシル）ではイワシやイカが、コウナゴ醤油ではイカナゴの稚魚が原料とされる。イシリは能登半島で製造されており、現地でホタテガイの貝柱を焼き、出来上がり直前にイシリを数滴たらして、熱々のホタテを食べると何ともいえないうま味が口中に広がる。臭いどころの話では決してない。

魚醬油は、古代ローマでもガルム（garum）として知られていた。皇帝や貴族階級が贅沢の限りを尽くしたことはアピキウスの書やプリニウスの『博物誌』などでもよく知られている。古代ローマでは、とくにサバ、イワシ、マグロ、キビナゴなどの内臓を素焼きの甕で塩蔵したガルムは重要な調味料とされた（図5―11）。また、上澄み液をとった残りの魚肉（塩辛）はアレックと称され、貧しい階層の人びとが食べる麦粥の味付けとされた。粥であるポーリッジの味付けに塩辛が使われていたことは面白く、アジアでも中国粥における魚醬油の使い方と似ている。

図 5-11　古代ローマの魚醤ガルムの容器と現代のガルム（コラトゥーラ・ディ・アリーチ）。
中央は古代ローマのタイル画。

（2）塩辛　塩辛は魚類に塩分を加え、自己消化酵素や魚介類の体内細菌のはたらきでタンパク質を各種アミノ酸に分解して独自のうまみや香りを産みだした保存食である。塩辛の原料は海産・

淡水産の魚類だけでなく、カニ・エビ・タコ・イカ・貝類など多岐にわたる。塩辛は洋の東西でみられる。ヨーロッパではカタクチイワシの塩辛であるアンチョビやニシンの塩漬け缶詰であるシュールストレミング（スウェーデン）がよく知られている。アンチョビはまだしも、シュールストレミングは、世界でもっとも臭い食品との評判があり、国立民族学博物館時代に石毛さんが実験室で缶を開けた時の異常な匂いにはさすが参ってしまった。

アジアでは、韓国、日本でとくに塩辛食品が発達している。日本では、メフン（サケの腎臓）、子ウルカ（アユの卵巣）、苦ウルカ（アユの内臓）、白ウルカ（アユの精巣）、切リウルカ（アユの内臓と生殖腺を混ぜたもの）、タラコ（スケトウダラの卵巣）、酒盗やワタガラス（カツオの内臓）、スクガラス（アイゴの稚魚）、カラスミ（ボラの卵巣）のほか、タイ、イワシなどの魚類やイカ、タコ、エビ・オキアミ、カニ、シャコガイ、コノワタ（ナマコの内臓）などを用いた多様な塩辛食品がある。韓国にも前述のシュールストレミングよりはましとはいえ、かなり臭いガンギエイ（洪魚：ホンオ）の塩辛がある。これはガンギエイの切り身を壷に入れて冷暗所で一〇日ほど発酵させたものでホンオ・フェ（洪魚膾《こうぎょかい》）と呼ばれ、強烈なアンモニア臭がする。韓国南部の木浦が産地であり、講演で木浦大学に行った折、是非に食べたいと先生に頼んだが遠慮されてしまった。広島大学に留学経験をもつ人だけに、日本人にはとてもと考えたのかもしれない。代わりにアナゴの豪華な鉄板焼きを御馳走になった。

韓国で塩辛は一般にチョッカル（チョッ）と呼ばれ、セウジョッ（アミ）、ケジャン（カニ）、イワシ、イシモチ、スズメダイ、タチウオ、チンジャ（タラの胃袋）などのほか、ウニも塩辛とされる。とくにセウッジョは、キムチを作るさいに欠かせないことを確認しておこう（図5―12）。

（3）塩辛ペースト　塩辛ペーストは、魚醤油をろ過した残りの固形物をすりつぶしてペースト状ないし固形物としたものである。塩辛ペーストは中国南部から東南アジア地域に広く分布している。インドネシアやフィリピンのものは、中国南部の蝦醤《シア・ジャン》・蝦糕《シア・ガオ》と同様にオキアミ類から製造される。中国の塩辛ペーストはペースト状の蝦醤と固形物の蝦糕にわかれる。塩辛ペーストは素材の原形をとどめないものであり、原形をのこす塩辛とは異なる。

以上、ナレズシ、魚醤、塩辛を比較すると、魚介類に塩分を添加して発酵させる過程はおなじであるが、ナレズシにはデンプン（おもに米飯やせんべい粉）を加える点が大きく異なっている。ナレズシの製造過程では、魚介類の細菌を利用した乳酸発酵を促すだけでなく、麹を加えて発酵のスターター（発酵を促進する

図 5-12　韓国のカニ塩辛のケジャン（蟹醤）とガンギエイの塩辛ホンオ・フェ（洪魚膾）（韓国・木浦）。ただしカニはワタリガニではなかった。

微生物の集団）とする。ナレズシに用いるデンプンは、東南アジアでは炊飯したモチゴメ、ウルチ米とともに、米糠、焼いたコメ、せんべい粉などを使う。台湾ではサトイモやアワのほか、すりつぶした生米を使う。日本ではもっぱら炊飯したウルチ米を用いる。

ラオスの魚醤とナレズシ

地球研のプロジェクト研究でわたしはラオス南部を中心に水田、河川、ため池などの利用と食、資源管理などについての調査をおこなった。そのため、ラオス南部の中心地であるパクセを拠点として周辺のアタプー県、セコン県を広く回った。パクセの市場に行くとさまざまな食品や雑貨が売られている。ひときわ興味をもったのは、魚の発酵食品が数多く売られていることであった。たいていは女性が店を仕切っており、大小の容器に入った発酵食品を売っている。なかには、ドロドロの茶灰色をした液体を売っており、どう見ても食品とはおもえないものもある。かと思うと、魚卵をペースト状にして、アイスクリームかと見まがうきれいなものもあった。

ラオスのナレズシはパー・ソムないしソム・パーと称され、タイと同様な種類である。パーは「魚」、ソムは「酸っぱい」ことを指す。タイでは魚のことをプラーと呼ぶ。ラオスでは、コイ科の魚類を中心にパー・ソムが作られる。一般的な製法を紹介しよう。淡水魚の頭、ウロコ、内臓を塩水で洗浄し、切れ目を入れておく。切れ目を入れるのは、魚肉に塩分が浸透しやすくするためである。これに塩と蒸したコメ、ニンニクをつぶしたものとともに加えて、密閉した容器に保存し、二～三週間で発酵したものが食用とされる。ソム・パーを作るのに、魚二キロにたいして塩二〇〇グラム、米飯一四〇グラムが目安とされる。ラオスでは蒸したモチゴメの代わりに米糠や焼いた籾を加えることがある。図5―13はパクセの魚市場で売られていたパー・ソムで、ナマズの仲間（パー・ナン）を材料として製造されたものであり、魚の原形はほとんど残っていない。他方、切り身の魚を使ったナレズシでは、原形がのこっている。

　塩辛には、東北タイとおなじくパー・デエークがあり、その浸出液がナム・パー・デエークであり、いわゆる魚醤となる（図5―14）。これらは淡水魚と塩を使って家庭で製造される場合がほ

図5-13　ラオスのナレズシ。
ナマズを使ったソム・パー・ナン（左）とパー・ナン（paa nang：*Micronema bleekeri*）（右）。

図5-14　ラオスの塩辛（パー・デエーク）（右と左）。

とんどで、工場で製造されるナム・パーには淡水魚だけでなく海水魚が用いられることもある。なお、材料となる塩は塩分の濃い地下の帯水層からポンプでくみ上げて、これを煮沸して塩を生産する。ラオス南部には製塩工場がいくつもある。発酵食品を作る魚とコメと塩を現地で調達できる在来の食品製造業であることがよく分かる。淡水魚の魚肉だけでなく、魚卵に塩を加えた発酵食品も製造される。パクセの魚市場は大きく、売られる発酵食品や業者の数も多いが、少し離れた町に行くと、自家製の発酵食品を売るような光景も目にすることができる。アタプー県の中心地である市場横の路上で直径の大きな竹を二つに割り、小魚を詰めて塩蔵して発酵した食品が売られていた。おそらく、竹を切り、なかに魚と塩を詰めて発酵したもので、陶製の容器を使わない原初的な形態を残しているものと推定される。

図 5-15 グルクマを茹がいて発酵させたプラー・トゥー。タイ内陸部で食される。

　コメを使わずに発酵させた食品もある。タイでは海産のメアジやグルクマをいったん茹がいて、竹の蒸籠に入れて発酵させる。メアジ・グルクマはプラー・トゥーとタイ語で呼ばれ、沿岸域からタイの山地まで運ばれる。これを再度調理して辛い香辛料などとあえて食される。東北タイのメーホンソンに行った折、町の市場でプラー・トゥーの蒸籠を見た。ここまで運ぶ間に相当、発酵が進むのであろう。大きめの魚は頭の部分を折り曲げてある。この処置は、魚体が大きいので蒸籠に入らないからだろうか（図5―15）。

食のなかの調味料

われわれ日本人が刺身、冷奴、漬物などの日本食を食べるさい、醤油につけるか、食品の上に数滴、醤油をかけて味付けとする。西洋でも、ステーキや魚料理になんのためらいもなく、塩とコショウを振りかけて食べる。調味料は、英語でシーズニング（seasoning）とかコンディメント（condiment）と呼ばれる。一応の用語の使い分けとして、調理のさいに使う調味料がシーズニングで、調理後、食べるさいに使う調味料がコンディメントである。細かく見れば、コンソメ・スープをつくるさいに入れるハーブや、ポトフを作るさいに使うパセリ、セージ、ローズマリー、タイムなどはシーズニングで、サラダにかけるドレッシングや冷奴を食べるさいに使うカツオ節、シソの葉、ショウガ、刻みネギなどは後者のコンディメントということになる。

では、魚醤油はどう使われるか。たとえば、秋田県には、冬場、獲れるハタハタやハタに白菜、ニンジン、シイタケ、豆腐などを入れ、ショッツルで味付けしたショッツル鍋がある。これと似たものとして、大型のホタテの貝殻を鍋として、ハタハタやカワヤツメなどの魚と、野菜、豆腐、キノコなどをショッツル・ベースのだしで煮込んだショッツルかやき（貝焼き）がある。秋田ラーメンやうどんの汁にショッツルを使う場合も、ショッツルはあくまでシーズニングである。ところが、東南アジアのタイで、ブラックタイガーを焼いた料理やバラマンディのフリッターに、ナム・プラーと刻んだトウガラシやエシャロットにつけて食べる場合がある。この場合はコンディメントとしての魚醤の利用である。

今度はインドネシアの例を挙げよう。インドネシアにおける小エビの塩辛ペーストはトラシ（トラシ・ウダン）、小魚を使う場合はトラシ・イカンと呼ばれ、スマトラ島のバガンシアピアピで生産され、のちにジャワ島で再加工される。ウダンは「エビ」、イカンは「魚」の意味である。インドネシアではケチャップ・イカンと呼ばれる魚醤油がある。ケチャップはトマト製の調味料ではなく、もともと厦門における鮭汁（ケーチャップ）であり、鮭は「塩辛」、汁は「液体」を意味する。

中部ジャワでは、魚や小エビと同量の塩を加え、ほぼその倍の米飯を混ぜて数日後に食用とする。魚の場合、イカン・マシン、エビの場合、ウダン・マシンと称される。マシンは「塩」を意味する。イカン・マシンはいったん魚を一日程度塩蔵し、魚を取りだして水分を除去し、炊飯したコメをまぶして容器に詰めてバナナの葉で密閉し、一〇日程度で食用とする。

スラウェシ島北端にあるメナド周辺、東のバンダ諸島、マルク州では、イワシや、カツオの内臓を塩蔵して作られた魚醤のバカサム（bekasam）が知られている。歴史的な背景はよく検証されていないが、あらゆる発酵食品を網羅した研究において、バカサムをナム・プラーやニョク・マムと発酵学的に比較した研究がある（Salampessy, Kailasapathy, and Thapa 2010）この地域ではかつて日本人による南方カツオ漁とカツオ節製造業が営まれたことがあり、日本のカツオの塩辛や魚醤の技術がもたらされた可能性がある。明治期の資料である『日本水産製品誌』によると、鯖腸醤油（サバのワタ）や烏賊腸醤油（イカのワタ）を魚醤として使ったことが記述されているが、カツオの事例はない（農商務省水産局編纂 一九八三）。

さらに、インドネシアやマレーシアでは、サンバル（sambal）がたいへんよく用いられる合わせ調味料となっている。これは、トウガラシ（チャベ）にエシャロット（バワン・メラ：bawang mera）、ニンニク（バワン・プティ：bawang putih）を混ぜ、コショウ、トマト、食塩とエビの塩辛であるトラシを石うすで搗いてペースト状にしたものを油で炒める。最後にライムなどで仕上げたものである。色は赤く、焼き飯（ナシゴレン）や焼きそば（ミーゴレン）の調味料として使われる。この場合のサンバルは、シーズニングとしての利用である。ただし、ニワトリを炒めたアヤムゴレン（Ayam goreng）、魚を焼いたイカン・バカル（Ikan bakar）を食べるときに、サンバルにつけて食べることが多い。サンバルはコンディメントとしても使われることが分かる。つまり、サンバルの使い方は可変的でもある。

わたしはスラウェシ島南西部の港町マカッサルで、夜、海岸端でアイゴを焼いたイカン・バカル・バロナン（ikan bakar baronang）をサンバルとはちがうつけ汁で何度も食べたことがある。もちろん、右手で魚の身とごはんをつまんでである。マカッサルだけでなくスラウェシ島北部や東部のマルク州では、サンバルよりも魚醤にエシャロットやトウガラシのみじん切りを加えたつけ汁を使う。この魚醤は北スラウェシではダブダブ（dabu-dabu）と称される（第4章参照）。

3. ナレズシと魚醤

日本と東南アジアの例だけから、ナレズシと魚層の問題に決着がつくかというと、その空白地帯にある中国南部の状況が分からなければなんともいえない。中国西南部にある雲南省・貴州省・広西チワン族自治区および周辺各省には、多くの少数民族が居住している。しかも、国境を挟んで東南アジアの国ぐににも、おなじ民族集団が居住していることがある。たとえば、雲南省の西双版納傣族自治州に住むタイ・カダイ語族の水傣族は、タイ、ラオス北部に分散して居住するタイ・ルー（Tai Lue）族とおなじ民族集団である。チベット・ビルマ語族のハニ族は、タイ、ラオスではアカ（Akha）と呼ばれ、やはりおなじ民族集団である。

現在における少数民族の分布は過去にもあてはまるわけではなく、北方からの王朝の勢力拡大により、中国国境を越えた南への移住がおこなわれた。こうした点からも、東南アジアにおけるナレズシと魚醤の問題は中国における事例を元に検討する必要がある。

さらに、日本との関連でいえば、ナレズシと魚醤は縄文・弥生時代における日本の基層文化を考える有力な目安ともなる。この問題については、民族植物学の中尾佐助さんや文化地理学の佐々木高明さんらが提唱してきた「照葉樹林文化論」のなかでも取り上げられている。とくに、照葉樹林帯に共通する文化要素としてナレズシ、納豆などの発酵食品が注目されてきた（中尾・佐々木 一九九二、佐々木 一九八一、一九八二a）。最近でも、われわれの研究プロジェクトのメンバーであった横山智さんがナットウの分布について、興味ある本を刊行している（横山 二〇一四）。わたしは、東南アジアのタイ、ラオスとともに、中国の雲南省各地で雲南大学の尹紹亭教授らと共同研究を長らく実施してきた。調査と文献研究をふまえ、以下では中国西南部におけるナレズシと魚醤について検討しよう。

雲南省

雲南省西双版納傣族自治州に住むタイ族（水傣）は西双版納の盆地に住む水田農耕民である。のどかな田園風景のなか、高床式の家屋や上座部仏教寺院、それに村落の中心にあるボダイジュが豊かで平和な暮らしをほうふつとさせる。

水傣族の間では、タイのプラー・ソムにあたるナレズシが知られている。タイ国でもっとも一般的なナレズシがこのプラー・ソムで、東北タイではパー・ソムと呼ばれる。プラーとパーは「魚」、ソムは「酸っぱい」ことを指す。淡水魚の頭、内臓、ウロコを取り、二枚におろして皮に切れ目を入れておく。これに魚の一〇分の一ほどの塩と、同量の水洗したモチゴメ、ニンニク、場合によってはトウガラシやショウガなどを加えて魚にすり込み、密閉した甕、瓶、竹筒などの容器で発酵させる。中国語では「糯米咸魚」と呼ばれる（成清 二〇〇三）。

村では家屋ごとにプラー・ソムが製造される。家屋に入っても匂いはないが、西双版納の州都である景洪にいくつかある市場に行くと、騒然とした雑踏のなかで、すえたようなにおいが漂ってくる。プラー・ソムも売られているが、衛生面で問題があるとして取り締まりがなされている。いつも監視されているわけではなく、コッソリと売られているようだ（小林 一九九五）。市場の場外で使用税を未払いで商いをすることは罰金の対象であり、警察が見回ってくると、容器を抱えて素早く逃げ行く女性の姿を何度か見た。

かつて西双版納で調査をおこなった中国食文化研究家の周達生さんによると、西双版納ではナレズシに用いるモチゴメの分量は少なく、ナレズシの完成品はドロドロの状態になっていたという（周 一九八四）。調査の時代や場所はおおよそ分かるが、わたしがラオス南部にあるパクセの市場で見たパー・デエークとおなじような状態のものであったとすれば、ナレズシというよりも塩辛といってよいものだ。

水傣族は、タイのタイ・ルー族と同様、淡水魚やカニ、小エビに塩を加えて塩辛を作る。現地ではプラ・ラーと呼ばれ、中部タイとおなじ名称だが、東北タイやラオスではパー・デエーク、チエンマイなどの北タイではパー・ハーと呼ばれる。炒ったコメを混ぜて発酵させたものもプラー・ラーと呼ばれる。

先述した琵琶湖博物館でのシンポジウムで、魚と塩の組み合わせは分かるが、コメをどれくらい加えるかが問題となった。魚と塩で塩辛ができるが、それにコメ、米糠、コメのせんべい粉や炒ったコメを粉状にしたものを加えると、ナレズシになる。その場合、完成品の名前も異なる。東北タイでは、パー・デエークに米糠を少量、香りづけのために加えることがあるが、米糠のかわりにせんべい粉を魚の重量の一〇分の一程度加えて発酵させたものは、パー・デエークでなくパー・チョームと呼ばれる。添加するデンプンの量で塩辛とナレズシのちがいが生じることになる。

西双版納のハニ族（Hani）は、山地に居住する焼畑農耕民である。かれらも魚に塩、トウガラシ、香草、米飯を混ぜて壺に保存すると二週間程度で食べられるナレズシをつくる。おなじく焼畑農耕民であるチノー族（Jinuo）も、太い竹筒に魚、米飯、コショウ、トウガラシなどを詰めて保存して一ヵ月で食用とする（卯田 一九九五）。ただし、布朗族《プーラン》は魚の腹腔部に食塩、練りゴマ、ニラ、香辛料を詰めてバナナの葉で包んで焼いた包焼鮮魚があるが米飯を加えないのでナレズシではない（越二〇〇一）。

雲南省紅河哈尼族彝族自治州の元陽県に住むハニ族は棚田での水田稲作をおこなう。水田ではコイの幼魚を入れて蓄養し、イネの収穫とともに成長した魚を取り上げて利用する稲田養鯉がおこなわれている。もともと、ハニ族は焼畑農耕民であるが、水田農業と養鯉を組み合わせた生業の一環としてナレズシも作っている（須藤 二〇一三）。

貴州省

貴州省の黔東南苗族・侗族自治州の台江県施洞区に居住するミャオ（苗、モン）族（Miao, Mon）

の調査をおこなった佐々木高明さんによると、この地域のミャオ族は祖先祭祀などの儀礼にナレズシ（ザシュウ）を食べる。水田や川で獲れた淡水魚や養殖コイから内臓を取りさり、腹部に塩をすり込み、いろりの火で半月ほど燻製したのち、蒸したモチゴメとともに甕に漬けこんで保存する（佐々木 一九八二b）。ナレズシに使用する魚を脱水する方法として、塩漬けおよび火に炙る方法を用い、漬け床としてモチゴメに麹を使って発酵させる方法と、生の米粉（モチ粉）を発酵させた「しとぎ」に漬ける方法があった。鎮遠県報京郷におけるトン（侗）族の家庭では、甕に「しとぎ」を入れ、発酵させていた。この「しとぎ」は貴州省では日常的に調理して食べられていた（秋永 二〇〇二・二〇〇三）。

図 5-16　貴州省トン族のナレズシ。
（貴州省・肇興郷）。

同地方のヤオ（瑶）族（Yao）の場合は、蒸したモチゴメと生魚を木桶に交互に並べて保存する日本のナレズシと似た製法をもっている。トン族もコイなどの川魚を生のまま使って、トウガラシ・塩・モチゴメ飯と交互に詰めて発酵させたナレズシ、つまり侗郷腌魚を製造する（図5―16）。侗郷腌魚は「塩蔵した魚」の意味である。侗郷は貴州省三江県にあるトン族中心の郷であり、トン族の間では、家の新築祝いや新居引っ越しの儀礼の酒宴でモチ、おこわ、モチゴメの酒などとともにナレズシが提供される。また、儀礼の贈答品としてもナレズシが使われる。ナレズシは子どもが生まれると作り、結婚式のさいに相手の家に贈与する慣行があるため、どの家でも製造することが知られている。ミャオ族も祖先祭祀の儀礼にナレズシを使う（鈴木・金丸 一九八五、田畑・金丸 一九八九、周 一九八九）。

プイ（布依）族（Puyi）は貴州省に分布し、チワン（壮）族（Zhuang）とおなじ系統に属する。かつての古代中国における百越（江蘇、浙江、福建、広東一帯）の民族に属する。プイ族の間では、「塩酸菜」と呼ばれる発酵食品がある。これは乳酸発酵した漬物であり、芥子菜を塩、酒醸、ニンニクの葉、トウガラシ、白酒などで漬けたものである。これを細かく刻んで、ブタの挽肉などと合わせたタレを魚の唐揚げにかけたものは塩酸干焼魚と呼ばれる。ただし、魚を用いたナレズシの記述はなかった（黒川・西 二〇〇八）。なお、ミャオ族は酸味を好むが（酸辣）、その酸味の素は家庭で「酸壜」という甕を使って発酵させた野菜や米のとぎ汁を使ったタレが用いられる。

広西チワン族自治区・海南省

広西チワン族自治区における主要な少数民族であるチワン（壮）族は、明・清時代を通じて士官層を中心として漢文化を受容してきたが、伝統を維持する面も見られた。たとえば、食文化において、チワン族に伝統的なモチゴメ食品、ナレズシ・ナマス・ビンロウジなどにたいする嗜好性は維持された（塚田 二〇〇〇）。その理由は、士官階層が漢文化を受容してもそれをチワン族住民に強要する政策をとったわけではないうえ、伝統文化を否定することがなかったからだ。もっとも、現在では広西チワン族自治区でビンロウを使うことはすたれ、国境を越えたベトナム側に居住するヌン族(Nüng)はチワン族と同系の集団であり交流もあるが、魚醬油のニョク・マムはヌン族だけが使い、中国のチワン族ではみられない(塚田 二〇〇六)。雲南省広西省大瑶山ヤオ族自治県のヤオ(瑶)族も、魚に塩とせんべいの粉を混ぜて保存してナレズシを作る。

広西省チワン族自治区三江トン族自治県のトン族は、酸魚(葷酸)つまりナレズシを作るさい、魚の内臓を除去して水洗し、塩をつけたものを三日程度おき、陰干した後、魚の腹にモチゴメ、甘酒の酒粕飯、トウガラシ、ショウガなどを入れて保存する。三ヵ月くらいで食用とされるが、儀礼や宴会などで食されることが多い。また海南島のリー(黎)族(Li)でも、淡水魚に塩を添加し、炊飯したコメを加えたナレズシは魚茶と呼ばれる。魚茶はとくに儀礼には欠かせないとされている。

以上のように、中国西南部の諸省における少数民族のなかにはナレズシをつくる伝統が現在も継承されており、トン族、ミャオ族、タイ族、チワン族、ハニ族、リー族などがその典型例である。

4. 料理の三角形

八重山における漁業と魚

一九七二年の本土復帰前年からいまに至るまで、沖縄に通ってきた。主に、八重山諸島と本島の糸満を拠点として海人（ウミンチュ）の漁業や民俗知識、資源管理についての調査をおこなってきた。初めて石垣島に行った一九七一年の春、漁業の基地である新川港に戻ってくるサバニ（刳り船）の中に、満載の色鮮やかなサンゴ礁の魚が強烈な印象となった。海人の家を訪ね、泡盛を酌み交わしながら、出された魚の刺身を食べ、漁の話を聞くのはじつに愉快で、興奮の連続する日々であった。サンゴ礁の魚を方言で覚えると、会話も弾む。第一、標準語や学名はまるで通じない。あくまで海人の使う言葉に頼るしかない。和名でヒブダイは、値段の高いブダイの仲間で、アーガイと呼ばれる。カンムリブダイは頭部の突き出た大型のブダイで、方言はクジラブッタイである。ナンヨウブダイは頭部がゲンナー（カナヅチ）でたたかれたように隆起しているため、ゲンナーイラブチと称される。以上のブダイは総称でイラブチ、ないしエラブチャと呼ばれる。こうして、沖縄における魚の名前を随分とおぼえたものだ。ちなみに、八重山では魚市場であつかわれるブダイの仲間には二八種もあるとされている（太田 二〇〇七）。

一九七一年に初めて沖縄に行ってから今日に至るまでの間に、水産業をめぐる状況は大きく変化した。八重山では、仲買人が海人から直接、魚を買い取るシステムがあった。その多くは海人の奥さんやその親戚関係の女性たちであり、特定の海人と取引関係をもっていた。新川港と市役所のある美崎町をはさんで東側の登野城地区でも、ウキジュと呼ばれる女性中心の仲買いが活躍していた（今村 一九八九）。

もちろん、漁法によって獲れる魚の種類はちがう。チナカキヤー（追い込み網漁）では多様な種類のサンゴ礁魚類が獲れる。時期と漁場によっては、沖縄の県魚でもあるグルクン（タカサゴの仲間）だけを大量に水揚げする。マスアミ（小型定置網）漁では、砂地に多いアマイユ（オオクチサギ）、カタカシ（ヒメジの仲間）、エーグワァ（アイゴの仲間）、それに冬場はクブシミ（コウイカ）が獲れる。女性たちは季節や漁場によってどのような魚種が持ち帰られるかをおおよそ知っている。

そして奥さん連中は、たいていさしみ屋とかカマボコ製造業を営んでいた。さしみ屋は買い取った魚を売る小売りの魚屋にほかならない。カマボコには魚のすり身を材料とする点では本土とおなじだが、製法がちがう。本土では蒸して作る板カマボコがふつうであるが、沖縄では油で揚げたものである。石垣には終戦時に創業したカマボコ屋がある。棒状のマルグワァー、アーサー（ヒトエグサ）、ゴボウ、ヒジキ、スーヌイ（モズク）などの野菜を混ぜ込んだものがある。面白いのはマンタ揚げで、西表島と小浜島の間にあるヨナラ水道に出現するマンタ（オニイトマキエイ）の形に模したものである。

さて、気になるのはすり身の材料である。一九七〇年代、海人からはイラブチは安い魚でたいていはカマボコ屋に売ると聞いた。独特の匂いがあり、皮つきの刺身を酢味噌で食べることが多い。先述したアーガイは値段も高く、別売りで刺身にされる。フライや焼いてもおいしい魚である。かつての潜水漁は素潜りで夜間には水中電燈を使ったが、バッテリーを背中に背負い、両手で漁をおこなうようになった。さらに、ボンベを使うスキューバ式のやり方から、現在ではフーカー（酸素送気式潜水装置）を船に装備し、長時間の潜水漁をおこなうようになっている。一昨年、石垣の浜を見回ったが、サンパン形式の漁船はほとんどこのフーカーを装備していた（図5—17）。

長時間の潜水漁が可能となり、問題となったのは夜間に休眠するブダイの仲間を取りすぎるようになったことである。ブダイは夜間、サンゴの岩陰などで休眠する。一部の種類は体表から粘液を出してその粘膜に包まれるようにして休眠する。動かないブダイをヤスで突いて獲るのは難しくないので、その分、漁獲量が増大した。とくに二〇〇〇年くらいから潜水器具による漁獲量が飛躍的に増加し、それと呼応するようにブダイの漁獲量も急増している。これは潜水器具としてフーカーが使用され始めた時期と一致する。

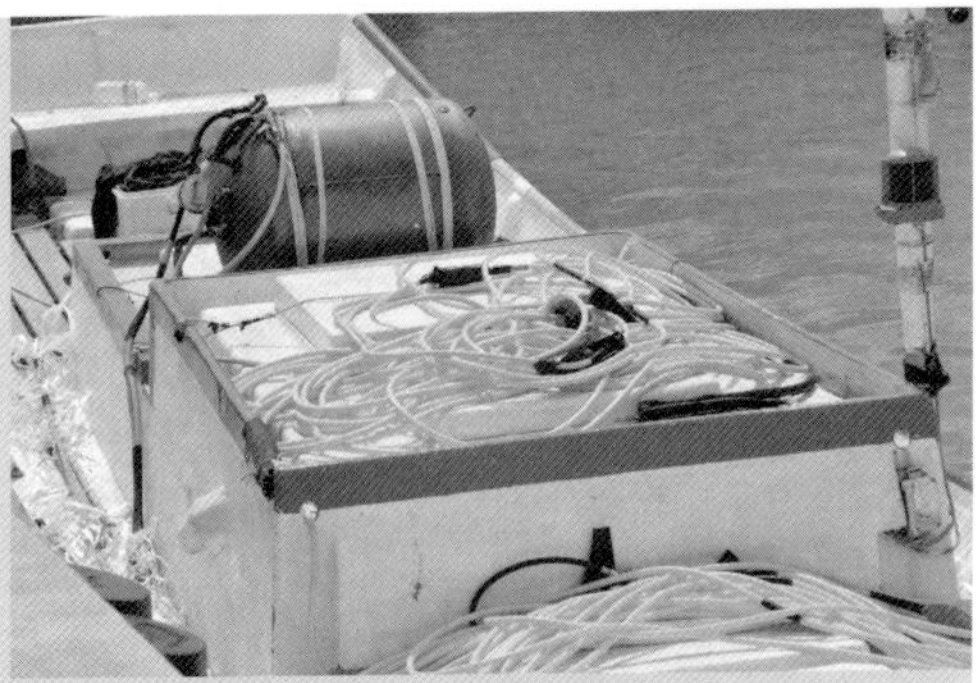

図 5-17　フーカー（酸素送気式潜水装置）を装備した石垣島の漁船。
長いチューブを口にくわえて海底で魚を探す。

沖縄の魚食と料理の三角形

ここで、沖縄の魚料理を例示として、さまざまな料理法を料理全般でどのように整理できるかについて検討してみよう。人類学者のレヴィ＝ストロースは、人類の食について、生もの、火にかけたもの、腐ったものの三項を想定し、たがいに対立するとして「料理の三角形」モデルを提示した（レヴィ＝ストロース 一九六八）。わたしは腐ったものとされている項を人類の食における発酵に置き換えることを提案した（秋道 二〇一六）。レヴィ＝ストロースの挙げた「腐ったもの」と「発酵したもの」はじつのところ、加熱せずに化学的な変化が起こったものとしてはおなじであり、破棄されるのが腐敗したもので、有益な食となるのが発酵食品である（図5―18）。ここで、生のもの、加熱したもの、発酵したものに分けて、沖縄の魚食について例示してみよう。

生食　現代では、魚や貝類の刺身はふつうに食される。アカマチ（ハマダイ）、マクブ（シロクラベラ）、アカジン・ミーバイ（スジアラ）、タマン（ハマフエフキ）などは高級魚である。チヌマン（テングハギ）やイラブチ（ブダイの仲間）などは磯臭いので酢味噌につけて食べられることが多い。醤油とわさびではなく、酢じめにすることもある。

イカ・タコでも、シロイカ・アカイカ（アオリイカ）、クブシミ（コウイカ）、セーイカ（ソデイカ）、タク（ワモンダコ）やウムズナー（ウデナガカクレダコ）は刺身とし

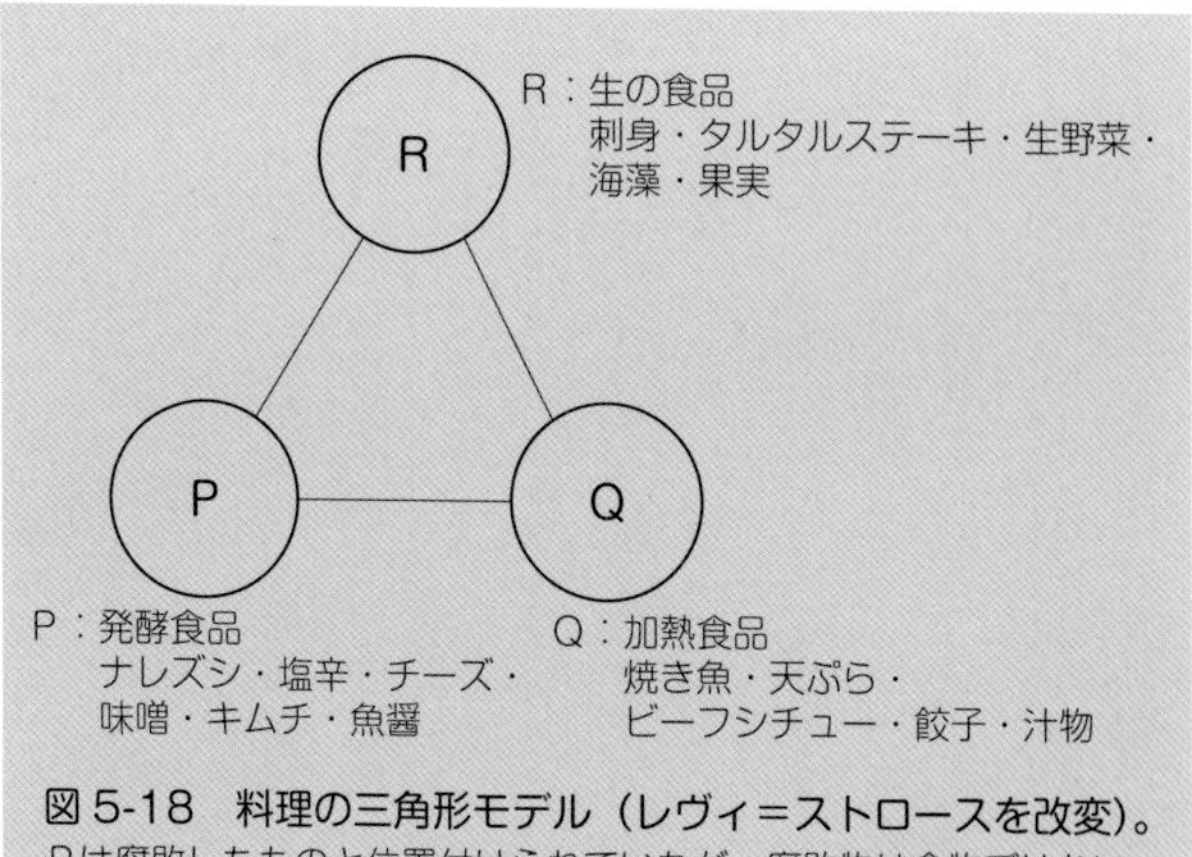

図 5-18　料理の三角形モデル（レヴィ＝ストロースを改変）。
Pは腐敗したものと位置付けられていたが、腐敗物は食物ではない。

て食べられる。貝類では、アジケー（ヒメジャコ）、タカセガイ（サラサバテイラ）、テラジャー（マガキガイ）、マーンナ（チョウセンサザエ）などが食される。海藻としては、スーヌイ（モズク）やカーナ（オゴノリ）、イーシー（トサカノリ）が生食される。

火をかけたもの　食文化研究家の玉村豊男さんはレヴィ＝ストロースのモデルを発展させ、生のものに火を加える媒体として、空気（焼く）、水（煮る）、油（揚げる・炒める）の三つの方法を提示し、料理の基本構造を四面体として表現した（玉村 二〇一〇）。

これによると、焼き魚としての例はあまりなく、ミンタマアカイユ（アカマツカサ）やアカイユ（ハナエビス）のように白身で皮が取れやすい種類や、グルクマ（グルクマー）、ヤマトナガイユ（ツムブリ）などがある。ビタロー（ロクセンフエダイ）のバター焼きも美味である。

煮物では、なんといってもカーエー（ゴマアイゴ）やミーバイ（ハタの仲間）のマース煮（塩煮）はうまい料理である。煮物には、カチューー（カツオ）の頭、トゥブー（トビウオ、ヒカーグワァー・アカビカー・クルビラーなどのスズメダイの仲間、カタカシ・ジンバーヒメジの仲間）などが利用される。

油で揚げた魚料理も日常で食される。なかでも、グルクンを丸ごと油で揚げた料理は定番である。前述のスズメダイの仲間やガチュン（メアジ）も小魚で丸ごと食べられる。先にふれた沖縄のカマボコもすり身を揚げたもので幅広く利用される（図5―19）。

料理の三角形の三項目の発酵したものは、沖縄ではそれほどない。エーグワァの稚魚はスクと呼ばれ、この塩蔵品がスクガラスである。沖縄料理としては、豆腐のうえに乗せて出されることが多い。塩蔵の過程で発酵が進み、独特の風味が生みだされる（角野ほか 一九九九）。カツオの内臓の塩辛がワタガラスである。このほか、タコ、イカ、シャコガイ、ウニなどと塩、泡盛を混ぜて塩辛にしたものが瓶づめにして販売されている。イカの塩辛はイチャガラス、シャコガイの塩辛はウマガラス、タカセガイ、シャコガイ、ヤコウガイなどの貝類（ナー）の塩辛はナーガラス、ウニ（シラヒゲウニ：ガシチャー）の塩辛はチールガラスという。カラスは「塩辛」を意味する。渡名喜島には、グブ（シャコガイ）の塩辛の特産品がある。

発酵の記述で述べたように、塩辛にデンプンを加えてナレズシをつくる発酵食文化がアジアでは広く知られているが、沖縄ではそうした食文化は発達していない。ただし、注目すべき点は、スクガラスを製造するさいに浸出する上澄み液（漬け汁）の利用である。沖縄県工業技術センターの比嘉賢一さんによると、スクガラスを瓶詰めにするさい、薄い飴色の上澄み液を添加するという。もしくはこの漬け汁に二〇パーセントの食塩水を用いるという。この漬け汁は魚醤にほかならない。現地でこの魚醤の名称が昔からあったものか、調査をする必要があるだろう。

図 5-19 グルクンの唐揚げ（左）と沖縄のカマボコ（右）。
魚のすり身を揚げたもの（那覇・牧志の公設市場）。

6

食のタブーとマナー

1. 宗教と食のタブー

ハラールとブタ肉

これまで、仕事でインドネシアによく行った。インドネシアは東西五千キロの一大島嶼国家であり、東のイリアンジャヤから西のスマトラ島バンダアチェまで、じつに多様な民族集団が生活している。民族の数はおよそ二五〇とされている。イリアンジャヤにはパプア語族がおり、スラウェシ島の山岳地帯には低身長のオラン・アスリが住む。インドネシアでは、イスラーム教が八七パーセント、キリスト教ではプロテスタント派が七パーセント、カトリック派が二・九パーセント、ヒンドゥー教が一・六パーセント、仏教が〇・七パーセント、儒教が〇・〇五パーセント、その他が〇・五パーセントという数字がある。

二〇〇〇年、インドネシアで調味料として広く利用されている「味の素」の原料に、イスラームで禁忌とされているブタ肉が使用されている疑いがあるとの噂が流れた。材料としてブタ肉を使用しているわけではなかったが、味の素の原料となる発酵菌の栄養源を作る過程で触媒としてブタの酵素が使用されていたことが分かった。このために、現地法人の社長が逮捕される事態となった。

味の素製品はインドネシアから完全になくなった。「インドネシア味の素」は商品をすべて回収し、触媒を変更することにより、味の素がイスラーム教でいう食べてもよいハラール（halal）食品とされ、元のように国内で販売されるようになった。

そういえば、東南アジアでは味の素をよく使う。屋台などで食べていると、料理人が大さじのスプーンで何杯も味の素を料理にふりかける場面をみた。うま味成分の結晶がグルタミン酸ナトリウムである。わたしも小さいころ、手の平に味の素をサッサッとふりかけて舌でなめ、これを毎日続けていると頭がよくなるという神話を信じていた。

現在では、日本でもハラールと書いたラベルを使い、ブタを使っていないことを店頭に表示するレストランが増えた。食産業がバイオを使うまでに高度に発展し、異文化間で人間の交流と移動が頻繁に起こる現代社会にあって、味の素事件は食の宗教的なタブーが重要な案件になっていることを示す事例であった。

ハムはあぶない

わたしはこれまで、インドネシアからの研究者を日本に招聘したさい、各地で食事をする機会が何度もあった。やはり注意点はブタ肉である。イカやタコなどは別として、鱗のある魚はまず問題がないので、なるだけ魚と鶏肉、野菜を中心のメニューを選ぶようにしてきた。ハムやソーセージの場合、スーパーで買うさいには食品成分が表示されているからチェックできる。しかし、レスト

図6-1　金華ハム（金華火腿）（左）とリュウキュウイノシシの刺身（右）。

ランで食べるさいにはいちいち聞いてみるわけにもいかない。ブタ肉が含まれているのかどうか、現場では検証のしようがない。中国の金華火腿（金華ハム）は世界三大ハムのひとつで、浙江省の金華地区の特産品である。金華ハムは特定品種のブタを塩蔵してから乾燥し、熟成させたもので、あらゆる料理に使われる。自分でも知らずに食べてはいると思うが、金華ハムを使った料理はイスラーム教徒にとり御法度であることはいうまでもない。中国料理は日本食と異なって、ブタ以外の材料で問題がないだしの元は鶏ガラくらいであり、イスラーム教の人と中国料理を食べるのは要注意かもしれない（図6―1）。

金華ハムはいざ知らず、雲南省で著名な宣威火腿（雲南ハム）を省都の昆明で食べたことがある。味はうまいというほかないが、東京農業大学の小泉武夫さんによって、金華ハムにはグルタミン酸やイノシン酸の量の多いことがたしかめられている。うま味を考えるさいの還元主義的な発想は重要であるけれど、食文化を味気ない議論にはしたくない。なお、世界三大ハムは、金華ハムのほか、イタリアのランギラーノの町で作られるプロシュット・ディ・パルマ（パルマ・ハム）と、スペインのハモン・セラーノがある。いずれも、生ハムとして食べられることが多い。日本ではイベリコ・ブタも人気があり、そのハムであるハモン・イベリコが輸入されてきた。イベリコ・ブタはドングリを食べるので味が良いとされている。放牧して自由に野生の木の実を食べたブタはイノシシとおなじような食性をもつわけで、家畜を飼育して利用してきた人類の食のあり方を問うものであろう。わたしも友人のすすめで、東京駅の地下街でイベリコ・ブタの弁当を買って京都へ帰ることがたびたびある。

西表島や石垣島にはリュウキュウイノシシが生息している。西表島で聞いた話によると、リュウキュウイノシシはドングリを食べるからうまいという。これは大型の実をつけるリュウキュウウラジロガシである。ドングリが不作の年はイノシシもうまくないと聞いた。ちなみに、西表島でイノシシの肉を刺身で食べたことがある。イノシシの生食は本土では経験がなく、まさに生ハム以上の美味を経験したことになった（図6―1）。

ハラーム・ハラール・コーシェル

イスラーム教で「禁止」される食はハラーム（Harām）とされる。このなかには、ブタをはじめ、牙のある動物や猛禽類、タコ、イカ、ウナギはブタとおなじように皮膚が露出しており、人間を病気にする汚れが皮膚についているとして食用を禁じられる。これにたいして、食用のできる食物がハラール（Halal）であり、前述のハラーム以外のものに相当する。魚は水中から取り出すと死ぬので一般にハラールとされる。ロブスターは鋏で獲物を捕らえるからハラームであるが、クルマエビや小型のエビは鋏をもたないのでハラールとなる。ロブスターもクルマエビもエビとしての食感はそれほどかわらないが、宗教が絡むと可食性にもちがいが生じる。

ユダヤ教の人に接触した経験はないが、ユダヤ教ではカシュルート（Kashrut）と呼ばれる食事規定があり、食べてよいもの（コーシェル）が決められている。ユダヤ教では、『旧約聖書』の「レヴィ記」の記述に基づいて食べてよいものといけないものを厳格に規定している。反芻しない、あるいはひづめが完全にわかれていないウマやロバ、四本脚で地上を這い回るモグラ、トカゲ、ネズミ、足の裏に肉球をもつネコ、ライオン、キツネ、オオカミ、ほとんどの鳥類、コウモリや、羽があり、四脚で歩く昆虫や、爬虫類、両生類、鰭や鱗のないタコ、イカ、エビ、貝類、クジラ・イルカ、ウナギなどが禁止される。血液（ソーセージなど）や肉と乳製品を同時に使ったチーズバーガーなども食べることはできない。ユダヤ教ではイスラーム教にくらべて厳しい規制となっている。一方、反芻し、ひづめが完全にわかれているウシ、ヒツジ、ヤギ、シカ、カモシカなどの有蹄類、鰭と鱗をもつもの、ハト、ニワトリ、カモ、イナゴなどは食べることができる。現在、イスラエルはユダヤ教の国とされている。

断食の抜け穴

カトリック教会では、古代末期から断食をおこなう慣行が連綿と持続してきた。四旬節の断食は、復活祭の前の四〇日（四旬）を意味するが、日曜を含んでいないので実際は復活祭前日の聖土曜日までの四六日となる。断食には、満一八～六〇歳未満の信者が一日一回の食事と補助となるわずかな食事を意味する大斎《だいさい》と、肉食禁止ないし信徳の実践を満一四歳以上の信者によりおこなう小斎《しょうさい》があった。大斎と小斎は灰の水曜日（四旬節の初日）と聖金曜日（復活祭直前の金曜日）、小斎は毎週金曜日とされた。このほか、一一月一五日より四〇日間の降臨祭前の断食、聖霊降臨祭（復活祭後の第七日曜日）の直後、降臨節内の一二月、聖母マリアを称賛する土曜日、聖人の祝日の前日ほか、六月、八月にも短期間の断食日があった。

食事制限として肉、卵、乳製品の摂取が禁じられた。重要な点は断食の対象の肉が畜肉のみを指し、魚は含まれないとする変化が起こったことである。こうして、一般には食事を減らし、畜肉を食していけない日がファースト・デイ（Fast Day）、あるいはファースティング（Fasting）とされ、肉の代わりとして魚が積極的に消費されるようになった。

魚は断食日の御馳走

古代のキリスト教世界では、魚はキリスト自身の隠喩であった。古代ローマでキリスト教が迫害されていた時代、キリスト教徒は自らの信仰をあからさまにできなかったので、ジーザス・フィッシュ（Jesus Fish）やクリスチャン・フィッシュ（Christian Fish）とも呼ばれるシンボルを使った（図6―2）。ichthys ichtus は、ギリシャ語で「イエス、キリスト、神の、子、救世主」の頭文字を連

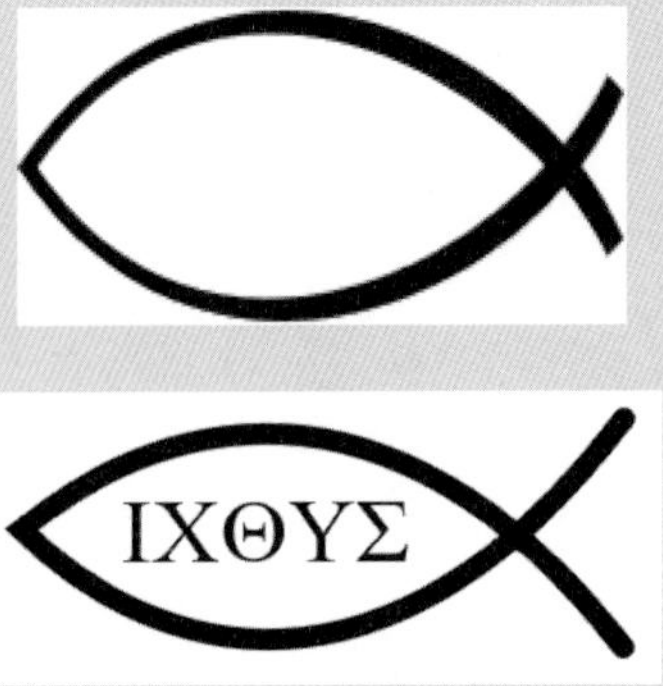

図6－2　キリスト教のシンボルとなったイクトゥス。
ΙΧΘΣは、ΙΗΣΟΥΣ ΧΡΙΣΤΟΣ ΘΕΟΥ ΥΙΟΣ ΣΩΤΗΡ（ギリシャ語でイエス、キリスト、神の、子、救世主の頭文字）。

ねたものである。その後、紀元三九二年にキリスト教はテオドシウス一世時代にローマ帝国の国教となった。

キリスト教の宗派はいろいろあり、カトリック派の四旬節における断食と、東方教会（ギリシャ正教）、プロテスタント派などのやり方とはちがっていた。東方教会の大斎《おおものいみ》は四〇日間続き、肉、魚、卵、乳製品などが禁止される。ただし、生神女（＝西方教会における聖母マリア）の祭日である生神女福音祭《しょうしんじょふくいんさい》に魚を食べることは許される。また、東方教会では魚は禁止されるが、エビ、カニなどの甲殻類や貝類は禁止の対象ではない。英国国教会（聖公会）では四旬節を「大斎節」と呼び、この間の断食はある程度守られており、聖金曜日に魚を食べる習慣も守られている。プロテスタント派にはいろいろな宗派があり一概にいえないが、カトリック派にくらべて食の規制はゆるい。プロテスタント派でもあり、一八四五年に米国で創設された安息日再臨派（SDA：Seventh Day Adventists）では、這う動物（ウミガメ、カニ、ワニ）は禁忌とされている。実際、ソロモン諸島に調査中、わたしのいた島の住民はキリスト教に改宗しておらず精霊信仰に傾倒していたが、隣接する島の住民は安息日再臨派に改宗

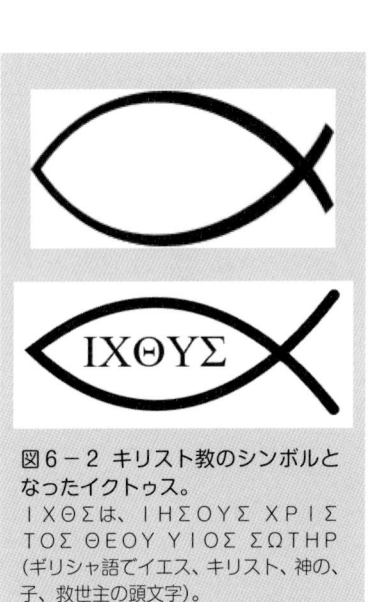

したことでウミガメやマングローブ地帯にいるノコギリガザミを食べることはなかった。

ヒンドゥー教――インドとバリ

インドを中心とするヒンドゥー教社会では、ウシは神聖なものとして食べられることはほとんどない。インド南部ではベジタリアンが多い。しかし、バリ・ヒンドゥー教信者の多いインドネシアのバリ島では、イスラーム教で不浄とされるウミガメをさまざまな儀礼で供犠として使い、直会《なおらい》のさいに食べられてきた。バリ島では一九六〇年代以降、観光産業が発達し、世界から多くの観光客が訪れるようになった。バリにおけるさまざまな儀礼も観光化され、それにともない儀礼において供犠とされるウミガメの消費も増大した。ウミガメ保護の国際的な世論の高まりのなかで、儀礼における消費さえ問題視されるようになった。

一九九〇年代、わたしはバリでウミガメの利用についての調査をした。バリ島南部のタンジュンベノアに行くと、海岸の波打ち際に小屋がいくつもあり、表の店にいた華人系の女性の許可を得てなかに入った。すると、ウミガメが七、八頭寝そべっている。一人の老人がいて、ウミガメの甲羅裏にナイフを入れていた。どうも、肉をこそげ取って食べているようであった。横でイヌが寝そべっており、生きたカメとイヌと老人が小屋で一緒の時間を過ごしていることが奇妙に思われた（図6―3）。横の食堂では、ウミガメのサテ（串焼き）と茹がいた卵を食べた。バリ人はウミガメを食べるのだという思いに至った。

数年後、ふたたびおなじ場所に行ったが、小屋はなくなっていた。ウミガメの調査を村でしようとしたが、環境保護団体かもしれないとおもわれたのか取材を拒否された。あとでバリ政府の水産局でこの件について役人と話をしたが、ウミガメを儀礼で殺すのではなく、小麦粉でウミガメの模造品を作るように指導をしているという。しかし、それでバリの人びとは納得するだろうか。

問題は別にもあった。バリ人はウミガメの卵を食べないが、イスラーム教徒のインドネシア人はウミガメの肉は食べないが、卵は食べる（図6—4）。そのため、ウミ

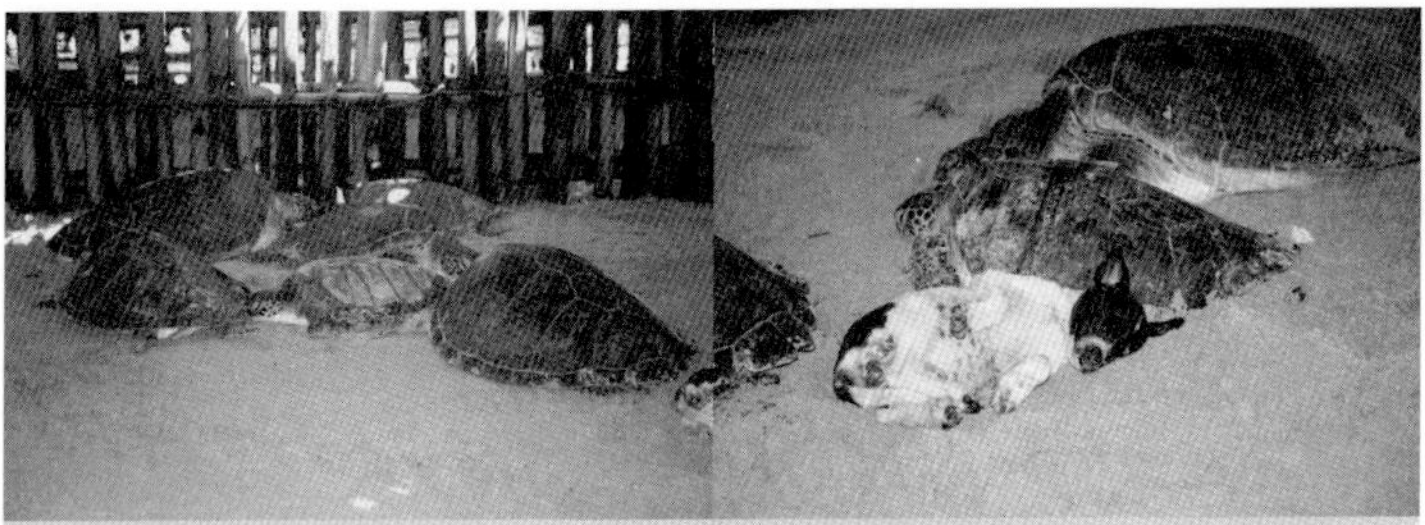

図 6-3　バリ島南部のタンジュン・ベノアにあるウミガメの集荷場。

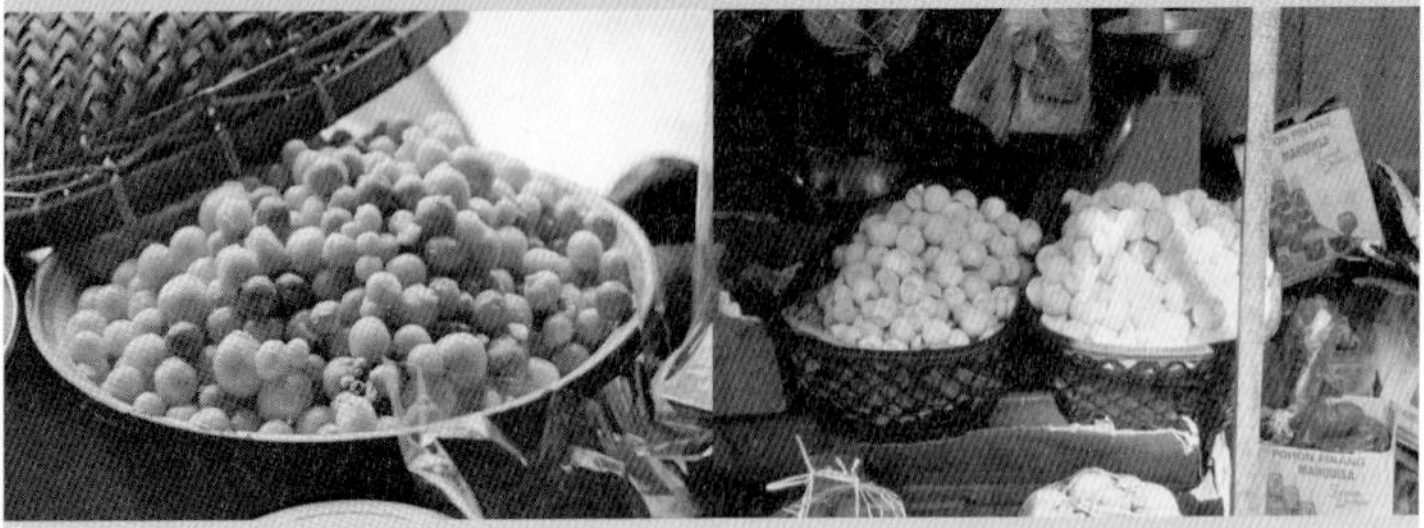

図 6-4　ウミガメの卵。
バリ島のタンジュン・ベノアの食堂で売られていたウミガメの卵料理（左）とスマトラ島パレンバンで売られていたウミガメ卵（右）。

ガメの産卵場を保全する活動がおこなわれているなかで、ウミガメ卵の盗掘が大きく問題となっていた。異なった宗教の人間がおなじ場所に住んでいると、結構、問題の多いことが分かった。

仏教圏における肉食

では、仏教圏ではどうか。仏教は釈迦の没後、インドからスリランカ、チベット、中国、東南アジア、モンゴル、朝鮮、日本へと伝わるなかで、部派仏教の時代から大乗仏教や上座部仏教を含むさまざまな宗派が生まれてきた。仏教の伝播した広大な地域で、肉食はすべからく禁止されたと考えるのは単純すぎる。仏教には殺生禁断（アヒンサー）の教義が根底にある。これは釈迦の教えにしたがってきめられたものであり、菜食主義によりいっさいの動物性の食材を摂取することは原則的に禁止されている。ただし、釈迦も肉食を否定しなかった。初期仏教でも、比丘（仏教の僧侶）は乞食《こつじき》と托鉢を通じて供養として得られる肉を利用していた。『四分律』（上座部の法蔵部に伝承される律）巻四二で、肉と魚を食べてよいとし、他方で象・馬・龍・狗・人間を食べることが同書で禁じられた。そのさい、殺生禁断の戒律に抵触しないために、殺されるところを見ていない（不見）、自分に供するために殺したと聞いていない（不聞）、自分に供するために殺したのかどうかを知らない（不疑）とする見・聞・疑の三肉以外は「三種浄肉」として食べることができた（下田 一九八九）。のちに、命が尽きて死んだ鳥獣（自死）と鳥獣の食べ残した肉（鳥残）を加えて五種浄肉、さらに四種を加えた九種浄肉とすることもあった。九種浄肉に加えられた四種には、不為己殺（自分のために殺したのではない肉）、先乾（自然に死んでから日を経て乾いた肉）、不期遇（前もって約束したのではなくて偶然に遭遇して食べる肉）、前已殺（いま殺したものでなくて前に已に殺した肉）が含まれる（森田 二〇一五）。

また、『大般涅槃経《だいはつねはんぎょう》巻第一六 十種肉』では一〇種類の不浄肉として、「人・蛇・象・馬・驢・狗・師子・猪・狐・獼猴」が、『魔訶僧祇律《まかそうぎりつ》』巻三二には「人肉・龍肉・象肉・馬肉・狗肉・鳥肉・鷲鳥肉・猪肉・獼猴肉・獅肉」が挙げられている（吉田 一九九八、道端 一九六六）。これらの動物が禁食とされたことは、三種浄肉、五種浄肉とともに、一〇種不浄肉以外の肉は食べることができたことを意味する。

肉食や動物の殺戮行為は、仏の大慈悲を根本におく仏教の考えからすれば、当然、禁じられるべきとする思想がある。一方、浄肉は良いとか、病気になれば肉食ができるとする考えが出家僧だけでなく民衆にも広がったことは、仏教の抱える大矛盾の問題であった。

唐代の道世《どうせい》が著した『法苑珠林《ほうおんじゅりん》』一〇〇巻の酒肉篇第九三には、肉食には一〇の過失があるとして、肉を食べることは動物を殺す屠殺者とおなじ罪を犯すこと、人間以外の動物も生命をもつ点で人間とおなじであり、衆生を食べることは殺生の罪にあたり、仏教では肉食を禁じるべきとしている。

肉食禁止の思想は仏教本来の教義によるだけでなく、儒教の仁に関する考えや、墨子による敬愛と平等主義などが背景にされていると道端良秀さんは指摘している（道端 一九六六）。また、一〇種類の肉を禁止する考えは、タイ、ミャンマー、カンボジアなどの上座部仏教圏に色濃く残っている。

中期大乗仏教の経典である『楞伽経《りょうがきょう》』によると、浄肉は存在しないと考えられた。また、動物食以外にも五葷《ごくん》と呼ばれる匂いのきついネギやニンニクなどの野菜を摂取することも禁じられ、「葷《くん》」（肉や臭い野菜）と「素《そ》」（精進料理）が峻別された。日本にも大乗仏教による禁欲的な戒律が導入されたが、一休や親鸞、真宗教団のように、肉食、酒、妻帯を肯定する主張が表明されることもあった。実際、四足獣にしても、肉食を禁じる傾向がある一方で、実際には食べられていた。先述した江戸時代初期の『料理物語』の「第五　獣の部」に「鹿、狸、猪、兎、川うそ、熊、いぬ」などの調理法が記載されている。室町時代の官人であった中原康富の日記『康富記《やすとみき》』のなかにも狸汁が夕食に出たことが記されている（上田 二〇一七）。

前に見たように、仏教は肉食を一般に禁じているが、ネパール、ブータン、中国西蔵自治区を中心にひろがるチベット仏教圏では、ウシ、ヤク、ヒツジ、ブタなどの偶蹄類やその乳製品、ニワトリなどは食べられている。肉類は一般にシャと称される。牛肉はノシャ、ヤク肉はヤクシャ、豚肉はパクシャ、鶏肉はジャシャと呼ばれる。一方、ウマ、イヌ、ロバなどは食べない。魚肉はニャシャであり、魚のぶつ切りをトウガラシと煮込んで食されることがあるが、チベット仏教では一般に水中の魚類、甲殻類、貝類、両生類などが食べられることはない。チベットでは鳥葬のほか、川に遺体を流す水葬の習慣があり、川に遺体を流す場所も決められている。また、匂いのきつい植物の葷食《くんしょく》は禁止されていない。ブータンの食料品市場ではトウガラシが大量に売られている現場をみることができるうえ、トウガラシを使ったカレー料理はおなじみである。

道教の世界では、清浄な物だけを食べる「食斎」と、粗食、節食により体内を「五臓清虚」つまり、さっぱりした状態に維持できると考えられている。特定の食品を禁止することはないとする考えもあるが、肉や魚類、五辛《ごしん》を禁じ、長命のためには火を使う料理は食べてはいけないともされた（窪 一九九九）。道教の教えは仏教に通じるものである。植木久行（中国文学）さんによると（植木 一九八五）、明代の李時珍による『本草綱目』巻二六の菜類の蒜の「釈名」には、「五葷《ごしん》は即ち五辛なり。その辛臭、神を昏し性を伐ふを謂ふなり」とあり、五葷五辛を多食する弊害が指摘されている。

仏教における五辛は大蒜（ニンニク）、韮（ニラ）、葱（ネギ）、辣韮（ラッキョウ）、野蒜（ノビル）を指し、強烈な匂いもさることながら精力増強によって情欲が高まり、憤怒を増進するとされた。道教における五辛では大蒜、韮、辣韮は仏教界とおなじだが、蕓薹（アブラナ）、胡荽（コスイ：コリアンダー）などがちがっている。道教の五辛は仏教の影響を受けて成立したのかも知れないと植木さんは指摘している。経典によって、五葷（辛）には、ニンニク、タマネギ、ネギ、ニラ、ラッキョウが、『楞厳経《りょうごんきょう》』では大蒜（ニンニク）、小蒜（ラッキョウ）、興渠（アギ）、慈葱（エシャロット）、茖葱（ギョウジャニンニク）が、『梵網経《ぼんもうきょう》』では葱（ネギ）、薤（ラッキョウ）、韮（ニラ）、蒜（ニンニク）、興渠（アギ）」が、『楞伽経』でも大蒜（ニンニク）、茖葱（ギョウジャニンニク）、慈葱（エシャロット）、蘭葱（ニラ）、興渠（アギ）を挙げている。アギはセリ科植物で、その他はネギ科ネギ属の植物である（図6―5）。

朝鮮への仏教伝来は三～六世紀であり（高句麗では三七二年、百済では三八二年、新羅では五二八年）、菜食（朝鮮語のチェーシク）あるいは素食（ソシク）の考えも仏教とほぼ同時に伝えられた。統一新

図6－5　仏教・道教における禁葷食《きんくんしょく》。
①ニンニク、②ニラ、③ラッキョウは仏教・道教でおなじ。④ノビル、⑤ネギは仏教、⑥アブラナ、⑦コリアンダーは道教の五葷。

羅時代の六世紀、唐から伝来した禅宗の考えにより五二九年に殺生禁断の令が発せられ、葷食は禁じられた。菜食主義の食生活のなかで、カロリー価の高いゴマ油が頻繁に使われた。高麗時代（九一八〜一三九二年）、仏教は国家の庇護のもとに発展し、高麗末期には『八萬大蔵経』が編纂され世界遺産となった。しかし、一二三一〜一二七三年のモンゴルのあいつぐ侵攻と支配により、それまでの仏教による菜食主義はすたれ、ウシ、ウマ、ブタなどの家畜飼養と肉食がさかんとなった。南部にある済州島は高麗にもともと属さずに、モンゴルの直轄地として牧場が開拓され、ウマの産地となった。現在も馬食がさかんであることは序章で少し

図6-6　韓国・済州島における馬肉料理。
刺身、焼肉、内臓の茹でもの、スープ料理が出た。

ふれた（神谷 二〇〇二）（図6—6）。

朝鮮王国時代（一三九二～一九一〇年）、仏教に帰依した国王もあったが、基本的に廃仏政策がとられ、菜食主義の食生活がすたれる一方で儒教が奨励された。儒教では、食は健康のための薬とする医食同源の思想や目上の人間を敬う精神がたっとばれた。さまざまな人生儀礼には、節食（チョルシク）や時食（シシク）が提供された。菜食だけでなく、魚介類や肉類を組み合わせた食事文化が発達した（鄭 一九九八）。とくに朝鮮王国では、食事におけるオカズの皿（楪《チョプ》）の数は階級によって大きく異なり、王族で一二楪、支配階級の両班《ヤンバン》で九楪、中人（専門職）で五から七楪、中人（農業・商工業）で三～五楪であった。最下層の賤民は銘々皿でなく大皿を囲んで食べた。

2. スープと食事マナー

滋賀県立琵琶湖博物館（滋賀県草津市）は一九九六年一〇月二〇日に開館した。開館前の準備室段階で、わたしはどのような博物館をつくるのかについての委員会メンバーに任ぜられ、当時の準備室長であった吉良龍夫さんから依頼を受けて、ヨーロッパの博物館を視察に行くこととなった。京都大学理学部附属大津臨湖実験所に在籍していた三浦泰造さんと滋賀県の職員の三名でフランス、イギリス、ベルギーを回ることとなった。昼間は朝から夕方までできるだけ多くの施設を見学し、博物館の展示のあり方を実見し、収蔵庫を観ることに奔走した。駆け足で英国のロンドン、ウェールズのカーディフ、パリ、ブリュッセルを訪問した。夜はホテルや市内のレストランでの食事となる。

夕食のため、パリ市内のレストランに三人で繰り出した時のことである。それほど高級な店ではなかったうえ、店には数組の客しかなかった。メニューをみて、前菜、スープ、主菜をオーダーした。三人とも前菜とスープはおなじで、あとは肉か魚を注文した。滋賀県の職員は海外に出るのがはじめてであったようだが、その店で客から苦笑とともに冷ややかな視線を浴びることになった。それはスープの食べ方のマナーがあまりにもひどかったからだ。

まず、左ひじをテーブルに置き、顔を皿に近づけて出されたポタージュ・スープをズルズルと音をたてて食べ始めた。その音と姿勢から、周囲にいた客がおもわず顔を見合し、冷笑する様子がすぐにうかがえた。こちらも面と向かって注意を促すことをしなかったので、われわれ三人全員がマナーをわきまえない田舎者と思われたに相違ない。日本人は、周囲から自分が食べている所作を観察されていることに無頓着きわまりない。結婚式の披露宴などの場でこうしたふるまいはご法度であると思う人は多いにちがいない。

大阪大学の先史美術学の専門家である木村重信さんらと、大阪大学と毎日放送三五周年記念の共同企画で、「南太平洋の巨石文化」の調査をポーンペイ、フィジー、サモア、タヒチ、マルケサス、イースター島、ボリビア、ペルー、ハワイでおこなった。サモアでのことと記憶するが、同行した阪大の院生がレストランで出されたトマト・スープをズルズルと音を立てて食べ始めた。さすがの木村先生はその院生をたしなめ、「君なあ、スープは吸うものではない。秋道君みなさい。音たててないやろ。スープは食べるもんや」と諭した。

賢明な読者には釈迦に説法であるが、スープを食べるさいにスプーンの根元までを口に入れて食べれば音は出ない。日本でソバやうどんを食べるさいに「ズルズル」と音を立ててよいとされている。これは麺を口に入れるさいに空気を一緒に吸うからである。口にたいして、スプーンを垂直に傾けてスープを食べるのがとりあえずのマナーである。熱いスープをのどに流し込むには、生理学的にも理にかなっている。スプーンにも大小があるうえ、形も丸いものや卵型のものがある。口の大きさや開け方も関係するので結構やっかいである。わたしなどは、スープを食べるさいは、会話をかわさず、ひたすら熱いのを我慢しながら早めに食べ終えるようにしている。細かくいえば、時々、ナプキンで口をぬぐい、間を取る。ただし、これがマナーに反するのかどうか知らない。少なくとも、ナプキンを使うことで、たとえ誰かから話しかけられても、数秒のタイミングで返答する余裕ができる。スープを飲み込んだ直後に話を始めると、口腔内が混乱を起こし、思わず吐き出したり、せき込むことになる。

学校ではこうしたことが指導要領にも記載されていないし、学校給食でさまざまなメニューが日々出されても、食べ方について先生は何もいわない。一億人がおなじマナーでやるべしというつもりではないが、社会的な食の場におけるマナーは、もう少し学校現場で指導を進めてもいいのではないか。給食の食材をめぐるアレルギー問題だけにヒステリックに対応するだけでは、食を楽しむ思想は育たない。相手を思いやる発想は、とくに食の場面で顕著に表れる。その人の礼儀のなさとか洗練さ、食べるときの共食の意味をどれだけ理解しているのかが如実に示されるからだ。

ディナーとサパー

スープと関連して、英語でいう食事の構成について、サパーとディナーをもとに整理しておこう。まず、夕飯に人を誘う時、「サパーはいかがですか」とはいわない。ふつう、「ディナーはいかがですか」と相手を誘う。ディナーはサパーよりも豪華で本格的な食を指すと考えられているからである。サパーはもともとスープが語源である。しかし、調べてみると、英語圏でもサパーとディナーの用語の使い分けには地域差がある。現在、米国やカナダでサパーとディナーはほぼおなじ意味で、前者がやや古い用語とされている。もっともふつうには、ディナーが正式のコース料理で、食事をとる場所も豪華で客を招待することや、ドレスコードが決められる傾向があるのにたいして、サパーは家庭内のキッチンや食事の空間で食されるインフォーマルな性格がある。

ただし、カナダの大西洋岸や中部のサスカチュアン州では、サパーは夕方に食される一日の主要な食事にあたり、ディナーは正午に食べる食事とされる。カナダ東部のニューファウンドランドやラブラドル半島では、ディナーは正午の食であるとともに、「感謝の日のディナー」（米国で一一月第四木曜日、カナダで一〇月第二月曜日）、「クリスマス・ディナー」など特別の日の食事にあてはめられ、夕食はサパーと称される。カナダ・米国では教会を中心に収穫を感謝する日の食事として、七面鳥・サパー、パンケーキ・サパー、メイン州のビーン・サパー（ベイクドビーン：インゲン豆、塩漬けブタ肉、トマトケッチャップで調理したもの）などの用法がある。英国でもディナーを正午の正餐、家庭内での夕食はサパーとされる。

アフタヌーン・ティー、ロー・ティー、ハイ・ティー

英国だけでなく、豪州、アイルランド、ニュージーランドなどでは午後遅くにアフタヌーン・ティーの習慣がある。これは居間や客間で喫茶と軽食を提供しておこなわれる社交の場としても意味をもち、キュウリのサンドイッチ、スコーン（scone）、ケーキなどを紅茶で楽しむもので、ロー・ティー

(Low Tea) とも呼ばれる。イギリスの影響から、アジアでも香港やシンガポールのホテルではアフタヌーン・ティーが提供される。華人の影響もあり、中国で伝統的な点心を中国茶で楽しむ飲茶の習慣とうまく融合した食文化を生み出している。アフタヌーン・ティーでは、シュウマイ、チマキ、小籠包、中国菓子なども出され、飲茶を楽しむ機会ともなっている。ロー・ティーには三段式のティースタンドに軽食や菓子類が載せられる。ロー・ティーでは、マナーとしてサンドイッチ、スコーン、ケーキの順番に食べることとされている。

香港に活魚料理について短期の調査をおこなったさい、ホテルのアフタヌーン・ティーをいただいた。妻と一緒であったので、二人前の軽食が盛られて出てきた。スコーンはあまりおいしくはなかったが、マンゴー・タルトは美味しかった。そこで、今度は香港市内の菓子屋を回り、マンゴー・タルトを買いあさったことを覚えている。本場英国でおいしいマンゴーを使ったタルトはできないだろうが、東南アジアと近い香港やシンガポールでのアフタヌーン・ティーではゴージャスな雰囲気にひたれる。

シンガポールでは香港よりも割高なホテルもあり、ラッフルズ・ホテルなどでは庶民でごったがえすチャイ・ナタウンで夕食を食べるよりも高くつく。ホテル内のティファン・ルームでは、アフタヌーン・ティーを提供している（図6―7）。ティファンとは「昼間の軽い食事」を意味しており、日曜日にカレーとともにティファンを楽しむことは、二〇世紀初めの英国植民地時代における英国人のたしなみであったようで、一九世紀末から始まった。ちなみにティファンはもともとインドに

図 6-7　シンガポールのラッフルズ・ホテル内のティフィン・ルームにおけるアフタヌーン・ティーで出される食事。
サンドイッチ、スコーン、タルト、ケーキにジャムとバターを塗り、紅茶でいただく。点心などもブッフェで提供される。

おける英語で「軽い食事」を意味し、スープなどを食べる意味があったようだ。

二〇一〇年夏、ブータンにいった。京都の大学や自治体が中心に「地球環境殿堂」入りに貢献した人を表彰するため、ブータンのジグミ・シンゲ・ワンチュク国王を京都に招へいするための正式の親書を渡すためである。ただし、事前に国王の参加がままならないことが分かっており、ケサン・チョゼン・ワンチュク王女殿下にご臨席いただくために直接お会いして親書を手渡す運びとなった。

王宮で王女と謁見して親書を手渡した後、歓談の時間となった。王女は以前、英国に留学されておられたこともあり、流暢な英語を話された。その場で紅茶とお菓子が出たが、それにとどまらず、フルーツが出た。さらに、小ぶりのチャーハン風の料理が出た。これはまさに英国のアフタヌーン・ティーにほかならないとおもった。もてなしの原点は留学中のご経験によると推定できるが、ブータン王室の固有のもてなしがないのだろうか。

ケサン・チョゼン・ワンチュク王女は平成二二年度の第二回「KYOTO地球環境殿堂」の表彰式のため平成二三年二月一三日の式典に御参列いただいた。二〇一一年一一月には新たに国王に就任されたジグミ・ケサル・ナムギャル・ワンチュク国王がジェツン・ペマ王妃とともに二〇一一年一一月に国賓として来日され、国会で演説されたことは周知のとおりである。

ロー・ティーより遅い時間に紅茶とともに高いテーブルで食事をとることはハイ・ティー(High Tea)と称され、軽食ではなく本格的な肉・魚料理が提供される。このことから、ミート・ティー(Meat Tea)と呼ばれることがある。どちらかというと、ティーよりもアルコールがほしいとおもうが、時間的には飲酒の時間帯ではないのだろうか。

スコットランドや豪州、ニュージーランドでは、サパーはハイ・ティーのあと、温めたミルク、ビスケット、オートミル、サンドイッチなどの軽食をサパーと称することもあり、就寝前の軽食といえる。また、スコットランドや北イングランドでは、ポテト・チップスと魚フライやソーセージと食べる食事をフィッシュ・サパー(fish supper)、ソーセージ・サパー(sausage supper)と呼ぶ。細かい話であるが、このサパーにはポテト・チップスがかならずついてくるので、魚だけ、ソーセージだけを注文するさいには、エイ・シングル・フィッシュとかエイ・シングル・ソーセージと注文しなければならない。それでもシングル・ソーセージには衣揚げしたソーセージが二本ついてくる。

中国でも夜遅めの時間に提供する軽食に宵夜（シャオイェー：Xiaoye）がある。夕飯後、時間がたって小腹がすいたころに食べる深夜の食事として提供される食品は、一般にシャオチー（Xiaochi）と呼ばれ、中国、台湾の都市部を中心に大きく発展し、都市独自の食品や加工法がある。英語でいえば、サパーに相当するストリート・フードといえる。シャオチーにはいろいろな種類と加工法がある。台湾の例では、臭豆腐（発酵した豆腐）、双胞胎（かいば桶型の揚げ物）、月亮蝦餅：（エビの練り物の揚げ物）、貢丸（豚肉のすり身入りスープ）、薄餅（春巻き）、蚵仔麵線（カキ入りの細麺）、餃子、仙草（ミント入りのジェリー）、豆腐花（やわらかい豆腐プディング）、包子（蒸し饅）、肉圓（ゼリー状の菓子で甘いタレをつける）、愛玉凍（イチジクのゼリー）、羊羹（日本の羊羹で、小豆を使用）などがある。ディナーが昼間の正餐、サパーが午後遅くから深夜にかけての多様な軽食を表すことが分かる。

手と料理

インドネシア東部で一九九〇年代から調査を続けてきた。都市部やレストランではふつうフォークとスプーンが出される。左手にフォーク、右手にスプーンをもち、肉や魚などはフォークで押さえて、スプーンの角で切って食べる。この方式はタイやラオスでもおなじである。しかし、都市部を離れ、調査地の漁村などに行くと、フォークやスプーンが出ないことがある。わたしは漁村を主な調査地としていたので、焼き魚とごはんの食事をすることが多かった。その場合、かならずと言ってよいほど味付けにトウガラシとエシャロットにライムや酢をくわえた調味料（ダブダブ、ないしコラコラ）に魚をつけて手で食べる。トウガラシの効いた辛いサンバルを使うこともある。手で魚の身をほぐしてインディカ米と一緒に食べる。グループでスラウェシ島の縦断調査をしたさい、北端のメナドにあるサムラトゥギ大学のエディ・マンジョロさん家族と会食をしたさいの様子をみていただこう（図6―8）。

図6－8　インドネシア・北スラウェシ島での会食風景。
現地の子どもたちはフォークとスプーンを使っていたが、われわれは手で食べた。ただし、ナシ・ゴレン（焼き飯）にはスプーンを使った。

マナーとして守るべきポイントは、決して左手で食物をとって口に入れないことだ。このことを知らないと現地では馬鹿にされるか軽蔑される。周知のとおり、左手はトイレで排泄後、水で局部を洗うためで、手動式のウォッシュレットが決まりとなっている。人のお金を渡すときにも左手で渡すことは「ダーティー・マネー」の意味とみなされるので要注意である。とくにイスラーム国であるインドネシアではこの点が徹底している。

四、五年前にブータンに行ったさいにも、外国人用のレストランではフォークとスプーンが出されたが、民間人が行くふつうの食堂ではフォークやスプーンは出なかった。カレー料理を注文したが、手で食べるしかなかった。カレー料理は好きだが、手で食べると後で手にカレー臭が残るのが問題である。

太平洋のフィジーで当時、所属していた国立民族学博物館の資料収集をおこなったさい、仕事を手伝ってくれたスヴァ市内に住むインド人の運転手宅で食事を招待された話は第3章でふれた。自分の家なのか上半身裸になって一緒に食事をしたが、運転手の主人は痩せているわりに、結構、腹の出た体形で「運動不足」が目立つ。これも礼儀なのかどうか知らなかったが、食べ終わると、かれは大きなゲップをなんどもした。十分いただきましたというサインなのだろうが、日本では人前でゲップをすることは行儀が悪いと教わっていたので、インド人の前で無理してゲップすることもないと思った。中国や韓国、それにイスラーム圏でも、食事に満足したあとに大きなゲップをすることが許されており、むしろ「たらふくごちそうになって満足しました」という思いを身体で表現することは素直なのかもしれない。ただし、ニンニクや刺激物を食べた後のゲップが周囲に不快な匂いをばらまくことにもなり、問題であろう。この点で思い起こすのが家畜の出すゲップの問題である。家畜のゲップには多くのメタンガスが含まれている。まじめに地球温暖化防止と家畜のゲップを考える議論のあったことを思い出す。

手食の例外はパンかもしれない。ディナーに出るフランスパンやロールパンにバターはナイフで塗るが、食べるさいには手を使う。ロティやナン、ハンバーガー、ホットドッグなどいずれも手で食べる。もちろん、パンの上に載せられたベーコンや野菜が食べにくい場合、フレンチトーストなどのように表面がベトベトしている場合などはナイフで適当に切り分けてフォークで食べることもある。

手と箸

食のマナーでいつもおもうのは、ごはんの食べ方に関する問題である。周知のとおり、米にはウルチ米とモチゴメがある。日本で食べるウルチ米はふつうお茶椀にいれて箸を使って食べる。適当な粘りがあり、お茶碗に盛られたごはんを食べる。例外はおにぎりとにぎり鮨であろう。おにぎりを箸で食べる人はいない。鮨(寿司)でも、巻きずしは太巻きでも細巻きでも手で食べる。ちらし寿司、蒸し寿司には箸を使うが、サバ寿司は箸と手と両方ありだ。

わたしは京都に住んでいるが、ちょくちょく祇園の鮨屋に行く。酒のあてに魚を食べて退散するのがふつうだが、時々はにぎりを注文する。カウンターの周囲を観察していると、男女の差があるにせよ、ほとんどの客は割り箸を使ってにぎりをつまみ、口にはこんでいる。その店ではにぎりを醤油に漬けて食べる例があまりなく、あらかじめ味付けされているか塩味がついている。いうまでもなく、にぎりは鮨職人が両手でにぎり、客の前に置くスタイルが踏襲されている。わたしは箸を使うのはルール違反ではないかと考えている。鮨をにぎるさいも、手の体温がネタにうつらないように素早く握るとする伝説めいた話がある。その点からすると、手でにぎりをつまむことはご法度なのか。数秒の時間差でネタの鮮度が急変するともおもわない。職人の手際よさがネタの鮮度維持に貢献するとしてもである。むしろ、手で握られた鮨を利き手でつまんで食べることが礼儀にかなっていると思う。箸を使ってにぎり鮨を口に運ぶ祇園のきれいどころは絵になるかもしれないが、手でつまむ女性の方がさまになっているとおもえてならない。

以前、落語で知った話で、鮨屋の職人が「おいしいのをにぎって」と客に言われ、調子に乗ったあまり、手に唾をつけて鮨をにぎり、客が白けたという。手は重要な身体の道具であり、食器でもある。外国人を含め、手でにぎりを食べる習慣は今後どのように推移するのかたいへん興味がある。

ちなみに、世界で箸を食事で使う地域はアジアにかぎられる。中国、朝鮮半島、日本、ベトナム、タイ、ラオス、カンボジア、モンゴルなどである。ただし、箸を主体として用いるのは中国、韓国、日本、ベトナムであり、タイ、ラオス、カンボジアでは、都市部やレストランではフォークとスプーンで食べるが、いなかに行くと手で食べることが多い。たとえば、ラオスや東北タイでは、モチゴメを多く食べる。竹製の円筒形の容器に入ったモチゴメは、右手で少量つかんで丸め、食べやすくして口に入れる。モチゴメは腹持ちが良いので、少しずつでも一〇口食べると満腹になる。その点、インディカ米はパサパサしていて、いくらでも食べられそうな気分になる。日本でもウルチ米は日常のごはんで食べるが、モチゴメで作ったおこわやお餅は腹持ちが良い。のちにみるように、日本で箸はほぼ万能の食事具で、銘々の箸と真菜箸の区別がある。真菜箸がない場合は自分の箸先の反対側を使って取り分ける。

韓国では箸とスプーンだけで、日本のような真菜箸はない。中国も箸が原則で、あと蓮華を匙として使う。盛り付けの料理は自分の箸で自由に取る。真菜箸はない。モンゴルも伝統的に箸を使った。箸とナイフをセットとした蒙古刀を各自が身に着けていた。社会主義化以降は箸を使う文化も廃れ、ナイフとスプーンに変わった。また、肉は塊で食べることが多く、フォークで肉をおさえてナイフで切るのではなく、手で肉をおさえ、ナイフで切る。あるいは両手で持ってかぶりついて食べる。

鮨を韓国で食べたことはこれまで何度もあるが、とても日本の鮨とはちがうので絶望感におちいった。まず、わさびがない。韓国にはコチュジャンの伝統的な辛味の調味料がある。にぎりもコチュジャンをつけて食べるようにすればいいのにとさえ考えてしまう。韓国では箸と匙を使って食事をとるのが大原則であるが、お椀を手にもって口元で食べるのは、日本人をはじめ外国人がおかすマナー違反であることは周知の通りである。

韓国で使われる箸はかつて銀製であり、食べ物にヒ素などの毒物が入っていると、銀製の箸が黒く変色する。そのため、上流階級ではかならず銀製の箸を用いた。食べ物に毒を盛る発想は古今東西、類例が数多い。わたしは調査などで韓国に行く機会も多く、韓国料理は決してきらいではない。肉と魚そして野菜をふんだんに摂取できることが大きな魅力となっている。ソウルで買った匙はテレビの韓流ドラマでも使われたものとおなじのようで、今でも愛用している。

匙と箸

匙は手では食べられない熱い食べ物や汁物をすくって口に入れるために考案されたものである。チンパンジーが木の葉を使い、水をすくって飲む行為は、もっとも古い道具としての匙としての利用であろう。人類の場合は、新石器時代以降、土器の使用とともに匙を食器として使う可能性が大きく増した。匙の材料としては木、骨、貝などが用いられた。

時代は下るが、七世紀前後の小湊フワガネク遺跡（鹿児島県奄美大島・大字小湊）から大量のヤコウガイ製貝匙の完成品・半製品が見つかった。奄美博物館で実物をみたが、見事な出来ばえの貝匙である（図6―9）。貝製匙の形は蓮の花弁に似ており、散蓮華の名は、のちにこの形にちなんでつけられた。平安時代中期の九三〇年代に編纂された『倭名類聚抄《わみょうるいじゅしょう》』には、中国の『説文解字』にある「匙は飯を取るもの」との説明がそのまま引用されている。一二世紀の平安末期作とされる『今昔物語集』では、水飯《すいはん》を食べるのに貴族が銀の匙を用いているとある。飯を匙ですくって食べる習慣はその後長くは続かなかった。その背景には銘々で使う匙が日本では廃れるが、鍋で調理したものを取り分ける杓子やしゃもじはその後も使われた。いまでもホタテガイやヒオウギガイの貝殻をしゃもじとして使う。平安時代にはしゃもじはかい（賀比）と称されていた。匙《さじ》の用語も、茶道が流行し、茶匙《さし》、茶杓《ちゃしゃく》に由来するという。

日本、韓国、中国などの東アジア圏で匙はふつうに用いられる。ただし、現代の日本食では茶碗蒸しや蒸し寿司、しんじょう、デザートなど以外、匙は使わない。しかし、韓国と中国では椀を手で持って食べることはないので、箸と匙は不可欠の食事用道具である。

アイヌの社会でも、オハウと総称される汁物はカスプ（kasup お玉杓子）ですくい、銘々の椀に盛られる。食べるさいには箸（パスイ：pasuy）や匙（パラパスイ：parapasuy）で食べられる。パラパスイは「広い箸」の意味で、すべて木製である。なお、シト（団子）や串に刺した焼き魚は手で食される。また、食事は完食が原則であり、椀のなかに残った汁気も人差し指で丁寧にふき取りなめるのが礼儀とされる。西洋では、パンを使ってポタージュ・スープや皿の肉料理などに残ったスープを拭くようにして食べるのと似ている。

図 6-9　ヤコウガイの貝匙。
奄美大島・小湊フワガネク遺跡出土（奄美博物館蔵）。

食べカスの処理

いろいろな食べものがテーブルに出て、可食部だけならばすべて平らげるのが一つの基本的なマナーといえるだろう。残すとすれば、エビフライやシュニッツエル（仔牛のカツレツ）につけあわせとして出てくるレモン・スライスやパセリを無理して胃袋におさめることもないだろう。しかし、日本の居酒屋でおなじみの鶏の手羽先、ドイツ料理で塩漬けブタの脛肉をセロリ、タマネギや香辛料と煮込んだアイスバイン（Eisbein）、あるいはフランス料理のシタビラメのムニエル（La sole meunière）、あるいは米国のティー・ボーンステーキを食べ終わったときに、かならず骨があとに残る。皿の上に骨を残しても、そのことで肉の部分をすべて平らげた証拠となるので、皿を下げるウエイターや厨房のシェフも満足に思うだろう。

動物以外でも、デザートに出された果物を食べて、種子や皮が残ることがある。メロンが出された場合、表皮まで食べる人はいないが、筋目が入れられて一口サイズに切りやすくなっているにもかかわらず、表皮ギリギリまでフォークとナイフを使い、必死に果肉を食べようとするのはいただけない。日常生活でスイカを食べるさいもおなじで、豪快にかぶりつくのは行儀悪いことではないが、赤い果肉の層を超えて白い果肉までかじり食するのもどうかと思う。「おいおい、そこはクワガタやカブトムシの食べるところですよ」といいたくなる。

かつて、偉い方々とのお茶会に出たとき、季節柄サクランボが出た。皿にサクランボが五、六個盛られている。そして、横に細長い一枚の半紙がおかれた。さて、どのようにしてサクランボを食べるか。口の中で舌を使って果肉をのどに、サクランボのタネは口から手の平に出して、それを置くための半紙であろうか。皿があるからそこにタネをおいてもよさそうである。謎の半紙は口元を拭くためか。横におしぼりがあるからそうでもない。混乱するなかでサクランボに手をつけなかったが、ようやく半紙の意味が分かった。

半紙を丸めて筒状にする。その片方をつまんでねじり、細長い容器にする。もうお分かりだろう。紙製の小型ロンググラスよろしくタネ入れが出来上がる。手でサクランボをつまみ、口内で果肉とタネを分けるまではおなじである。だがそのつぎの段階で、口内のタネを上品に筒のなかに収納することができる。なるほど、考えたものだ。それにしても赤恥をかいてしまった。

さて核心に入ろう。カニやエビの類をレストランで注文したとしよう。カニでいえば中国料理の上海ガニ、日本のズワイガニやケガニを食べるところを想起していただきたい。日本や東南アジアでノコギリガザミをゆがいたものは出されるが、甲羅をはずす段階から、なかの味噌や身を食べるのは結構厄介である。上品にフォークとナイフで食べようとしても奥のほうまでほじくり出すには根気と集中力が必要だ。ケガニなどは脚の部分を食べるさいに口内が傷つくことがある。ゆでたズワイガニの脚には切れ目が入れられているものの、カニの脚からなかの肉を取り出すのにカニ用のフォーク・アンド・スプーンを使って対処しなければならない。カニ鍋の宴会などで急に会話が少なくなる時があり、皆さんカニの身を取り出す作業に熱中する。エビの場合も車エビ、伊勢エビ、牡丹エビ、ウシエビ（ブラックタイガー）、芝エビなど種類はとても多く、大きさもさまざまである。料理法にもよるが、エビが有頭、ないし無頭の状態で出てくるので、そのあつかいも臨機応変ということになる。焼いた車エビは自分の手で皮を剥いて食べる。刺身で食べる牡丹エビも皮を剥いて食べる。頭ごと食べるのは小さな桜エビくらいであろう。

図6-10　ノコギリガザミの食べカス。
サンバルにひたして食べる。各自にフィンガーボールがおいてある。

大型のウシエビを蒸し焼きにしたタイの海鮮料理では、フォークとスプーンを要領よく使い、手を使うことはあまりない。生きた車エビをガラス容器に入れ、紹興酒を注いで悶絶して絶命するエビを食べる料理が香港、シンガポール、東京などの海鮮料理店でよく出ることがある。この場合は、手を使ってエビの皮をむき、頭と尾を分離して、生のエビをいただくことになる。伊勢海老などの大型のものとなると、箸、フォーク、ナイフで格闘することになる。場合によっては手でエビの身を食べる場合もある。

インドネシアのスラウェシ島でノコギリガザミを食べた。手と歯だけが道具で、テーブル上はみるみるカニの残骸の山となった（図6―10）。さて問題はエビやカニを食べた後、大量の殻や脚の食べカスが残ることになる。しかも、手で扱うとどうしても匂いが手に残る。カニ・エビ

図6-11　中国雲南省・昆明における宴会。
１２品以上が出た。かなりの料理が残った。

料理を出す店では、カス入れの容器が通常おいてある。それとともに、食べたあと手をきれいにするためのフィンガー・ボールが出される。そのなかの液体もただの水である場合はまずなく、柑橘類を入れたものからウーロン茶にレモン・スライスを浮かべたものが出される。最悪の場合はなにも出ない。笑い話だが、中国でフィンガー・ボールの液体を飲んだ日本人がいた。いまではあまりないと思うが、かつてカニやエビの食べカスを床にポイ捨てることが中国料理店でよく見られた。ときどき、給仕の女性が来て、そのカスをほうきで掃いてきれいにすることもあった。

食事にどれだけ満足したかを評価する場合、大きく二つの態度がありうるだろう。一つ目はすべて完食し、十分においしくいただきましたとする方式である。もう一つは、料理を一部残し、食べきれないほど十分に食べたことを示すやり方である。中国の雲南省で大学院の教え子の中国人らと八名くらいの宴会をもった(図6―11)。知らない人ばかりであったが、会話も弾み、酒もよく飲んだ。中国式の乾杯方式で相互に白酒を酌み交わしていると、いくら小さな酒のグラスであるとはいえ、少数派の日本人はついつい飲みすぎてしまう。この時も料理はすこしずつ残っていた。聞くと、かつては残すのがふつうであったが、今では運転手や使用人用に残り物を持ち帰るように変化してきたということであった。料理も汁気の多いものがあるが、店ではいろいろな種類の容器をそろえている。汁物などはプラスティック袋に入れて、ゴムバンドで漏れないようにする。

中国料理で高級な食材を使った料理がテーブルに残ることはまずない。しかし、チャーハンや焼きそば、最後の菓子類などが残っている現場を何度も見た。どうせ捨てられるくらいなら、夜食に食べて無駄にしない方がいいとは思う。万頭や菓子類、バナナや果物などはわたしも持ち帰ることにしているが、油を使った料理はベタベタして持ち帰るのはおっくうだ。ちなみに二〇一六年の秋に上海で国際シンポジウムがあり、最終日の夜、大学横の店で打ち上げ会をやった。あらかじめわたしは上海蟹を注文するようにお願いしておいた。一人一杯ずついただいたが、最後に一杯残った。結局、注文を依頼したわたしが運よく二尾食べることができた(図6―12)。

これは忠告でもない失敗談であるが、以前、大学院時代に札幌で人類学会があり発表した。そのあと仲間二人の三人で網走、根室、釧路と旅をした。根室で花咲ガニを買って旅館で食べた。食べきれなかったうえ、部屋に冷蔵庫がなかったのでビニール袋に入れ、中庭に面したほうのガラス戸に挟んでおいた。翌朝、なんとも言えないにおいで結局捨ててしまった。カニやエビは無理してでも食べきるべきだろう。ちなみに、根室は道東にあるとはいえ、季節は七月下旬であった。

図 6-12　上海蟹。
全部で１２杯あったが、１杯あまり、わたしがいただいた。(中国・上海)。

ついでにカニ食についてもう一点。一九八〇年にパプアニューギニアに行った折の話がある。当時、羽田からポートモレスビーまでは羽田からマニラ経由で行くしかなかった。マニラ市内で一泊し、翌日ポートモレスビーに行く旅程であった。夜、マニラ市内のオープン・レストランで食事をするため、同行した人類生態学教室の主任教授とわれわれを含めて五人で繰り出した。サンミゲルのビールを飲みながらせっかく来たからカニでも食べようということになり、全員分のカニを注文した。カニはノコギリガザミで、蒸籠蒸しにしたものが出てきた。小型ではあったが、一人あたり二杯はあり、蒸籠に山盛りとなってでてきた。さあ食べようということで、一番上の中央にあるカニに教授が手をつけた。下っ端のわれわれは下の方にあるカニを食べることになった。

問題はその夜に起こった。教授が激しい腹痛に襲われたが、われわれはどうもなかった。全員が腹を下したわけではなかった。何が幸いするか分からない。下の方にあったカニは下からの蒸気で十分熱が通っていたが、一番上のカニは熱が十分に通っていない半生のものであったのだろう。ホテルでおかゆを作ってもらい、日本からもってきた梅干しをほとんど使い切ってしまった。こうした話は読者の方も日常的に経験することがらであろう。複数の人間と食事をかこむような場合、年長者から先に箸をつけるならわしがある。あるいはレディー・ファーストの原則がある。年長者がまず手をつける原則は意外と文化を超えて見られる現象であろう。まずは王や首長が食べ、その残りを部下や臣下が再分配の形で食べる方式は社会の秩序を示すもので、食事におけるちょっとしたマナーやエチケットは隠された文化の方程式のようなもので、その解には根源的な世界観なり価値観が潜んでいることがある。

ウナギとナマズ

1．ウナギの食べくらべ

二〇一七年の三月、都内港区東麻布にあるウナギ料理屋で食事会があった。この店は、創業から二〇〇年以上というから江戸中期の一九世紀からつづく老舗である。コース料理で絶品の天然ウナギの蒲焼きをいただいた。汁物の具はウナギとフカひれ、付き出しもウナギの煮凝りであった。仲居さんに聞いてみると、現職のご主人で五代目という。土用の丑の日は大繁盛すると思いきや、ウナギの供養日でお休みということだ（図7―1）。

土用の丑の日は七月、一〇月、寒の土用といろいろあるが、なんといっても暑い夏が客を呼び込む。全国には、土用の丑の日にウナギの供養祭を挙行するところが多い。一軒のウナギ屋でも年間で数千尾以上のウナギのいのちをいただくわけで、供養祭はその霊を弔い、あわせて商売繁盛とウナギの豊漁を祈るものである。そのあとで、ウナギの放流がおこなわれるのがふつうだ。東京豊島区西巣鴨にある妙行寺に奉納された卒塔婆には、「犠牲食用うなぎ之群霊」とある。「群霊」は「諸霊」とおなじ用法であろうか。養鰻業で知られる静岡県浜名湖畔にある乙女園公園でも供養祭がおこなわれる。公園内には魚籃《ぎょらん》観音があり、通常、ウナギ観音と呼ばれている。供養祭は八月二四日にこの観音像の前で執りおこなわれる。

図 7-1　ウナギ料理。
蒲焼き・鰻重・ウナギの煮凝り。

水郷の町として知られる九州・柳川でも、ウナギ供養祭がおこなわれる。市内の坂本町にある柳城公園の掘割り沿いに「うなぎ供養碑」がある。建立されたのは一九六七（昭和四二）年と新しく、地元の柳川うなぎ料理組合や柳川漁業協同組合の協力で実現した。ここでは毎年、土用の丑の日に供養祭が挙行され、ウナギの稚魚が掘割りに放流される。

柳川藩主の立花邸である御花《おはな》で、友人の古文書調査に同行したのはいまから三〇数年前のことである。そのさい、柳川名物の蒸籠蒸しを頂戴した。前日も博多で蒸籠蒸しを食べた。調査後ふたたび博多に戻り、箱崎のスナックで今度はウナギの生きた心臓をいただいた。海に近いとはいえ、スナックで生きたウナギを出すのを知って感動した。九州では二日間、ウナギずくしの旅であったが、柳川の

図 7-2　ウナギの蒸籠蒸し。
左は柳川の蒸籠蒸し、右は博多市内の鰻料理屋のもの。

観光客は川下りとウナギの蒸籠蒸しをお目当てにしており、地元の鰻関係者の方がたの思いはまさに地域振興の一語に尽きる。柳川のウナギについて調べていると、地元の杉森女子高等学校食物科から一九七八年に『筑後柳河の郷土料理と産物』というレポートが上梓されており、柳川周辺のウナギを「アオ」、「サジ」、「ゴマないしホシ」、「カニクイ」と分類するなど、漁民の民俗知識をふまえた調査をおこなっており、地域に根差した研究といえるものだろう。ちなみに「アオ」と呼ばれる汽水域産のウナギがもっとも質が良いとされている。柳川市役所観光課によると、「本吉屋」の柳川本店の創業は元和元年であり、三〇〇年以上暖簾を守り続けている老舗のウナギ料理店である（図7―2）。

ウナギに関する論議では、関東風と関西風の話が決まったように出てくる。いまさらというわけでもないが、関東では武士の発想から腹開き（＝切腹）しない。関西では腹から開く。関東では、いったん白焼きにして、蒸して脂を落とした後にタレをつけて焼く。関西では、腹からさばいたウナギをそのままタレに浸けて焼く。関東風と関西風のウナギの調理のちがいの境界は愛知県の岡崎あたりとされている。関東風と関西風だけでなく、九州の蒸籠蒸しもすてきれない。静岡のウナギや名古屋のひつまぶしがうまいことや、岐阜の高山や山形の鶴岡でも絶品のウナギを賞味したことがあり、ウナギ・ファンならさらに奥深い食味の経験をお持ちだろう。ただし、全国にある三六〇〇以上のウナギ料理店もウナギ不漁でたいへんな時代を向かえることとなった。天然物が少なく、シラスも不漁で、中国産の養殖物を多数輸入するような変化が起こっている。二〇一七年の春、那覇空港内の寿司屋でウナギの蒲焼きがうず高く積まれているのを見て、おもわずなかの板前さんに、「このウナギはどこですか」と聞くと、「中国」という答えがもどってきた。

そもそもウナギは日本で古くから食されており、縄文中期の遺跡からもウナギの骨が見つかっている。文献では万葉集に大伴家持がムナギを歌にしているのが初出である。平安時代以降にはウナギの食べ方についての記述が登場し、白蒸し焼きに塩をつけて食べるとか、筒切りにしたウナギを串にさして焼いて食べるとする一三九九（応永六）年の『鈴鹿家記《かき》』の記載がある。後者では、料理が蒲の穂に似ていることから蒲焼きと呼ばれるようになったとしている。文献によると、ぶつ切りではなく開いてタレでつけ焼きにした現代の蒲焼きの登場は、時代を下った一八世紀のことになる。平賀源内によって、「夏負けしないためには土用の丑にウナギを」とする宣伝が一世を風靡したのは一八世紀後半のことであった。

ウナ丼などになると、近世末期から昭和の明治時代まで待たなければならない。ウナ重のはじまりはさらに高度経済成長期の一九六〇年まで下ることになる。創業以来、数百年の歴史をもつ老舗にしても、ウナギ料理の変貌や評価自体も大きく変化してきたわけであり、まさに激動の時代を経ていまに至るといってよいだろう。

ウナギの禁食

ウナギの供養と美食についてはまだまだ話題があるが、ここで日本人に愛されてきたウナギを食べることを禁止するしきたりが日本の神社にあることについてふれてみたい。全国には土用の丑の日に供養祭を挙行するところがあることは先述したが、京都にはウナギを神の眷属として信仰する三嶋神社（東山区）がある。この神社に子授け安産を祈願のために来る人びとは一貫してウナギを食べない。三嶋神社に伝わる江戸期の文書『禁食鰻文書』にも、神社の氏子はウナギを食べることを禁じる記載がある。

もしも子宝が授かると、三嶋神社にウナギを持参して神社の近くにある音羽川に放生として放流した話があったが、川が枯れてしまったのでいまは絵馬を納める風に変わっている。祈願するさいに絵馬に願い事を書いて奉納するならわしはどこでもみられるが、三嶋神社では祈願時に二尾のウナギを書いた絵馬を使い、祈願が成就すると三尾のウナギを書いた絵馬を感謝の気持ちをこめて奉納する。ウナギが一尾増えている絵馬は生まれた子どもであり、粋な計らいである。二尾のウナギが描かれた絵馬には体を絡み合わせた姿が描かれており、これは男女のいとなみを表している。一方、三尾のウナギの絵馬には、体を持ち上げた姿が描かれている。体を起こした姿は、眷属であるウナギの威厳を示している（図7―3）。毎年一〇月二六日に神社で大放生祭がおこなわれ、関西だけでなく、全国からもウナギ料理店や養鰻業者の人びとが集まるようだ。

ニホンウナギをめぐって

ウナギの蒲焼きはわたしの好物のひとつである。関東と関西でウナギのさばき方や調理方法にちがいのあることは述べたとおりである。食べた時の食感や歯ごたえのちがいはあるが、好みも人それぞれである。わたしはどちらかといって関西風が好きだが、だから関東風は嫌いというわけではない。なお、関東でも白焼きをせずに生のウナギを蒸す「生蒸」の調理法もある。そのウナギが絶滅に瀕する異常な状態にある。二〇一六年に南アフリカのヨハネスブルクで開催されたワシントン条約締結国会議で、世界中におけるウナギの取引の

図7-3　三嶋神社における鰻の絵馬。

現状について調査することが決まった。

すでに、ニホンウナギは二〇一四年に国際自然保護連合（ＩＵＣＮ）のレッドリストで絶滅危惧種に分類されている。この先の事態でウナギの国際的な取引に影響が出ないともかぎらない。

ウナギの取引が国際的な問題となった大きな要因は、稚魚のシラスウナギの漁獲量が激減したことによる。したがって、シラスウナギ漁の漁期の短縮や養鰻業における養殖量の上限を設けることや、違法な密漁の監視と罰金額を増すことなどの措置が実施されている。

湘南ではシラスウナギは大きい順に一グラムあたり1番子で六尾、2番子で七尾、3番子で九尾となっている。これで計算すると、キロ当たり百万円の高価な値段となる。もともとマリアナ諸島から回遊してきたニホンウナギが日本の河川を遡上して生活するわけであるが、ウナギの生息に適した河川環境が壊滅的なほど喪失している状況がある。

和歌山県の古座川で学会があったおり、ウナギが急坂の岩盤を這うようにして上るという話を聞いた。ウナギは「かぎばさみ」のような漁具で頭の部分をはさんで獲る。古座川ではアユを夜間、火振り漁で仕掛けた網に追い込んで獲る漁がおこなわれている。アユも河口部で生まれた稚魚が春先、川をさかのぼる。

ヨーロッパのウナギ料理

二〇数年前、ベルギーのブリュッセルでウナギ料理を食べた。成魚のウナギではなく稚魚のシラスをオリーブ・オイルで調理したもので、日本のどぜう（ドジョウ）鍋に似た平たい小鍋にシラスウナギがいっぱい入っていた。ソースがグリーンで白いシラスとの色合いもよく楽しめたが、いまとなってこのシラスが日本では激減していることをあらためて思うと、ヨーロッパのシラス漁が健在であることはうらやましいことだ。

ウナギのシラス料理は、むしろスペイン北部のビスケー湾に面したバスク地方が有名である。ニンニク風味にしてオリーブ・オイルで煮るか、炒めたアングラース・アル・アヒージョー（angulas al ajillo）がそうである。スペイン語でアングイラ（anguila）、イタリア語のアングイラ（anguilla）、フランス語のアンギュイ（anguille）はウナギを表す。

学名でもヨーロッパウナギは*Anguilla anguilla*、ニホンウナギは*Anguilla japonica*である。ただし、前者の学名はリンネにより一七五八年に、後者はテミンクとシュレーゲルにより一八四六年に記載されている。ニホンウナギは一八二三〜一八二八年、一八五九〜一八六四年に来日したオランダのシーボルトが出版した『FAUNA JAPONICA』（『日本動物誌』全五巻）のうちの第四巻の魚類篇（一八四二〜一八五〇年）のなかで、図版の多くはシーボルトが滞在中に知りあった長崎の画家である川原慶賀《かわはらけいが》の描いたものが使われている。この写生図を元にライデン自然史博物館のC・J・テミンクとH・シュレーゲルが全部で三五九種の日本産魚類を記載した。そのうちのひとつがニホンウナギである（図7—4）。

一昨年、「森は海の恋人」で知られる畠山重篤さんと白山義和さん（海洋研究開発機構）と気仙沼市の舞根《もうね》湾にある畠山さんのカキ養殖場で座談会をもつ機会があった。森と海とのつながりについての話題になったとき、畠山さんはフランスのナントを訪れたさいの経験について語り始めた。自分はカキの養殖についてナントに視察のために行ったが、そこではカキ養殖だけでなく、ウナギの稚魚を獲る漁がおこなわれていることを知った。ナントはビスケー湾にそそぐロワール川の河口部にある。ロワール川の上流部には豊かな森がある。それが、「森は海の恋人」論の大きなヒントになったとのことだ。北スペインを地図で見ると、ビスケー湾に面する地方は背後にカンタブリカ山

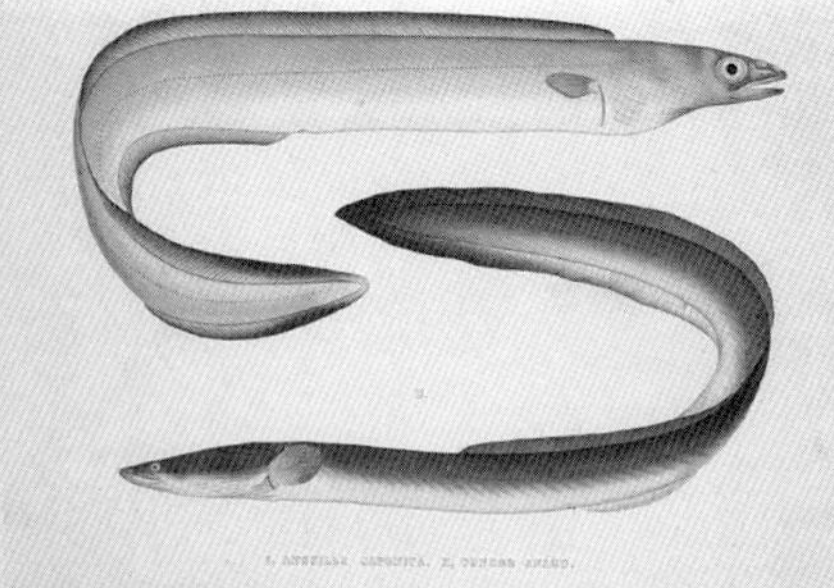

図 7-4　シーボルトの『日本動物誌』のなかのウナギ（*Anguilla japonica* Temminck & Schlegel）。

図 7-5　ビスケー湾とカンタブリア海。

脈を控えている。その西部のガリシア州にはリヤス地方があり、海面養殖がさかんである。リアスはリア（入り江）の複数形で、複雑な海岸地形を意味し、リアス海岸の用語の元となった（図7―5）。畠山さんのカキ養殖場も東北地方のリアス式海岸にあることを思い起こす。

日本では蒲焼きがウナギの主要な食べかたである。もちろん、浜名湖の「ぼくめし」（ウナギの白焼きとゴボウの煮物とごはんをまぜたもの）、浜松のウナギ刺身、滋賀県のいい蒸し（ウナギの蒲焼とタレ付きのごはんを竹の皮で包んで蒸したもの）やジュンジュン（ウナギのすき焼き）、豊川のうなり寿司（鰻荷寿司）などがある。

ヨーロッパではまったくちがう。カタクチイワシならいざ知らず、ウナギのシラス料理はこのご時世では無理というものだ。日本でもウナギを筒切りにして食べる時代もあったが、フランスではウナギの筒切りを生姜などとともに蒸しあげるか、炒めて醤油で味付けするとか、バターで炒めたウナギを野菜とワインで煮込むウナギのマトロット料理がある。ぶつ切りを網焼きや油で揚げてムニエル、フライにしても食べられている。ベルギーではウナギを香草とあえて煮込んだ料理がある。スペインでも、シラスをオリーブ・オイルとニンニクで炒めたアヒージョがワインのアテとして出される。ドイツでは、ぶつ切りのウナギを酢漬けにし、その汁を野菜と煮込み、白ワインを加えたスープ料理のアール・ズッペや、ウナギを燻製にしたゲロイヒャー・アール（Geräucheraal）をパンにはさんで食べたり、酒のツマミとする。英国ではテムズ川で獲れるウナギを使って煮込んででききる煮凝りをウナギのゼリー寄せとして食された。似た食品はドイツ、フランスにもあり、アスピック（煮凝り）と称される（図7―6）。

図 7-6　ヨーロッパのウナギ料理。
①ウナギのマトロット（フランス）、②ウナギの香草煮（ベルギー）、③ウナギの燻製（ドイツ）、④ウナギのアスピック（英国）、⑤シラスウナギのアヒージョ（スペイン）。

2. ナマズ食の東西

ウナギとナマズを食文化の観点から論じた人はあまりいない。ただし、例外がないわけではない。わたしの参加している生き物文化誌学会（二〇〇三年設立）では、ナマズ、ドジョウ、ウナギなどのニョロニョロした動きをもつ魚を広い立場から考えようとするグループがある。例会を何度も開いて多様な問題を議論し、その過程で二〇一六年には『ナマズの博覧誌』が上梓された（秋篠宮・緒方・森編 二〇一六）。

この本のなかで、ナマズ食に関して食文化研究者の堀越昌子さんがナマズのナレズシについて書かれている。琵琶湖ではフナ（ニゴロブナ）のナレズシであるフナズシが著名であるが、フナ以外にナマズ、ハス、モロコ、ドジョウ、ウグイなどからナレズシを作る（堀越 二〇一六）。ナレズシは一般的に、内臓を除去して塩漬けするさいに炊いたコメを混ぜて乳酸発酵させる。

ナマズのナレズシは代表的な料理ではない。ナマズ料理については、日本ではウナギと同様に蒲焼きがもっとも人気がある。京都の十一屋、滋賀県の草津市、岐阜県では千代保稲荷神社界隈でナマズを食べたことがあるが、脂の乗ったふくよかな味はけっしてまずくはない（図7―7）。残念ながら、琵琶湖特産のイワトコナマズはまだ賞味したことがない。ウナギの減産で、ポスト・ウナギにナマズの蒲焼きが浮上している。身がやわらかく、脂分が多くて食感もよい。最近、量販店でもナマズの蒲焼きを売り出したと聞く。

アメリカ心臓協会（AHA）は、かつて肉食が心臓に悪影響を及ぼすとする報告を出した。分厚いビーフ・ステーキを食べるアメリカ人は、われわれ日本人の多くがいだくイメージである。アメリカで日本料理の寿司が受け入れられるようになった背景のひとつに、肉より魚のほうが健康によいとする栄養学的な考えの普及があるだろう。これに呼応して注目されたのがナマズである。

ミシシッピー川下流域からメキシコ湾岸、フロリダ半島ではナマズの養殖がさかんである。ナマズは脂が多く、ムニエル、フライ、ガンボ（gumbo）と呼ばれるシチュー料理などに使われる。アメリカ南部は歴史的に黒人が多く、アフリカ系のアメリカ人の間では、ソウルフード（soul food）がよく知られている。ナマズは、ソウルフードのなかでもフライにして食される代表である。黒人とナマズのイメージがダブっているのは、ナマズの体色が黒いことによる。先述したように、肉食と心臓病の因果関係が叫ばれるなかでも、白人のなかにはナマズを食べない人がいる。黒人の食べるものを、食べたくないとして忌避する発想があるのだろうか。

図 7-7　ナマズの蒲焼き。

図 7-8　米国南部のケイジャン料理のナマズ（Cajun Catfish）。

米国南部にはケイジャン（Cajun）と呼ばれる人びとがいる。大陸から移住し、ノバスコシア、プリンス・エドワード島などケベック東部に植民していた人びとが一八世紀の英仏七年戦争で幽閉され、ルイジアナに強制移住させられた。故地のカナダ東部のアカディアから移住後、南部で適応するなかでケイジャン料理を生み出した。ナマズはたいていフライや焼き魚、ソテーに調理されるが、独特のケイジャン・ジャムは欠かせない。これは、オレガノ、赤トウガラシ、クミン、黒コショウ、オニオンをブレンドした絶妙のジャムであり、ケイジャン・ナマズ料理の引き立て役となっている（図7―8）。米国南部には、アフリカ系のソウルフード系のナマズ料理だけがあるのではない。もちろん、和風のナマズ蒲焼き料理も健在である。

ナマズの養殖は、最近とくに急成長を遂げてきた産業であり、アジアのベトナム、マレーシア、タイ、中国、フィリピン、インドなどでは世界全体の生産量の八七パーセントを占める（図7―9）。アジア以外では、米国（八パーセント）やアフリカのナイジェリア、ウガンダ（約三パーセント）で多い。種類としては、アジア原産のパンガシウス属（*Pangasius* spp.）や北米原産のイクタルルス属のアメリカナマズ（*Ictalurus punctatus*）が主要な養殖魚である（寺嶋・荻生田 二〇一四）。アジア原産のウォーキング・キャットフィッシュ（walking catfish: *Clarias batrachus*）が、一九六〇年代に米国に導入された。当初は鑑賞魚としてのふれ込みであったが、一部が野生化した。この外来種は米国南部に分布を拡大し、養殖池にまぎ売れこまないように細心の注意が払われている。日本でも、このナマズが霞ケ浦などで繁殖し、外来種問題が悩みとなっている。

図 7-9　ヒレナマズ（*Clarius* sp.）。
東南アジアにおける養殖生産が急成長している（ベトナム南部の魚市場）。

東南アジアや日本以外でも、ニューギニアでナマズは賞味されている。わたしのパプアニューギニアにおける調査で、低地のギデラ族は、竹をいくつもに切れ目をいれて魚の頭をそのなかに押し入れたものを直火で焼くペセンペセン料理（pesen-pesen）があった。レークマレー湖周辺に住むクニ族のクシキナ村における調査では、食事はサゴヤシとナマズ（ウナギ型の尾をもつイールテイル・キャットフィッシュがほとんど）の組合わせであった。

しかもナマズの肉は養殖ワニの餌として利用され、肉を切り取ったあとの骨と頭の部分が食用に利用されていた。具体的には、ほとんどが骨ばかりのナマズをハスの葉にひろげたサゴ・デンプンの上におく。これを細長い包み状にしたものを直火で焼く。この食品はサヴァカシ・ロウ（savakasi lou）と呼ばれる（図7―10）。ちなみに、ロウには「サゴヤシ」と「食物」という意味がある。サヴァカは、「魚」一般や動物の「肉」を表すことばである。ギデラ族の場合も、ヤシの葉でサゴヤシを包んでなかにナマズの身を入れて調理したものはピャー・ドゥー（pā du）と呼ばれる。日本でいえば、ナマズの春巻きないしはクレープ包み焼きということになるだろう。

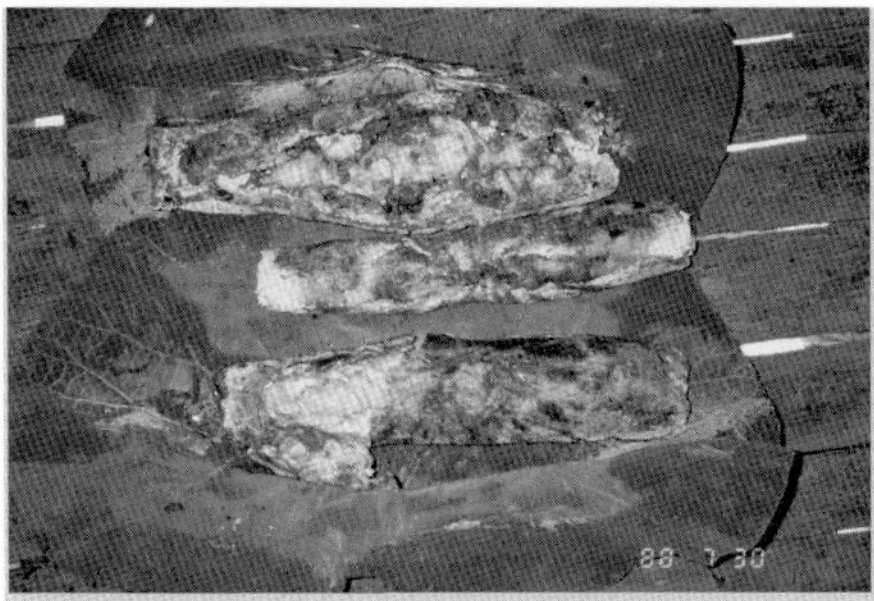
図7-10　ナマズの骨や身とサゴ・デンプンで巻いて包み焼きしたサヴァカシ・ロウ(savakasi lou)。

アフリカ・カメルーンのコンゴ川流域に居住するバントゥー系農耕民であるバクウェレ族の調査をしている大石高典さんによると、人びとは、ナマズを煮物、葉による包み焼き、たき火で直接あぶる、キャッサバの蒸し料理に入れるなどにして食べる。アフリカでは日本、東南アジア、ニューギニアなどとは異なって、サカサナマズ、デンキナマズなどの異なった種類のナマズが生息している。また、食べるだけでなく、ある種類の魚は食べることを禁止されている。大石さんによると、一九種類の魚が禁忌とされている。そのうちの一七例はほとんどが新生児をもつ男女の禁食とされている。もしそうした魚を食べると、新生児が異常な形質をもつとか、奇妙な泣き声を上げるなど、魚の形態や行動と類似した悪影響が出るとされている。たとえば、ギギ科のゲジャと呼ばれる魚を両親が食べると、新生児は体中にできものができるとされている。ゲジャは体表面に大きな斑点をもっており、その影響が新生児に及ぶとみなされている。体躯がバナナの葉のような形状をしたナギナタナマズはカ・コールと呼ばれ、両親が食べると新生児は風邪をひき、腹痛にもなるとされている。その理由は明らかでない。ヒレナマズ科のンディムとベメ、ギギ科のカンバを両親や幼児が食べると、子どもが呼吸困難になり、頭部が引きつる症状を起こすとされている。おなじくギギ科のボカは漁獲も食べることも禁忌とされる。もし両親が食べると、新生児は野ブタのような声を出すとされている。サカサナマズ科のニングを両親は食べてはいけない。産まれた子どもはこの魚のように「ケー、ケー、ケー」と鳴くとして疎まれた（OISHI 2016）。

3. ナマズとカミ

前項で、アフリカの農耕民はナマズを食べることを禁止する事例があった。これは健康のためや身体の異常を回避するための食習慣であった。それとは反対に、ナマズを聖なる属性をもつものとして崇拝し、食べることを禁止する事例がある。それが身近な日本にある。日本にはナマズを神聖な魚とする信仰や伝承がとくに西日本にある。

たとえば、福岡県福津市西郷に大森宮神社がある。この神社ではナマズを祀り、氏子はナマズを食することはない。この習俗は室町中期にさかのぼる伝承に由来する。河津興光《おきみつ》は、大内義興《よしおき》から西郷三〇〇町を領地としてあたえられた。当時、室町幕府の継承をめぐる争いが絶えず、将軍足利義稙《よしたね》を擁する細川高国《たかくに》・大内義興と、前将軍足利義澄《よしずみ》を擁する細川澄元《すみもと》との間で、一五一一（永正八）年八月二三日、京都の船岡山で合戦が起こった。これが永正の船岡山合戦であり、大内義興とともに合戦に参加した河津興光は負傷し、ひん死状態で池のほとりにいたとき、大きなナマズがあらわれ、興光を背中に乗せて味方の陣地にはこんだ。九死に一生をえた興光は、そのナマズが九州の地元にある西郷の大森宮の神に相違ないとして、ナマズを食べることを禁じる触れを出したのが由来となっている。

しかし、西郷川流域にはさらに時代をさかのぼった古代にナマズにかかわる神話がある。健御名《タケミナ》方命《カタ》（諏訪神）は国譲り神話において、武甕槌命《タケミカヅチ》との戦いに敗れて信州の諏訪湖に追いつめられた。このとき、大ナマズがあらわれて、建御名方命を背に乗せて対岸まで運んだ。大ナマズによっていのちを救われたことで、建御名方命はナマズを眷属にした。建御名方神を祀り、ナマズを眷属とする神社が大森宮神社のほか、八龍神社、小烏神社、諏訪神社の四社ある。

有明海沿岸には與止日女《よどひめ》（淀姫）を祭神とする神社がいくつもある。とくに佐賀県の脊振山系

図 7-11　伏見宮に奉納されているナマズの絵馬。
與止日女（淀姫）を祭神、ナマズは神の使いとされている。絵馬は 1932 年に奉納された。

に発し、南流する嘉瀬川流域には六社が祀られている。嘉瀬川の上流に鎮座する肥前国一ノ宮「與止日女神社」の祭神への信仰が集中しており、この與止日女はナマズを眷属すなわち神の使いとしている。この信仰は背振山塊を越えて、北側の筑前にも広まり、那珂川の守り神ともなっている。與止日女は旧筑紫郡岩戸村の那珂川右岸にある伏見宮《ふしみぐう》の祭神、淀姫命として祀られている。伏見宮にはナマズの絵馬が奉納されている（図7―11）。伏見宮の前にある那珂川の一之堰から上流にある伏見の渕、鐙の渕、風拝の渕を総称して「鯰渕」と言い「鞍掛鯰」がいるとされている。神功皇后は背振山に登られて、那珂川を渡ったさい、馬の鞍に魚が飛び上り、皇后が「なまづめ」たいと言われ、その魚を鯰と名付けられた。船で出征されたとき、無数のナマズが群をなして船を抱き、水先案内したことで戦勝され、このことによりナマズが神の使とされるようになった。那珂川のナマズはふだん姿を見せないが、天下の異変が起こればあらわれるという。元和元年の大阪夏の陣、寛永一四年の島原の乱、明治二七年の日清戦争や明治三七年の日露戦争、一九四五年の大東亜戦争終戦前に姿を現したとされている。

玄界灘に面する糸島にある桜井神社も、黒田藩二代目の藩主、黒田忠之が創建したもので、與止妃大明神を祀っている。神社の楼門は福岡県の重要文化財でもあり、その扁額には「與止妃大明神」とある。

北九州とともに、阿蘇でもナマズの信仰が広くみられる。一九九〇年代に阿蘇地方のナマズ信仰についての調査をおこなったことがある。多くの神話や伝承のなかでもっともよく知られているのが、阿蘇の大ナマズに関する伝承である。かつて阿蘇は外輪山で囲まれた非常に大きな湖であった。神武天皇の孫であり、阿蘇開拓の祖とされる健磐龍命《たけいわたつのみこと》は、この湖の水を使って田畑を作ることを考えた。そこで外輪山を蹴破って水を流そうとした。しかし、大きなナマズがいて、水の流れをせき止めた。そこで、健磐龍命はこの大ナマズを説得して湖の水が流れるようにした。この神話はナマズを信仰する阿蘇土着の人びとを健磐龍命が打ち負かしたことを示唆している。この大ナマズの霊は阿蘇にある国造《こくぞう》神社にある鯰宮《なまずみや》に祀られている。阿蘇神社の氏子はナマズを崇拝し、食べることは禁止されている。じっさいに鯰宮を見たがとても小さな社であった。阿蘇を退いたナマズは白川（下流部で黒川と合流）を経由して河口部の鯰（上益城郡嘉島町）に至ったとされている。ここには三社宮鯰三神社がある。

菊地市旭志弁利《きょくしべんり》には乙姫神社がある。伝承では、阿蘇の乙姫が外輪山を下ってこの地に来られたとき、湧水が高く吹き上がる場所で眺めていると、突然横を流れる川が増水して姫が流された。しかし、姫は元の場所に戻ってきた。大ナマズが姫を背中に乗せて運んだのだ。そこでおろおろしていると、川下で姫の姿が浮き上がり、そのまま川上に戻ってきた。よく見ると大鯰が姫を背に乗せて運んできた。その大鯰はその後、姿を消した。湧水のでるところから姫井と呼ばれるようになった。

また佐賀県の嬉野には豊玉姫神社がある。海の神である綿津見《ワタツミ》神の娘である豊玉姫を祭神とする。豊玉姫は、水の恵みを支配し、富と権力、子孫繁栄の女神で、白い肌をもっていたとして、美肌の神ともされている。この神社の境内になまず社があり、白磁のナマズがおかれている。

大ナマズが人間を背に乗せてその命を救うことをモチーフとする伝承は室町時代にもあった。ナマズが人間を乗せて移動するモチーフが広く見られたが、ナマズの背は平たい形をしている点にも注意が必要だろう。

『熊本県神社誌』の資料をもとに、熊本県における神社のなかで阿蘇信仰に関連する神社を地域別に検討すると、八代市・八代郡、上益城郡、人吉市・球磨郡、熊本市、水俣市・芦北郡、飽託郡で阿蘇神社系の神社が一〇パーセント以上あり、阿蘇郡では意外と低いことが分かる。

ナマズを自分たちの祖先として崇拝する信仰は古代にあったことが推定されている。『後漢書倭伝』に「會稽海外有東鯷人分為二十餘國」つまり、「会稽の海外に東鯷人あり。分かれて二十余国を為す。」とあり、会稽郡の東にいる東鯷人の鯷がナマズを表すことから、ナマズをトーテムとする阿蘇の民に比定する谷川健一さんの説がある。

大和盆地にもナマズとかかわる神話がある。かつて、大和盆地が湖水であった頃、湖をはさんだ当麻のヘビと川原のナマズの間で争いが起こった。川原のナマズが敗れ、湖の水は当麻に取られてしまい、湖は干上がり、多くのカメが死んだ。村の人びとはカメの霊を供養するために亀石を作って祀ったとされるが、本当のところ、亀石は謎を秘めている。

4. 絶品の絶滅危惧ナマズ

うまいナマズとして知られているのが、東南アジアのメコンオオナマズであり、メコン河の固有種とされている大型魚である。北タイのチエンライ県チエンコーン郡のハートクライ村では、メコン河を遡上するメコンオオナマズの流し刺し網漁がおこなわれてきた。メコンオオナマズは、タイ語でプラー・ブック（pla beuk）、つまり「大きな魚」と呼ばれ、成魚で体長三メートル、体重三〇〇キロに達する（図7―12）。メコンオオナマズは、美味な魚であり価格もよ

図 7-12　メコンオオナマズ。（*Pangasianodon gigas*）（2005 年 6 月に捕獲）（タイ・チエンライ県・チエンコーン、ハートクライ村）。

い。タイでは、このナマズは華人社会で「孔明魚」と称され、珍重されてきた。すなわち、メコンオオナマズは、三国時代の英雄、諸葛孔明（亮）の生まれ変わりと考えられており、食べると諸葛亮のように賢くなるとされてきた（赤木・秋篠宮・秋道・高井 一九九七）。

何度もチエンコーンに行ったことがあるが、二〇一一年の春、メコン河畔にあるレストランでメコンオオナマズを軽く茹がいただけのラープ料理を食べた。このプラー・ブックは養殖されたものであったが、淡白な身をタイ風の辛いプリック・ナム・プラー（トウガラシ入りの魚醤）にひたして食べる。ごはんはもちろん、タイのインディカ米である。食後、近くの市場に行くと、街頭の小さな店でプラー・ブックが売られていた。聞くと、やはり養殖物であった（図7―13）。ナマズの魚肉を買い求める人も多く、天

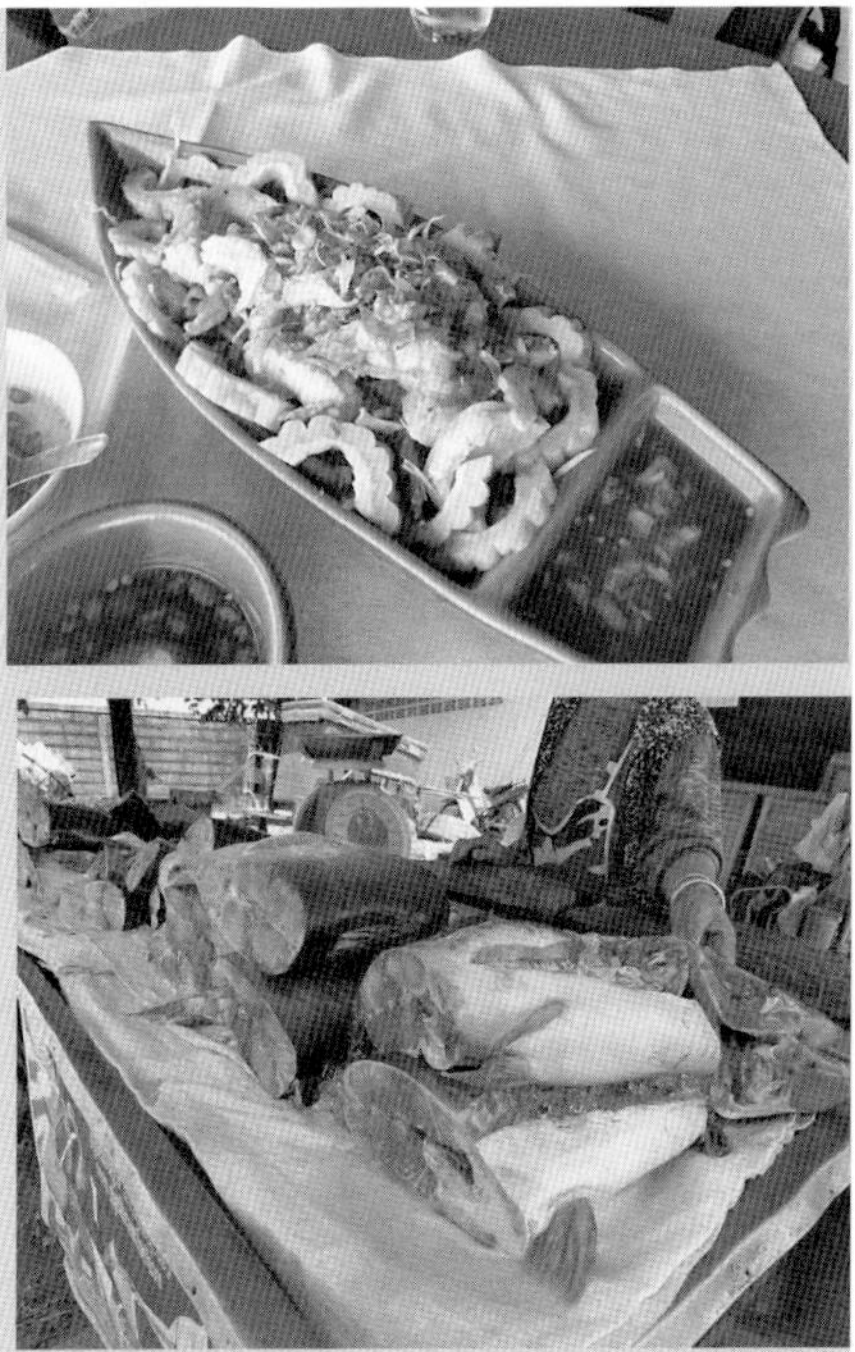

図7-13　チエンコーンで食べたメコンオオナマズのラープ料理（上）と市内で売られている養殖メコンオオナマズ（下）。

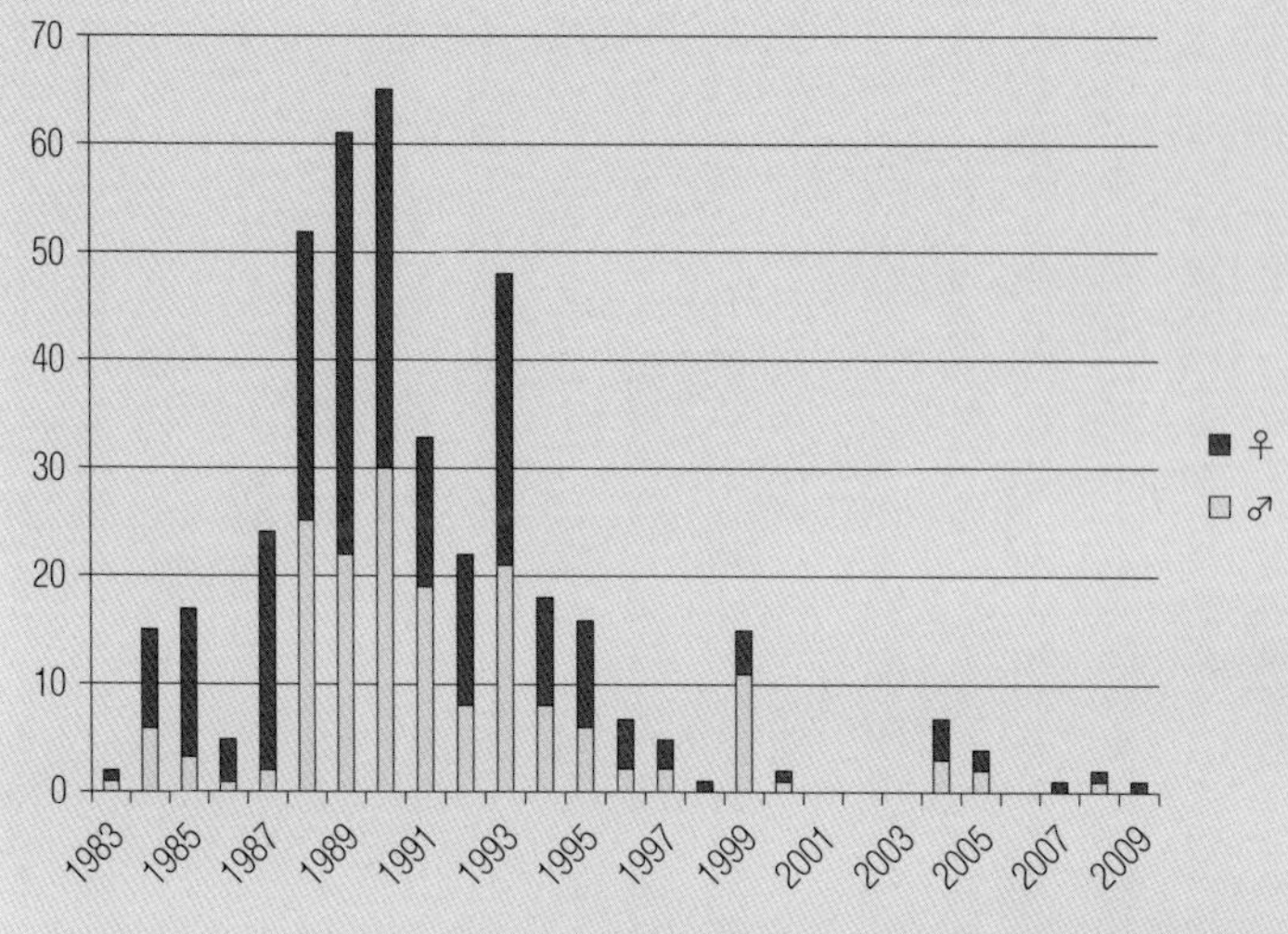

図 7-14　チエンコーンにおけるプラー・ブックの漁獲頭数の経年変化。

然魚の漁獲禁止後もこの魚にたいする需要が依然として高いことを知ることができた。カモジシオグサは、メコンオオナマズの餌となる付着藻類であり、人間も利用する。市場ではこのシオグサが大量に売られていた。聞いたところ、タイ領内ではなく、メコン河対岸のラオスから持ち込まれたものであるという。この水草はカイと呼ばれ、それをもとにした海苔食品はカイ・ペーンと呼ばれる（鰺坂・小坂・若菜・秋道二〇〇八）。

現在、メコンオオナマズは絶滅の恐れがある種としてＩＵＣＮのレッド・リストやワシントン条約（ＣＩＴＥＳ）の附属書Ｉに登録されている。個体数の減少に関与する要因はさまざまである。第一に挙げられるのが乱獲問題である。プラー・ブック漁で有名なチエンコーンにおける漁獲傾向をみると、一九九〇年の六九尾を最高として減少し、一九九九年以降、漁獲はほとんどない。二〇〇五年六月下旬に一尾漁獲され、世界中で報道されたが、一九八〇年代から減少傾向は着実に進んでいた（図7―14）。

メコンオオナマズと絶滅問題

一九八二～八三年頃、タイの水産局はプラー・ブックの人工繁殖を開始した。それまでハート・クライ村でのプラー・ブック漁は自給目的であったが、このことを契機として商人が来村してナマズを高値で買い、バンコクへと運んだ。一九八七年にプラー・ブック漁師組合がつくられてからは値段の交渉をできるようになり、価格も当時、キロ単価は二〇〇バーツ以上もした。一九八七年にはプラー・ブック漁用の刺し網数は二四ヵ統であったが、漁業を始める人も増えて一九九〇年はじめには網は八〇ヵ統以上に増えた。組合は漁業者の数を制限して新規参入を禁止し、ようやく網の数は六九にまで減少した。

この周辺部はメコン河でも岩礁（ゲン）の少ない砂礫質の流域であり、土砂の堆積により河道がせまく、魚道となっていることもあって好漁場とされてきた。流域の漁民は一九八七年にプラー・ブック漁師組合を結成し、メコンオオナマズの生産価格の設定と漁法の規制などを中心におこなってきた。流し網漁に従事する漁民の数は増加し、漁獲高も一九九〇年には最大に達した。従来、プラー・ブック漁は漁師組合に所属するだけで自由におこなうことができた。しかし、漁民と漁船の増加によって狭い流域で大型の網を流しながら漁をすることは網がからまったりして円滑に操業することができなくなってきた。そこでプラー・ブック漁師組合で協議して、出漁する順番と時間をズラしておこなう輪番制が決められた。オープン・アクセスによる競合を回避する手段として自主的な規制がおこなわれたわけだ。

ハート・クライ村は、プラー・ブック漁のメッカであり、地元の漁民はプラー・ブックに入れ込む思いが強い。メコンオオナマズの漁獲量激減の要因が乱獲にあることはほぼ間違いないが、プラー・ブック成魚が餌とするカモジシオグサの極端な減少も関与している可能性がある。チエンコーンにおける聞き込みでは、シオグサの収量は以前の一〇分の一に減ったとのことであった。メコン河上流部の中国領内におけるダム開発でメコン河への放水が数日おきに実施された結果、水位変動が大きくなり、光合成できなくなったカモジシオグサの生育に悪影響を与えたことが指摘されている。

以上のように、メコンオオナマズの個体数が大きく減少する状況に陥った。これを受けて、タイだけでなく世界の環境保護団体は、絶滅危惧に瀕するプラー・ブックの漁獲と商取引の禁止を提案してきた。一九九〇年代中葉以降、プラー・ブックは激減し、ほとんど獲れない傾向にあった。二一世紀に入り、漁獲ゼロの年も二〇〇一～二〇〇三年、二〇〇六年とあった。このことから、地元のプラー・ブック漁師組合もプラー・ブックを禁漁とする動きに同意せざるを得なくなった。

そして、事態はついに大きく動いた。二〇〇六年六月九日、メコン河畔のチエンコーンで、プラー・ブック漁禁止を確認する儀式がおこなわれた。この儀式には、地域の住民、チエンライ県政府の役人、MWBP（メコン湿地の生物多様性保全と持続的利用に関するプログラム）のタイ国代表、UNDP（国連開発計画）所長、地元の僧侶らが参列した。このさい、プラー・ブック漁に従事してきた漁民が一家族あたり二〇万バーツの漁業補償を受けとり、組合のメンバーが漁船と網の数を制限したうえで、四月一二日から二六日の間、二頭にかぎりプラー・ブックを漁獲することが許可された。ただし、漁獲された魚は「キャッチ・アンド・リリース」が条件である。これにはプラー・ブック漁技術の継承をもくろむことが暗に合意されていた（秋道 二〇一三）。

以上のように、アジアの巨大魚であるメコンオオナマズは大物釣りの対象となるだけでなく、人間による乱獲や環境問題と密接に関わる存在であることが分かる。しかも、この魚への嗜好性が禁漁後も養殖魚の利用を通じて持続していくのかどうか。今後とも注目すべき問題であろう。現在、ウナギの資源減少からますます蒲焼きが遠のきつつある。ウナギの生産量は二〇一七年の夏は何とかなりそうとの動きもあるが、他方でナマズの蒲焼きが注目されている。東南アジア産のパンガシウス属（*Pangasius* spp.）のナマズを使った蒲焼きが出回るようになった。この先、ウナギとナマズの「にょろにょろ」魚から当分、眼がはなせない。

8 クジラとイヌ

現代世界にあって、クジラとイヌは、食の問題を考える上でわれわれの精神をゆさぶる踏絵となっている。わたしはキリスト教信者ではないが、世界で蔓延する反捕鯨運動と、犬食をおぞましいとする思考の背景に、生命にたいする普遍的な考えのゆらぎとともに、キリスト教的な考えが背景にあって、一種の拒否論が展開してきたのではないかという思いを抱いている。

クジラは地球環境を守るシンボルであり、イヌは人間にとり愛らしいペットとする思いが、鯨食と狗食を愚行として糾弾するドライビング・フォースとなってきた懸念がわたしにはある。しかも、反捕鯨と反狗食を生命倫理の議論に短絡して考えることにいささかの疑義をもっている。というのは、キリスト教、イスラーム教、ユダヤ教、ヒンドゥー教、仏教などの大宗教が根源的に主張してきた一部の種類の肉食禁止について、西洋社会は何も言明せずに、ひたすらクジラとイヌを食べることに批判と偏見の目を注いできたことが明らかとなっているからだ。

さらに註釈すれば、クジラは野生動物である。片方でイヌはオオカミを家畜化し、多様な犬種を創出した家畜動物である。それでは、クジラとイヌを守れば、あとの生き物の食用についてきちんとした論理が準備されているのだろうか。その先に、どのような世界観が見えてくることを想定しているのであろうか。ことはクジラとイヌだけでは済まない。これが本章の議論の出発点である。

1. 鯨食と文化

一九八八年、東京で（財）日本鯨類研究所主催の「日本の捕鯨を考える」国際研究集会があった。日本以外に、カナダ、オーストラリア、ノルウェイ、米国、英国の研究者が参加した。当時、国際捕鯨委員会（IWC）では英国、米国、豪州は反捕鯨の立場にある国ぐにであり、ノルウェイ、日本、アイスランドが捕鯨推進国であった。シンポジウムのあった日の夜、新宿の鯨料理屋に全員で繰り出した。クジラを食べる会に出ることに全員、違和感はなかった。店では、クジラの赤身やブラバー（鯨脂）だけが出されたのではなかった。誰かがあらかじめ注文を決めていたのかどうか定かでなかったが、クジラの内臓や生殖器などの盛り合わせた皿が出た（図8―1）。鯨食になれた日本人でも、値段の高い尾の身だけでなく、内臓を

図 8-1　東京都新宿区の鯨料理屋で出たクジラの内臓などの食材。

食べる機会はあまりない。捕鯨関係者にしてみればふつうに食べてきた食材であっただろうが、大皿に盛られたクジラ部位の説明を受けて、参加者は一瞬、無言になった。見た目は色とりどりの刺身に相違なかったが、それが内臓や生殖器と聞いて、食べたことのない人も何人かはいたであろう。

わたし事で恐縮であるが、弟の結納式のさいに京都の著名な料亭での宴席に尾の身が出た。全員その美味に舌鼓を打ちながら、いったい何の肉か魚かとささやきあった。クジラの尾の身と分かり、どよめいたことを記憶している。尾の身にくらべると、美味であるかどうかの評価は別として、内臓などを刺身で食べることはあまりない。クジラの舌、つまり「さえずり」は美味との評価がある。以前、長崎空港のロビー内にある店でさえずりを食べたが八切れで四、〇〇〇円也であった。一切五〇〇円相当で、これはマグロの中トロにも匹敵する高価な食材であった。新宿の店でさえずりは出なかったが、大阪市内のホテルで開催された立食パーティーで、大阪南の著名なおでん屋が出店を出し、さえずりを提供していた。ご主人と話をしながら、調子に乗って三杯分頂戴して堪能した。本店ではいかほどの値段で提供されているのか、いまだに気になっている。

大阪の茨木市の居酒屋で友人二人とおでんをつつきながら飲んだ。豆腐や卵、こんにゃくをいただくまではよかったが、「コロ」を注文した。コロはクジラの黒皮のついた脂の部分で、独特の食感とアッサリしたうま味がある。勘定書きが予想以上でびっくりした。友人の一人である先輩が全額払ってくれて、注文した手前、申し訳ない気持ちでいっぱいであった。

それ以前にも、函館にある北海道大学の水産学部で集中講義をした日の夕方、大学院生らと懇

図 8-2　太地の民宿におけるクジラ料理。

親会になった。函館でクジラ汁は名物料理であることは周知していたが、ふつうなら講師は払わないものと思っていたら、院生の分も含めて全額払うことになった。翌日、函館市内の魚市場に行き、店の人に小声で「ベーコンありますか」と聞くと、一瞬、怪訝な顔をされたが、奥の冷凍庫から拍子木状になった冷凍ベーコンを目の前で見せてもらった。おそるおそる「おいくらいですか？」と聞くと、人指し指を一本立てられた。昨夜の散財のこともあって、とても手が出なかった。

そもそも、クジラの食用部位には、鯨肉（赤身・尾の身）、鯨脂ないし皮鯨（＝ブラバー）、蕪骨（＝扇骨）、内臓などがある（図8－2）。日本の近世後期に九州平戸で捕鯨をおこなった益富組の五代目益富又左衛門正弘

図 8-3 『勇魚取繪詞』上・下。
生月島の益富組頭首五代目の益富又左衛門正弘が著したもの。附録である『鯨肉調味方』には 70 種類もの料理が記載されている。

の著した図録『勇《いさ》魚《な》取《とり》絵《え》詞《ことば》』上・下巻には、当時の捕鯨について詳細な記述がある。時代は一八三〇年前後で、その付録である『鯨肉調味方』には、最上の尾の身肉から、食べる価値のない部分まで七〇数種類もの部位別の調理法が記載されている（吉井編一九八〇）（図8―3）。

しかも、人間はクジラを食用以外に、工業用（鯨油、石鹸、ろうそく、骨粉、脳油）、衣服（クジラひげを使った西洋女性用の下着の芯、日本の武士が身に着けた裃の肩衣部分の芯）、道具（クジラヒゲをもちいた傘、からくり人形のゼンマイ仕掛け、鵜飼のウ縄）など多様な実用目的のために利用されてきた。

鯨食とシャチ

では、日本を含めた世界では、捕鯨をおこなう集団がどのようにクジラを認知し、利用してきたのであろうか。

商業捕鯨の時代、クジラを殺戮する方法についての記述が『本朝食鑑』の「鯨」の項にある（島田一九九四）。つまり、親子クジラを発見した場合、まず仔鯨を先に射とめると、母鯨はわが子が傷つき、命を落としたことを察知し、けっしてその場を離れようとしない。そこで捕鯨者たちは母鯨に銛を打ちこみ、親子とも殺戮した。こうした方法が近世日本の捕鯨において用いられたことと、書物にまでその技法が記されていたことは驚くべきことであり、捕鯨の残虐性を示す例として挙げられることがある。また、妊娠中の母鯨は捕獲前に事前に知ることはできなかったものの、捕獲後、胎児はどのように処理されたのか。殺戮の方法はともかくも、近世日本の捕鯨者はクジラにたいして残虐性しかもちえなかったのだろうか。

インドネシアの小スンダ列島にあるレンバタ島ラマレラ村周辺海域は、インド洋からフロレス海へと回遊するマッコウクジラの通り道となっている。村では勇壮な突き漁がおこなわれ、捕獲されたマッコウクジラの肉や脂は村民の重要な食料であるとともに、島の先住民であるトゥアン・タナへの贈与品や市における農民との交易品となった（小島 一九九五）。自給用の肉の分配でも、銛を打ちこんだ人やその親族、用いられた漁船の建造者などにおうじて詳細な規則が決められている（江上・小島 二〇一〇）。

自らの食欲を満たし、あるいは経済的、社会的な目的のためにクジラを殺戮することはどのように考えられてきたのか。エスキモー、イヌイット、チュコト、あるいは北米・北西海岸域の諸民族や北海道アイヌによる先住民捕鯨ではクジラを獲り尽くすことはなかった。殺戮する対象が人間にとり大型の海洋資源とだけされてきたのかと問えば、クジラに恩恵の念を見出す事例のあることが分かっている。

北米の北西海岸に居住する先住民は、シャチに特別な価値を見出しており、その思いを特徴的な造形物やデザインとして表現している。たとえば、トリンギット族（Tlingit）にとり、シャチは食料となるクジラを沿岸に追い込んでくれる存在であり、人間を守ってくれると考えられている。トリンギット族の捕鯨者の男性がかぶる帽子はシャチを表わすもので、背びれの部分には人間の女性が表現されている。この人間はシャチの守護霊とみなされている。このほか、ヌーチャヌール（ヌートカ）族（Nuu-chah-nulth：Nootka）やハイダ族（Haida）の間でも、シャチをトーテムとみなしている。

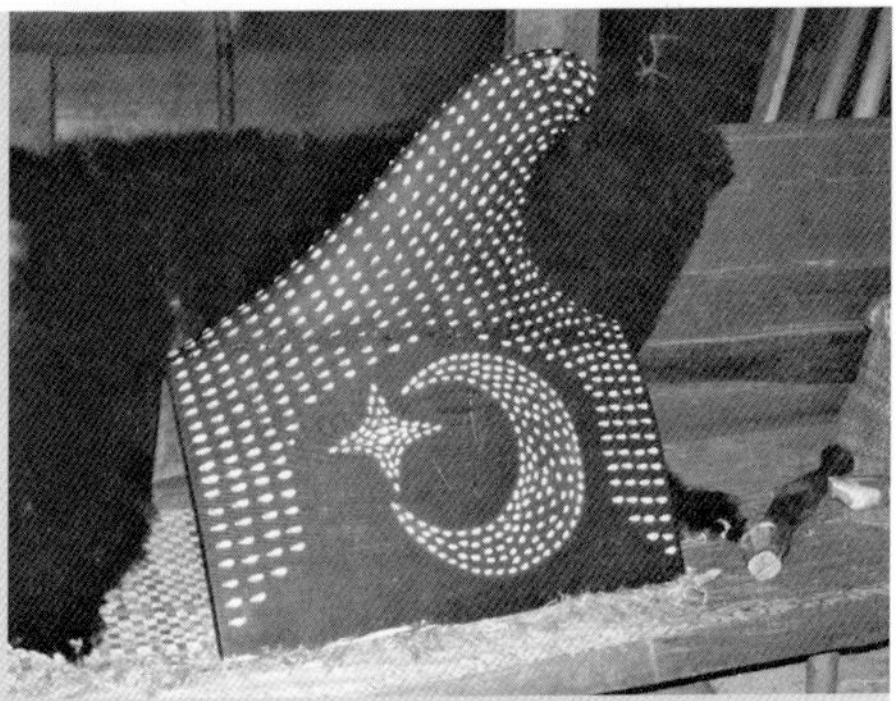

図 8-4　シャチのトロフィー。
（複製：Victoria Museum, Vancouver）。

米国西海岸のワシントン州にあるオリンピック半島に住むマカー族の人びとにとり、シャチはクジラを追いかけて殺す性質をもつことから名捕鯨者とイメージの重複する偉大な存在でもあった。マカーの人びとの祖先が残したと思われるオゼット遺跡（紀元前六〇年から一五一〇年までの複合遺跡）からは、ザトウクジラとコククジラを中心として三四〇〇数点もの鯨骨が出土した。鯨骨以外の遺物のなかに、奇妙な形の木製遺物が発見されている。これはアカシダの木片を張り合わせて作られた背びれの形をした木製品で、表面にはラッコの歯が数百本以上埋め込まれていた（STURTEVANT and SUTTLES 1990）。

J・クックが太平洋探検のさい、バンクーバー島にあるヌーチャヌール族の村を訪問した一七七八年に、同行した絵師のJ・ウェーバーが描いた先住民の家屋の図に、オゼット遺跡出土の木製品と同一とおもわれるものが描かれている。これはクジラを仕留めた人にあたえられるシャチの背びれを模したトロフィーであり、オゼット遺跡のものもこれに類似した観念が当時からあったと推定することができる（図8―4）。シャチがクジラを沿岸に追い込んで人間に恩恵をあたえてくれる存在と考えられていたことが分かる（秋道 一九九四a）。

北海道の噴火湾アイヌにとっても、シャチは「カムイ・フンベ」、すなわち「神のクジラ」とみなされていた。シャチが追い込むクジラについては、名取裕光が噴火湾アイヌの捕鯨について七種類の鯨種を記載した（名取 一九四五）。東海大学の宇仁義和さんが鯨種の同定を試み、そのほとんどがミンククジラであるとしている（宇仁 二〇一二）。

クジラの恩恵と災禍

日本では、クジラを「恵比寿」と呼んで崇拝する信仰が発達している。恵比須は戎、エビス、夷とも記述され、魚群がクジラに付くために日本各地で漁業の神とされてきた。とくにクジラがカツオ、マグロ、イワシなどをともなって発見されるため、漁業ではクジラ付群と呼ばれている。ジンベエザメ、流木などにも魚群がつくので、豊漁の目安とされている。北海道の日本海沿岸一帯ではかつてニシン漁がさかんであり、シャチ、ザトウクジラ、ミンククジラ、イワシクジラ、ネズミイルカ、マイルカなどがニシンの群れを沿岸に追い込んでくれるのでクジラをエビスと呼んだ。石川県鳳至郡の宇出津《うしつ》（現在の能登町）でも、江戸期から捕鯨がおこなわれていた。明治以降は富山湾一帯でクジラの網漁がさかんとなった。宇出津ではシャチが捕鯨対象のクジラを追い込んでくれるのでシャチを「神主」と呼んでいた（勝山 二〇一六）。

さらに、寄りクジラ、流れクジラなどとして沿岸に漂着することがあり、地域に思わぬ海の幸をもたらすことがある。エビスはクジラだけにかぎらず、海岸に漂着した石をエビスとして祀ることもある。さらに河川を遡上するサケの頭部を殺魚棒でたたいて絶命させるさいに、「エビス！」と叫ぶ儀礼的ないとなみが新潟県の大川などで報告されている。異界からの来訪神としての性格を表わすさいにエビス信仰が関与しているものと思われる（菅 二〇一二）。ちなみに、ノルウェーでは、サイ(sei)と称されるシロイトダラの魚群がイワシクジラとともにプランクトンの餌を求めて集まってくることが知られている。このことからイワシクジラはサイ・ホエール（sei whale）と呼ばれる（加藤 二〇〇〇）。

これにたいして、イルカやクジラが異界から人間世界に参詣のために来訪するとする民俗が全国各地に伝承されており、民俗学者の柳田国男や折口信夫が注目した（柳田 一九七八）。イルカが群れをなして接岸する生態を、民俗学では海豚参詣と規定し、客人《まれびと》の来訪信仰と考えた。もし、イルカやクジラの参詣を何らかの形で阻害するようなことがあると、人間に不幸が起こると見なされた。たとえば、長崎県宇久島（佐世保市）にはこんな話がある、捕鯨で莫大な富を築いた網元の山田紋九郎に、五島の大宝寺参りに行く親子鯨が夢枕に立ち、命乞いをした。しかし、当時飢餓状態にあった漁師がそのことを無視して出漁し、その親子鯨を捕ろうとした。しかし、嵐に巻き込まれ、七二人が命を落とし、このことで山田紋九郎は捕鯨を止めたという。青森県から、岩手、新潟、伊豆、三重、愛媛、長崎まで広域にわたり海豚参詣に関連した伝承のあることから、日本人とイルカ・クジラとのかかわりを、海の向こうの世界とのかかわりを民間のマレビト信仰と位置づけたことと、捕鯨を戒める祟りの観念が醸成されたことが指摘されてきた。

クジラの捕獲によってえられる恩恵や、飢饉状態のさい、漂着したクジラのおかげで村人が生きながらえることができたとすることから、クジラを手厚く供養する慣行が全国各地に残されている。とくに、江戸時代にはクジラが地域の飢饉を救済したことや、難破した船をクジラが岸近くまで運んだとする伝承がある。その恩に感謝することから、鯨墓や供養碑が残されている。そうした伝承が現在まで伝承されてきた例が大阪にある。

新幹線・新大阪駅近くの上新庄に、臨済宗の瑞光寺（大阪市東淀川区）がある。一九八五年の初夏、この寺を訪問した。「浪速の魚の物語」という『産経新聞』紙連載用の取材をするためである。遠山文耕ご住職の話は、江戸時代中期にさかのぼった。宝暦六（一七五六）年当時、捕鯨の村として知られていた太地浦では不漁が続き、村は極端に困窮していた。折しも、瑞光寺四代の潭住《たんじゅう》和尚が南紀地方を行脚していた。潭住和尚は、太地浦の漁師から豊漁祈願を嘆願されたが、殺生をおかすことへのためらいからその申し出を断った。しかし、村人の困窮を見かねて祈禱した結果、クジラ

図 8-5　大阪市東淀川区上新庄にある瑞光寺にかかる雪鯨橋。

が多く獲れた。村人はそのお礼として、三〇両と鯨骨一八本を寺に寄贈した。潭住和尚はクジラを供養し、境内の弘済池《こうさいち》に鯨骨を使った橋をかけた。この橋は雪鯨橋《せつげいきょう》と命名された。その後も五〇年ごとに鯨骨を寄進する慣行が現代まで継承されている。わたしが先代にお会いしてから三一年後、別の雑誌の取材でご子息の遠山明文和尚とお会いし、当時を振り返って話がはずんだ。遠山さんによると、いまでは太地でクジラが獲れないので、別の場所から運んでもらったという（図8―5）。

　山口県長門市の青海島通浦《かよいうら》は、江戸時代に捕鯨で栄えた港町である。ここにある浄土宗向岸寺横には江戸初期の一六九二（元禄五）年に建立された鯨墓があり、母鯨の胎内にいた七〇数体の胎児が埋葬されているという（図8―6）。この碑には「南無阿弥陀佛」とあり、その下には「業尽有情（ごうつきしうじょう）雖放不生（はなつといえども しょうせず）故宿人天（ゆえに にんてんやどし）同証仏果（ぶっかをしょうせしめん）」の四句が刻まれている。その意味は「前世の因縁で人間に捕まった生き物は、自然に放置しても長くは生きられない。だから、成仏できる人間に食べられてその体の一部となって成仏できる」ほどの意味である。

図 8-6　山口県青海島・通浦の鯨墓。
約 70 頭のクジラの胎児が埋葬されている。1692(元禄 5) 年に建立された。

クジラを殺《あや》めて食べる行為は、仏教伝来後に肉食禁止の思想が浸透するなかでも、農耕と関連して害獣とみなされた五畜（ウシ、ウマ、ヒツジ、ブタと、ニワトリないし馬を除外してイヌを入れることもある）が禁食とされていたが、イノシシやシカは問題とはならなかった。これと関連して、先述の四句の偈《げ》は、信州・諏訪大社に伝わる「諏訪の勘文」に由来する。肉食が殺生禁断に反するとして、禁食令が古代以来何度も発せられてきたが、武士階級の台頭する中世以降、諏訪神社では狩猟を尊び、狩猟神を信仰する諏訪信仰が興った。狩猟によってシカやイノシシなどを殺すことは獣類を救済して成仏させるためのものであるとする狩猟神の託宣として諏訪の勘文が全国的に展開した（千葉 一九七五、三浦 二〇〇二）。成仏できるから、人間に食べられるのがよいとする考えの正当性は議論になるであろうが、クジラの場合も、近世期、長門で成仏論があったことは記憶しておくべきことであろう。なお、鯨食の問題はさらに多面的な角度から考察すべきであるが、別稿に詳述しており、参照していただければ幸いである（秋道 二〇一七b）。

2. イヌ食の功罪

イヌ食の太平洋

わたしは一九七九年〜一九八〇年にミクロネシアの中央カロリン諸島にあるサタワル島に滞在した。当時、国立民族学博物館の助手であったわたしは、同僚の石森秀三さん、須藤健一さんと科研費による「中央カロリン諸島における伝統的航海術の民族学的研究」についての現地調査をおこなっていた。わたしは伝統的航海術だけでなく漁撈や食文化の諸課題をテーマとして調査に取り組んだ。

島の男性にとり漁撈や航海が重要な仕事で、そのために小型・中型の手漕ぎカヌーとともに大型帆走カヌーを使ってさまざまな海上活動をおこなっていた。一方、女性は畑におけるタロイモの栽培と調理・加工、育児、機織りなど島における活動に従事していた。ココヤシやパンノキに登って実を採集するのは男性であるが、それを集めて食事の準備をし、保存食としてパンノキの実を半地下のピットに保存する作業は女性の仕事である。

島での日常の食事は、タロイモ、パンノキの実を石蒸し焼きや水煮にしたものと、魚介類を石蒸し、煮る、焼くなどによって加工したものと、完熟したココヤシの実（胚乳）を削ったものや若い果実の果汁などから構成されていた。

タンパク質源としては、魚介類のほか、離島でのウミガメ漁によって持ち帰られたごちそうがあった。数は少ないが、島ではブタ、ニワトリ、イヌが家畜として飼育されていた。ブタはシノ、ニワトリはマヌク、イヌはコナークとそれぞれ呼ばれる。ブタがシノと呼ばれるのは中国を表すチナが元になったとおもわれる。ニワトリを表すマヌクは鳥類一般を表すことばでもあり、ミクロネシアで広く分布する用語である。イヌを表すコナークの語源はよく分からない。

一九七九年の秋ごろと記憶するが、島中総出の祭りが開かれることとなった。島のあちこちでごちそうを調理するにぎやかな音と声が聞こえてくる。突然、あたりが騒然となり、イヌの鳴き声と人びとがそれを追いかけるドタバタの音がした。何があったのか。そう思ったとき、鳴き声が一瞬止んだ。イヌがつかまり、若者が木の棒でイヌを絶命させたことがあとで分かった。その後、浜では集められたヤシの枯葉や木切れに火をつけ、殺したイヌは火あぶりにされた。丸焦げになったイヌの腹を裂き、少年が波打ち際で内臓を海へと投げ捨て、そのイヌは骨と筋肉だけの死骸となった。つぎにイヌを適当な大きさに切って分配され、鍋で水煮にされた（図8—7）。

午後遅くに、われわれのいる家に鍋に入ったイヌ肉の脚が持ち込まれた。鍋を少し火にかけ温めて食べようとしたが、一口食べただけでそれ以上は口に入らない。わたしにとっては初めてのイヌ

図 8-7　ミクロネシアのサタワル島におけるイヌの解体。

食体験である。ごちそうであるのか、おいしいと考えられているのか。魚やウミガメの方がうまいし、口にも合う。とはいえ、サタワル島民はイヌの肉をどう考えているのだろうか。

のちに、食文化の嗜好調査をやってみることとした。ウミガメ、カツオ・マグロ、ブタ、ニワトリ、イヌ、サメにたいする嗜好性について、好き嫌いの質問を男女の成人を対象として試みた。圧倒的にもっともおいしいとされているのがウミガメで、つぎがブタであった。カツオやマグロよりも脂味のあるのがおもな理由であった。ニワトリは女性で好きな人の割合が高く、男性・女性ともに最低の評価であったのがイヌである。まずは自分の好みとあまり変わらない結果といえた。そして、サメについて聞くと、「ムッス」という返事が多くの、とくに女性からもどってきた。序章でふれたとおり、ムッスは「吐く」、「吐き気がする」の意味で、そもそもサメは食物とはみなされてはいない。サタワル島におけるイヌ食は文化的にどれほど深い意味づけがなされてきたかはよく分からなかった。むしろサメやエイ、イルカを食べないことのもつ意味が文化のなかで重層的に位置づけられていることが重要といえそうだ（秋道 一九八一）。

ところがである。パプアニューニアのマヌス島で調査をおこなったさい、主島であるマヌス島に居住する農耕民は犬の歯を装飾品として用いることを知った。一方、海を舞台に生きてきた漁撈民は犬にふだん接することがない。漁撈民は魚とともに、ココヤシの実を土器で煮詰めてできるココヤシ油などを農耕民と交換する経済生活を営んできた。農耕民は魚やココヤシ油と交換にタロイモやサゴヤシのデンプンを交換用に使った。漁撈民がイヌを飼育することはなかったが、農耕民はかつてイヌの歯を貨幣として用いたようだ。

さらに遠く離れたハワイ諸島では、イヌの歯がフラダンスで踊る男性の踊り手が足首につけるアンクレット（anklet）として使われていたことが分かった。いわゆるアンクレット用にイヌの歯を縫い付けたものは芸術品ともいえる精巧な造作がなされている。国立民族学博物館でかつて「異文化のまなざし」と題するテーマの特別展が開催されたさい、わたしはロンドンの人類学博物館に通い、展示品選びをおこなった。そのなかの一点がハワイにおける犬歯製のアンクレットであった。ハワイでは、もともとポリネシア人が移住のさいに持ち込んだイヌがペットや食用として飼育された。ふつう、ハワイアン・ポイ・ドッグ（Hawaiian Poi Dog）と呼ばれ、ハワイの住民が調理し

図 8-8　ベトナムの道路沿いにおかれたイヌの入った檻。

たタロイモを石ギネで搗いて作った料理のポイをイヌに食べさせて大きくしたことに由来する。ハワイ語では、イヌはもともとイリオ（ʔilio、ʔは声門閉鎖音）、イヌの歯はニホ・イリオ（niho ʔilio）と称された。また、踊りに用いられる腕輪や足首につける装飾品は一般にクペ・エ（kūpeʔe）と呼ばれる（Morris 1993）。男性がフラダンスを踊るさい、足で地面をスタンプするので、独特の音が出るという。やわらかいタロイモを餌として食べていた犬の歯が退化したと指摘する研究者もいた。肉食から雑食性のイヌにとっては植物に特化した食料をあたえられたわけであり、ポイ・ドッグはハワイのポリネシア人にとり、食用家畜でしかなかったのか。

イヌ食のアジア

一九九〇年代、わたしはオセアニアの調査から東南アジア方面へと転身した。東南アジアでは、まずインドネシアで調査をおこなった。とりわけ、インドネシア東部のスラウェシ島北部のメナドが基地となった。地元のサムラトゥギ大学のE・マンジョロさんとはこれまで一緒に調査をおこなってきた。彼は鹿児島大学に留学したこともあり、日本語も達者である。また、北スラウェシの住民はイスラーム教徒ではなくキリスト教徒であり、ジャカルタやスマトラ島で調査をするのとは雰囲気がずいぶんとちがう。

北スラウェシ州の州都、メナドの市場にはよく通った。ここではサンゴ礁魚類やカツオやトビウオなどの外洋魚、各種の野菜類だけでなく、イスラーム圏の市場では信じられないブタが売られている。また、市場ではイヌやコウモリの肉も並んでいた。メナドは、北側にフィリピンのミンダナオ島を控え、北スラウェシのミナハサ文化をもっている。市場では、さまざまな食文化を融合した食材が売られており、屋台でもブブル・メナド（bubur Manado）、つまりメナド名物の粥が売られている。また、RWという看板のある食堂やミナハサ料理店でイヌを食べることができる。

東南アジアでは、マレーシア、インドネシアとともに、野中健一さん（立教大学）らとベトナムを縦断する調査を計画した。ハノイから北東部のハーロン湾や中国国境のノンカイまで調査した後、いったんハノイに戻り、フエに飛んだ。フエからダナンまで移動したあと、そこからホーチミンシティーまで車で移動する行程であった。中部のニャチャンあたりと記憶するが、夜、イヌ料理屋に行くことにした。大きなイヌ料理屋は日本とおなじような座敷形式の店で、ここにいる人が全員、イヌを食べているのかと思うと不思議な感覚に襲われた。座敷の奥には中学生くらいの男の子がいて、やはりイヌを食べているのだろう。イヌは焼いたものを食べたが、匂いのきついこともあって強い酒で流し込んだ。

食事後に、野中さんと連れ立って調理場をすり抜けてその裏側に行ってみた。そこは檻がたくさんあり、なかにはイヌがいる。おもわずカメラでその写真を撮ったが、運悪く調理場から人が出てきて、すぐ出ていくように手で合図された。イヌ食が欧米人からも批判されていることを店では周知のことと考えているのだろうか。カメラを没収されることはなかったが、後味が悪かった。

ベトナムの幹線道路を車で走っていると、道路わきに檻がいくつもおかれている（図8―8）。そして、そのなかにはイヌが一頭ずつ入れられている。明らかに売り物として車で移動する人びと向けに準備されたものであろう。イヌ食自体を徹底的に非難する立場はあると思う。わたしがやりきれないのは、食べる前の数日、食事をあたえずに飼い殺しにするやり方である。おいしく食べようとする人間の身勝手さを強く感じてしまう。

イヌにはじつにさまざまな品種がある。チワワやトイ・プードルを食べようとする人はいるまい。シェパードやドーベルマンを見ると、人間のほうが恐ろしさを覚えてしまう。セントバーナード犬や盲導犬、南極にいた太郎・次郎などは愛すべき存在である。こうしたイヌの多様性の一翼に食用犬があることを理解するには強靭な精神が必要だ。かといって、イヌ食という異文化についての了解はなかなか得られないのが現状である。なぜイヌを食べるのか。滋養、薬として犬食を考える文化が東アジアにある。とすれば、薬としての食を広い観点から眺めてみることは不可欠となる。マムシ、スッポンにしても精力増強の素とみなす発想に生理学的な根拠はあるのか。たとえあったとしても、その動物を殺してよいとする正統な論理がありうるのか。食はこうした倫理と健康にかかわる問題をはらんでいることを十分に理解しておく必要がある。

かつて、韓国のソウルでオリンピックが開催された一九八八年や、サッカーのワールドカップ（ＦＩＦＡ）のあった二〇〇二年には、ソウルに数百店あったイヌ食の店を一掃する措置が取られた。これはイヌ食にたいする、とくに欧米社会からの批判を避けるためのものであった。ネットで見たが、二〇〇八年四月、ソウル市当局はイヌを食用家畜として登録する方針を打ち出した。背景としては、衛生面で業者のイヌの扱いに問題があり、これを食肉として登録することで食品衛生面での取り締まりができると考えられたいきさつがある。しかし、これはイヌ食を合法化するものと動物愛護団体が猛烈な反対運動を展開した。とくに愛犬をいつくしむ市民からすると、とんでもない愚行と映った。韓国では、年間に数百万頭のイヌが消費されているという。

二〇一二年、韓国の麗水で麗水国際博覧会が開催された折、海民に関するシンポジウムに参加した。シンポジウムのあと、麗水から単身列車に乗って韓半島南西端にある木浦に行った。木浦大学の洪教授はわたしの編集した『海人の世界』（一九九〇年、同文館）の韓国語訳を手掛けていただき、二〇一五年に刊行された。そのお礼もあり、大学で講演会を開催していただくことになった。木浦大学の講演当日、大学からやや離れた場所にあるレストランで昼食をごちそうになった。古風なレストランは昼食時でもあり、満員であった。何を食べるか？わたしは好物でもあるサムゲタン（参鶏湯）を注文した。洪さんもおなじように参鶏湯を注文された。わたしの座っていた少し後ろにいた老婆が一人で赤褐色の汁の入った料理を食べていた。おいしそうにも見えたので、あれは何ですかと聞くと、イヌ料理のポシンタン（補身湯）であった。ポシンタンはもともとケジャンククと呼ばれた。ケは「犬」を、ジャンククは「辛味のスープ」を意味する。韓国ではイヌ食がたいへん盛んである。サタワル島で見たイヌの脚を水煮したものとはまるで違って、いかにも美味しそうな韓国風の鍋料理であった。調理法が違うとこうも変わるものかと感心した。しかし、その時はサムゲタンを完食するのが精いっぱいで、イヌ鍋を食べるには至らなかった。

犬食の展開

オオカミを家畜化してイヌを利用してから、犬食についていくつもの議論がなされてきた。イヌはブタ、ニワトリ、ウシ、ヒツジなどとともに家畜・家禽として利用されてきた。特段、イヌだけを家畜の利用面で批判される理屈はない。中国の新石器時代の遺跡からは、犬の骨が大量に出土しており、先史時代から犬が食用に飼育されていたことが分かった。二〇一一年四月一日、中国・陝西省西安市郊外で前年末に発見された二四〇〇年以上前の青銅製の鼎《かなえ》に入っていた液体が「犬肉スープ」であることが分かった。農耕民にとってイヌは食用となったが、狩猟や牧畜をおこなう民族にとり、イヌは狩猟犬であり、家畜の群れを管理してくれるうえ、オオカミやクマ、ライオン、トラなどの外敵から家畜を守ってくれる番犬でもあり、犬食はみられない。パプアニューギニアの西部州にあるレークマレーに関する豪州のパトロール・レポート（一九六〇年代）を読んでいると、村人の数よりもイヌの数の方が多いとあった。イヌは狩猟にとり重要な動く武器でもあったようだ。

中国の広東省原産のチャウチャウは犬種として認定された食用のイヌである。中国ではイヌ食は一種の薬と考えられており、とくに冬場に体を温めるために食用とされ、この考えは韓国でも流布している（張 一九九七）。中国南部の広西チワン族自治区の玉林で、毎年「犬肉祭」が開催される。この祭りは夏至の時期におこなわれるが、一万匹以上のイヌが犠牲になることで、世界から抗議の署名や意見が発せられている。抗議とは裏腹に、一度はイヌを食べたいと多くの人びとが玉林にやってくるという。

日本ではどうか。壱岐島における原の辻遺跡からは弥生時代中~後期の層からイヌの骨が五〇体以上出土しており、その数はイノシシ、ニホンジカについで多い。しかも、解体痕や火を使ったあとがあり、食用とされたことが指摘されている（茂原・松井 一九九五）。時代は下るが、古代には天武天皇が毎年四月一日から九月末までの半年間、肉食禁止令が出され、五畜（ウシ・ウマ・イヌ・ニホンザル・ニワトリ）を食べることができなかった。ウシやウマは農耕用に使役されたであろうが、サル、ニワトリ、イヌは農耕とは無関係であり、イヌを食べる習慣があったことを示唆している。また、稲作の害獣としてのイノシシとシカはこのなかに含まれなかった。平城京の長屋王邸の発掘調査が奈良文化財研究所によっておこなわれ、数多くの木簡が出土している。そのなかに、「太若翁犬米一升受小白九月十七日　豊国」「犬米半升受　十三日老」と記載されたものや、「子生犬一米一升受長麻呂」「御犬一米半升」「犬司少子二□飯四升　受益人」などの木簡がある。イヌに米を支給するのは、そのイヌを食べるために十分な餌を与えることを意味すると奈良文化財研究所の金子裕之さんが考えている。つまり、イヌは客人を接待するための食料とされていた（谷口 二〇〇〇）。

古代以来、イヌは一貫して放し飼いの動物であり、平安時代には貴族の家の床下などに棲み着くことがあった。しかし、足元でイヌが死ぬことや出産すること、外部から獲物の死体などを持ち込むようなこともあり、ケガレを払う儀礼をおこなう必要があった。中世になっても武士が弓矢の訓練のため、イヌを射る犬追物が盛んにおこなわれた。矢には殺傷することのない鏑矢が用いられ、四〇間四方の馬場に一五〇匹のイヌを放っておこなわれる大規模なものであった。

犬食はその一方ですたれることもなく、戦国時代に来日した宣教師のルイス・フロイスもヨーロッパ人がウシを食べるのに、日本人はイヌを薬として食べると記述している（フロイス 一九九一）。江戸時代に五代将軍の徳川綱吉はたびたび「生類憐みの令」を発布し、とくに丙戌年生まれの綱吉はイヌを保護した。殺生禁止令はイヌだけでなく、ネコ、ニワトリやハトなどの鳥類、魚類、貝類、虫類に及んだ。もっとも、江戸以外の地方では殺生禁断の触れはそれほど徹底して遵守されたわけではなかった。長崎在住のポルトガル人や中国人は例外的にニワトリやブタを食することが認められていた。大田南畝《なんぽ》（蜀山人）はその著『一話一言補遺』のなかで「薩摩では子犬の内臓を除去して水洗し、腹の中に米を詰めて針金で縛り、焚火で焼く。調理できると、なかのメシと犬肉に汁をかけて食べる「ゑのころ飯」が藩主にも献上された。

家康も積極的におこなっていた鷹狩りは綱吉の時代に段階的に廃止されたが、八代将軍吉宗の時代に復活した。イヌは鷹狩りにおける重要な狩猟犬であったが、それ以外の野良犬はタカの餌として利用された。

一六四三（寛永二〇）年刊の『料理物語』には、「いぬ:すい物、かいやき」として、シカ、タヌキ、ウサギ、川ウソなどとともに調理方法が記述されている。すい物は汁物で、かいやきは貝殻を鍋のようにして犬肉を焼いたものであろう（江間 二〇一三）。

食用犬種の世界

世界にはイヌを食べる文化が中国や日本以外にも方々にある。朝鮮半島ではヌロンイまたはファング（黄狗）、フィリピンでは雑種犬のアスカルがルソン島北部の山岳地帯で食されている。イヌはカレデレータと呼ばれるシチューとして食される。カルデロはタガログ語で「鍋」を指す。料理自体はスペイン風の煮込み料理である。ミクロネシアのパラオ諸島、カロリン諸島でもブタ、ニワトリとともにイヌが食用に飼育されている（印東編 二〇一五）。ポリネシアでも同様で、ハワイのハワイアン・ポイ・ドッグについてはすでにふれた。

中南米に行くと、メキシコではコリマ・ドッグ（Colima Dog）、南米ではテチチなどの食肉専用

図8-9　コリマ・ドッグの遺物。

の犬種が作られた。コリマ・ドッグは古代メキシコのコリマ人が飼育していた食用のイヌで、緊急時に食用とされた。テチチは日常食として食べられた。種オスと雌以外は去勢され、トウモロコシなどの穀物が餌として与えられ、イヌを太らせた。のち、スペイン人が侵入し、テチチを食べつくす事態が起こった。激減したテチチの個体から食用ではなく愛玩用のチワワが作出されたとされている。コリマ・ドッグについては、考古学的な発掘によりイヌの陶器製遺物から形態が推定されている（図8―9）。

メキシコにはかつてイックイントリポッツォトリと称される長い名前のイヌがいた。イックイントリは「イヌ」、ツォトリは「せむし」の意味で、この犬種の背中は曲がっていた。この犬は主人が死ぬと、一緒に埋葬された。死後の旅での死者の食物とされていた（モリス 二〇〇七）。北米では古来からコモン・インディアン・ドッグが飼育されてきた。大型犬で、狩猟、そり引きによる荷物運搬用、食用に利用された。北米にヨーロッパ人が進出し、先住民の生活圏が縮小し、飢饉などのさいこのイヌが食用とされた結果、個体数が激減した。スー・ドッグはスー族が飼育していた大型犬で、雪上のそり引き、荷物運搬用のそり引き、狩猟用犬、ペットとして多目的に利用された。重要な客人があると、スー・ドッグを殺してその料理を客にふるまい、友好と尊敬の念をあらわすためにイヌが使われた。スー族の人びとはユイピと呼ばれる神聖な儀式をおこなってきた。石に神聖な力が宿るとする観念から、病気治療、行方不明になった人の捜索などのさい、石の超自然力を借り、占い師が儀礼をおこなう。ユイピの儀式を依頼した人は儀礼の参加者全員にイヌをいけにえとして殺し、その肉を全員にふるまう必要があった。

ヨーロッパではイヌを食べる習慣はほとんどないが、スイス北西部のジュラ州、中央部のベルン州、ルツェルン州ではイヌ肉を食べる。スイスでは販売行為は禁止されているが、家庭で犬肉を調理することには制限がない。犬肉だけでなくネコも食用とされている。ハムやソーセージ、ジャーキーにして食べられている。

本章ではクジラとイヌの食用の問題について考えてきた。クジラは食用以外に、工芸品、道具、威信財、工業用燃料などとして利用されてきた。イヌも食用以外に、番犬、狩猟犬、運搬用のそり犬、盲導犬、ペットなどとして利用されてきた。クジラは種ごとに多様な利用形態が歴史的に展開してきた。イヌの場合、種類はひとつだが多様な利用形態がある。つまり、クジラとイヌを食べることを特定の思想や論理だけでその是非を問うことはむつかしいことになる。したがって、食の問題では食以外の利用にも注目した議論が不可欠となる。この点にこそ、食の思想を世界的に考える大きなヒントがあることをここで深く理解しておきたい。

おわりに——飽食と地球の未来

人新世を食べる

人新世（Anthropocene）という用語が浮上している。地質学の分野では地質時代を累代、代、紀、世に層序化して区分するのが慣例で、現在は顕生代、新生代の第四紀、完新世に相当する。完新世は最終氷期の終焉以降の時代を指し、具体的には一万一七八四年前以降の時代に相当する。完新世の前は更新世である。二〇〇二年にノーベル化学賞を受賞したドイツのパウル・クルッツェンによって提唱されたのが人新世、つまり人類が中心となる世界になったとする認識が背景になっている。クルッツェンは、一八世紀末が人新世の始まりだと考えている。氷床コアの分析で、このころから大気中の二酸化炭素濃度が上がり始めたことが確認されているからだ。これとは別に一九五〇年代をその転換期とする意見もある。地球温暖化の元となる二酸化炭素やメタンガスの大気中濃度の増加、極域の成層圏におけるオゾン濃度の減少、地球の表面温度の上昇や海洋の酸性化などが顕著になるからだ。生物界でも、生物多様性の減少、熱帯林やサンゴ礁の減少と劣化、狂牛病の発生、外来種の異常発生などが起こっている。人間世界では、人口爆発、人口の流動化と都市化、局地戦争、核爆弾の恐怖と脅威、テロリズムが蔓延する時代となった背景がある。

人新世とするにはまだ最終的な議論の決着には至っていないが、食に注目して人新世の問題を考えてみたい。食料の消費量は戦後、飛躍的に増加する一方、飢餓人口は依然として開発途上国に多い。世界では八億人近い人口が栄養不良や飢餓で苦しんでいる。とくにサハラ以南の熱帯アフリカでは慢性的な飢饉と食料不足により四人に一人は栄養不良の状態にある。エネルギーとタンパク質の不足による栄養不良はＰＥＭ（Protein-Energy Malnutrition）と呼ばれ、とくに五歳未満の幼児はＰＥＭにより死亡する確率がたいへん高い。わたしがパプアニューギニアの西部州低地や高地周縁部で調査をしたさい、何人もの幼児が亡くなった。小児性の下痢や感染症（はしか）で脱水症状を起こし、痙攣をおこして手の施しようがなかった。適切な処方を施すこともできず、体温計を渡しておいたが翌朝、父親がやってきて、その体温計を柱にたたきつけて怒りをあらわにしたことをいまも覚えている。自分の子どもや孫がおなじような目にあえば、その怒りは先進国から来た外国人に向けられるのは当然のことだろう。

食の不公平は世界で明らかである。かつて、フランスの哲学者であるＪ・Ｐ・サルトルがアフリカ上空を飛行機で移動中、機内食を楽しんでいるまさにおなじ時間、地上では子どもが飢えて死にそうな状態にあることを不条理の世界と語ったことを思い出す。傍観者、無関心であることを否定するとしても、自分でできることは何かを自問する上で食の問題は世界を相手に考えることにつながる。日本が海外からの食の輸入に大きく依存していることは、バーチャル・ウォーターの指標からも明らかであり、A5ランクの黒毛和牛を食べることのできる日本人として、ウシの飼料が米国から輸入されていること、どれだけフード・マイレージが大きく、環境に負荷を与えているかについても内省することが肝要だろう。

ドイツのベルリン自由大学の教授R・ラインフェルダーさんは地質学者であり、人新世の研究を進めている。ラインフェルダーさんらは『イーティング・アンスロポシーン（*Eating Anthropocene*）』という本を上梓している（REINFELDER *et al.* eds 2016）。人新世を食べるとは、われわれ人類が食べることが生命維持だけでなく、健康と病気、世界の貿易、環境問題、教育、政治、平和などあらゆる問題につながるとして注意を喚起したもので、ラインフェルダーさんは人新世の用語が世界にたいする警句になればと考えている。注目すべきは、従来からの自然と文化、人間中心主義と物理主義、善と悪の二元論から脱皮すべきで、人新世では地球システムにおける人間と自然の関係を人間中心主義とすべきとする提案である。人間中心主義は排斥すべきとする発想とは逆に、人間がとても重要な役割を果たす時代では人間を中心において考えることこそが重要であるとの指摘である。もちろん、このことは自然を支配することを意味するのではない。グローバル化の時代では、グローバルな思考が重要であり、ローカルとリジョナルの基盤をふまえてグローバルに語る意義を強調している。

食と世界認識

さらに先の人新世の痕跡が未来において地層に残るのかという議論にひきつけて食文化について考えてみよう。単一品種だけを大量に生産する現代の機械化された農業ではその農地が地層に残り、花粉に示される多様性はないといってよい。縄文時代中期の三内丸山遺跡（青森市）におけるクリの花粉分析から、当時縄文人はクリにたいして人為的な介入をおこなっていたことを明らかにしたのは佐藤洋一郎さんである。下生えの除草、大きくて甘い品種の選別などがおこなわれていたことは本格的な栽培にいたる前の半栽培段階にあったといいかえてもよい。ただし、本格的な栽培段階になるまでには、気候変化や害虫の影響などもあり、そう単線的に進んだとはみなせない。つまり、数千年前に起こった現象でさえ、現在もいろいろな議論が可能であり、この先数万年後に見つかるであろう大量生産型農業の痕跡として花粉を見る場合も、その意味は複雑であろう。まして、多様な在来種を栽培している現代の農業の遺跡が見つかった場合でも、広域的にみないと二一世紀の野菜栽培についての見取り図を正確に復元することはできない。過去から現在、そして未来へと視野を広げる上でも、食のあり方はさまざまな問題と発想の転換の芽を内にはらんでいることは確かであろう。

人間は雑食動物であり、さまざまな自然物あるいは栽培作物や家畜・家禽、養殖魚を食べてきた。しかし、地球上の気候帯や地形、土壌などによってじつにさまざまな食のレパートリーが存在することも明らかである。主食のコメ、ムギ、イモのように世界的に分布を広げたものや、きわめて小さな地域だけに限定された食物もある。コショウやトウガラシに代表される香辛料のように人手を通じて拡散したものも多く、調味料のブレンド化は歴史の積み重ねそのものといってよい。食のもつ生態や歴史は食べるさいの知であり、毎回の食であってもその履歴を周知していることは極めて重要であり、食が生理学・栄養学だけにとどまらず哲学・思想・宗教とも密接につながる情報媒体となっていることをいま一度覚えておきたい。そのうえで。食の冒険をつづけていくことが肝要とおもう。食はまさに世界を知ることにつながるといえるだろう。

文献一覧

赤木攻・秋道智彌・秋篠宮文仁・高井康弘　一九九七「北部タイ・チェンコーンにおけるプラーブック（*Pangasianodon gigas*）の民族魚類学的考察」『国立民族学博物館研究報告』二二（二）：二九三―三四四頁。
秋篠宮文仁　二〇一六「メコンに棲む神の使い　プラー・ブック」秋篠宮文仁・緒方喜雄・森誠一編『ナマズの博覧誌』誠文堂新光社、一八四―二一七頁。
秋永紀子　二〇〇二・二〇〇三「中国貴州省の伝統的食文化――大豆の加工食品【豆腐】および発酵食品について」『日本食生活学会誌』一三（四）：二九三―二九九頁。
秋道智彌　一九七六「漁撈活動と魚の生態―ソロモン諸島マライタ島の事例」『季刊人類学』七（二）：七六―一二八頁。
秋道智彌　一九八一「〝悪い魚〟と〝良い〟魚――Satawal 島における民族魚類学」『国立民族学博物館研究報告』六（一）：六六―一三三頁。
秋道智彌　一九八九「サタワル島における食物カテゴリー」松原正毅編『人類学とは何か―言語・儀礼・象徴・歴史』日本放送出版協会、一九九―二三二頁。
秋道智彌　一九九一「瀬戸内の生態学――瀬戸内の漁労と製塩」大林太良編『海と列島文化9　瀬戸内の海人文化』小学館、五一―八二頁。
秋道智彌　一九九四a『クジラとヒトの民族誌』東京大学出版会。
秋道智彌　一九九四b「食べる口――文化人類学から」山田宗睦編『口は何のためにあるか』風人社、一六四―一九五頁。
秋道智彌　二〇〇八「メコン河集水域における水産資源管理の生態史」秋道智彌編『論集モンスーンアジアの生態史

第3巻　くらしと身体の生態史』弘文堂、二〇九―二四四頁。
秋道智彌　二〇一三「アジアの巨大淡水魚」秋道智彌『漁撈の民族誌』昭和堂、一〇六―一〇九頁。
秋道智彌　二〇一五「アジアのナレズシと魚醤の文化」滋賀県ミュージアム活性化推進委員会編『みんなで語る「ふなずし」の歴史』滋賀県ミュージアム活性化推進委員会、五七―一〇五頁。
秋道智彌　二〇一六『サンゴ礁に生きる海人――琉球の海の生態民族学』榕樹書林。
秋道智彌　二〇一七「海藻食の多様性と人類」『季刊ヴェスタ』一〇七：四六―五六頁。
秋道智彌　二〇一八「クジラと人――日本人の自然観を解体する」秋道智彌編『交錯する世界　自然と文化の脱構築――P・ディスコラとの対話』京都大学学術出版会、四五―八〇頁。
秋道智彌編　一九九〇『海人の世界』同文舘。
秋道智彌・池口明子・後藤明・橋村修　二〇〇八「メコン河集水域の漁撈と季節変動」河野泰之編『論集モンスーンアジアの生態史　第1巻　生業の生態史』弘文堂、一六三―一八一頁。
鯵坂哲朗・小坂康之：若菜勇・秋道智彌　二〇〇八「メコン河流域の水辺の植物（水草類）利用の多様性」河野泰之編『論集モンスーンアジアの生態史　第1巻　生業の生態史』弘文堂、一八三―二〇二頁。
池谷和信　二〇〇四『山菜取りの社会誌――資源利用とテリトリー』東北大学出版会。
石毛直道、ケネス・ラドル　一九九〇『魚醤とナレズシの研究』岩波書店。
石毛直道　二〇〇六『麺の文化史』講談社。
石毛直道（責任編集）　二〇一一「世界の餃子とその仲間」『季刊ヴェスタ』八三号。
石毛直道　二〇一二『第4巻　魚の発酵食品と酒』（石毛直道自選著作集　第1期）ドメス出版。
井原西鶴　二〇〇九『日本永代蔵』（堀切実・翻訳）角川学芸出版。
今村薫　一九八九「石垣島における漁民の妻の社会的役割――ウキジュ関係を手がかりとして」『季刊民族学』

二〇三：一二九―一七八頁。
印東道子編　二〇一五『ミクロネシアを知るための60章』明石書店。
上田純一編　二〇一七『京料理の文化史』思文閣出版。
植木久行　一九八五「唐宋田園詩詞札記（上）：菜花・黄花・五辛盤・花信」『文経論叢 人文学科篇』五：一二三―一四一頁。
卯田太一郎　一九九五「少数民族のナレズシ」鈴木五一編『中国雲南少数民族のナレズシに関する調査報告書』（環境と食の研究会）、サンライズ印刷、六一―七一頁。
宇仁義和　二〇一二「アイヌの鯨種認識と捕獲鯨種」『北海道民族学』八：一六―二六頁。
江上幹幸・小島曠太郎　二〇一〇「インドネシア、ラマレラ16年間の捕鯨記録と分析（1）――1994年～2009年」『社会文化研究』一二（一）：一―三二頁。
江間三恵子　二〇一三「江戸時代における獣鳥肉類及び卵類の食文化」『日本食生活学会誌』二三（四）：二四七―二五八頁。
大石圭一　一九八七『昆布の道』第一書房。
太田格　二〇〇七「八重山海域における主要沿岸性魚類の漁獲状況（八重山海域資源管理型漁業推進調査）」『平成18年度 沖縄県水産海洋研究センター事業報告書』六八：一八九―一九六頁。
岡田真美子　一九九三「薬施捨身説話（3）薬用人肉食の問題」『印度学仏教学研究』四二（一）：四〇―四四頁。
岡田真美子　一九九三「龍本性（2）救飢捨身譚と龍肉食説話――根本説一切有部薬事を中心に」『神戸女子大学紀要、文学部篇』二六：一五七―一六八頁。
奥村彪夫　一九九八「雑煮と組重」『季刊ヴェスタ』三〇：七頁。
勝山敏一　二〇一六『北陸海に鯨が来た頃』桂書房。
加藤久子　二〇一二『海の狩人 沖縄漁民――糸満ウミンチュの歴史と生活誌』現代書館。

加藤真也　二〇一〇『日本の山菜100　山から海まで完全実食』栃の葉書房。
加藤秀弘　二〇〇〇『ニタリクジラの自然誌――土佐湾に住む日本の鯨』平凡社。
角野猛・遠藤英子・会田久仁子・角野幸子・山田幸二　一九九九「沖縄の塩辛・スクガラスの諸成分および微生物について」『日本調理科学会誌』三二（三）：二四〇―二四三頁。
神谷信明　二〇〇二「韓国における肉食文化とその背景」『印度学仏教学研究』五一（一）：二三三―二三七頁。
窪徳忠　一九九九『道教百話』（講談社学術文庫）講談社。
國中明　二〇〇八「核酸化合物のうま味の発見とその後の展開」『日本味と匂学会誌』一五（二）：一五九―一六八頁。
熊倉功夫・江原絢子　二〇一五『和食とは何か』（和食文化ブックレット①）思文閣出版。
黒川美智子（編）・西幹夫　二〇〇八『中国貴州省　少数民族の暮らしと祭り――苗族・トン族・プイ族・老漢族の村々を行く』文理閣。
河野一世　二〇〇九『だしの秘密：みえてきた日本人の嗜好の原点』建帛社。
国立国会図書館　二〇一四「日本の出汁文化とうま味の発見」『本の万華鏡』17（二〇一四年一一月公開）。
小島曠太郎　一九九七『クジラと少年の海――モリ一本でクジラを捕るラマレラ村より』（理論社ライブラリー）理論社。
小長谷有紀　二〇〇五『世界の食文化3　モンゴル』農山漁村文化協会。
小林泉　一九九五「自由市場と食の素材」鈴木五一編『中国雲南少数民族のナレズシに関する調査報告書』（環境と食の研究会）サンライズ印刷、四〇―六〇頁。
佐々木高明　一九八一「苗族のナレズシ」『季刊人類学』一二（一）：二二〇―二二五頁。
佐々木高明　一九八二a「ナレズシをめぐる問題」中尾佐助・佐々木高明『照葉樹林文化と日本』くもん出版、二〇二―二〇三頁。
佐々木高明　一九八二b『照葉樹林文化の道――ブータン・雲南から日本へ』（NHKブックス）日本放送出版協会。

島田勇雄（訳注）人見必大著　一九八〇『本朝食鑑4』（東洋文庫378）平凡社。
下田正弘「三種の浄肉再考――部派における肉食制限の方向――」（『仏教文化』、第二二巻（通巻二五号）：一―二頁。
周達生　一九八四「モチ米の利用――少数民族にみるネチネチ食品のあれこれ」佐々木高明編『雲南の照葉樹のもとで』日本放送出版協会、九三―一二九頁。
周達生　一九八九『中国の食文化』創元社。
蔣宏偉　二〇一六「ラオス水田稲作民の「のぐそ」を追う」秋道智彌・赤坂憲雄編『フィールド科学の入り口　人間の営みを探る』玉川大学出版部、二〇二―二一六頁。
菅豊　二〇一二「反・供養論――動物を「殺す」ことは罪か？」秋道智彌編『日本の環境思想―人文知からの問い』岩波書店、二二五―二四八頁。
菅原善子　二〇一七「地域の和食　ミズ――山形・秋田」『BIOSTORY』二七：六六―六八頁。
鈴木正崇・金丸良子　一九八五『西南中国の少数民族――貴州省苗族民俗誌』古今書院。
妹尾河童　一九九六『河童が覗いたトイレまんだら』（文春文庫）文藝春秋。
須藤護　二〇一三『雲南省ハニ族の生活誌 移住の歴史と自然・民族・共生』ミネルヴァ書房。
田口洋美　一九九二『越後三面山人記――マタギの自然に習う』農山漁村文化協会。
谷口研語　二〇〇〇『犬の日本史――人間とともに歩んだ一万年の物語』ＰＨＰ研究所。
谷口吉光　二〇一七『「地域の食」を守り育てる―秋田発 地産地消運動の二〇年』無明舎出版。
田畑久夫・金丸良子　一九八九『中国雲貴高原の少数民族：ミャオ族・トン族』白帝社。
玉村豊男　二〇一〇『料理の四面体』（中公文庫）中央公論新社。
千坂げんぽう　二〇一六『さとやま民主主義――生き生き輝くために』本の森出版。
千葉徳爾　一九七五『狩猟伝承』（ものと人間の文化史14）法政大学出版局。

張競　一九九七『中華料理の文化史』（ちくま文庫）筑摩書房。
塚田誠之　二〇〇〇『壮族文化史研究――明代以降を中心として』第一書房。
塚田誠之　二〇〇六「中国広西壮（チワン）族とベトナム・ヌン族の民族間関係――文化の比較と交流を中心として」塚田誠之編『中国・東南アジア大陸部の国境地域における諸民族文化の動態』（国立民族学博物館調査報告　六三）一二九―一四七頁。
鄭大聲　一九九八『朝鮮半島の食と酒』（中公新書）、中央公論社。
寺嶋昌代・荻生田憲昭　二〇一四「世界のナマズ食文化とその歴史」『日本食生活学会誌』二五（三）：二一一―二二〇頁。
友川幸　二〇〇八「吸虫と食品」秋道智彌編『モンスーンアジアの生態史3　暮らしと身体の生態史』弘文堂、六九―七五頁。
中尾佐助・佐々木高明　一九九二『照葉樹林文化と日本』くもん出版。
永田賢之助　一九九七『あきた山菜キノコの四季』秋田魁新報社。
中峰空　二〇一三「伊勢国長島藩主　増山雪斎の『虫豸帖』に描かれた虫たち」岡田真美子編『小さな小さな生きものがたり――日本的生命観と神性』昭和堂、一〇七―一二五頁。
名取武光　一九四五『噴火湾アイヌの捕鯨』北方文化出版社。
成清ヨシエ　二〇〇三「資料　中国雲南省少数民族の食を訪ねて――日本調理科学九州支部会研究旅行報告」『永原学園西九州大学・佐賀短期大学紀要』三四：一四一―一四七頁。
日本の食生活全集秋田編集委員会編　一九八六『日本の食生活全集5　聞き書秋田の食事』農山漁村文化協会。
日本の食生活全集沖縄編集委員会編　一九八八『日本の食生活全集47　聞き書き沖縄の食事』農山漁村文化協会。
日本の食生活全集京都編集委員会編　一九八五『日本の食生活全集26　聞き書き京都の食事』農山漁村文化協会。
農山漁村文化協会編　二〇〇二『聞き書　ふるさとの家庭料理5巻　もち・雑煮』（解説・奥村彪夫）農山漁村文化協会。

農山漁村文化協会編　二〇〇三『聞き書　ふるさとの家庭料理20巻　日本の正月料理』（解説・奥村彪夫）農山漁村文化協会。
農商務省水産局編纂　一九八三『日本水産製品誌』（復刻版）岩崎美術社。
野沢敬　一九八四『郷土料理とおいしい旅』20、沖縄朝日新聞社。
野中健一　二〇〇五『民族昆虫学　昆虫食の自然誌』東京大学出版会。
野中健一・斎藤暖生・足立慶尚　二〇〇八「耕耘機で森を食べる――ラオス天水田稲作地帯における農業近代化と野生資源利用の変化」河野泰之編『モンスーンアジアの生態史1　生業の生態史』弘文堂、七一―八四頁。
野村圭佑　二〇〇五『江戸の野菜――消えた三河島菜を求めて』荒川クリーンエイドフォーラム。
萩中美枝・藤村久和・村木美幸・畑井朝子　一九九二『聞き書きアイヌの食事』農山漁村文化協会。
橋本道範編著　二〇一六『再考　ふなずしの歴史』サンライズ出版。
速水融　二〇〇三『近世日本の経済社会』麗澤大学出版会。
日高敏隆　一九八八『動物という文化』講談社。
伏木亨　二〇一七『だしの神秘』朝日新聞社。
藤村和夫　一九九七『だしの本』ハート出版。
フロイス・ルイス　一九九一『ヨーロッパ文化と日本文化』（岡田章雄訳注）岩波書店。
堀越昌子　二〇一六「鯰の熟れ鮨」秋篠宮文仁・緒方喜雄・森誠一編『ナマズの博覧誌』誠文堂新光社、三〇四―三〇七頁。
松下幸子　二〇〇三「江戸時代料理書に見る「だし」」『食生活研究』二三（五）：一―七頁。
松本嘉代子　一九七八『沖縄の行事料理』月刊沖縄社。
三浦寿美子　二〇〇二「中世・近世の肉食に関する思想史的考察――諏訪の勘文の伝播を中心に」『岩手大学大学院人文社会科学研究科研究紀要』一〇：三〇―四〇頁。

道端良秀　一九六六「中国仏教と肉食禁止の問題」『大谷学報』四六（二）：四九―六二頁。
茂原信生・松井章　一九九五「原の辻遺跡出土の動物遺存体」『原の辻遺跡』長崎県教育委員会、一八九―二〇八頁。
森浩一　一九九九『食の体験文化史』（中公文庫）中央公論新社。
モリス・デズモンド　二〇〇七『デズモンド・モリスの犬種事典』（福山英也・大木卓訳）誠文堂新光社。
森田潤司　二〇一五「食べ物の名数（6）食べ物の名数（補遺）」『同志社女子大学生活科学』四九：六〇―一〇二頁。
柳田国男　一九七八『海上の道』（岩波文庫）岩波書店。
山口昭彦　一九九〇『山菜ガイドブック――見分け方・採り方・グルメの料理法』永田書店。
山崎健　二〇一二「藤原宮造営期における動物利用―使役と食を中心として」『文化財論叢』四（奈良文化財研究所学報第九二冊）奈良文化財研究所、三四五―三六五頁。
山崎健　二〇一三「古代日本の食嗜好に関する研究」『浦上財団研究報告書』二〇：一三三―一四二頁。
山下真由美　二〇一二「蝦夷地への派遣――島田（谷）元旦が果たした役割とその成果」『鳥取県立博物館研究報告』四九：九七―一二五頁。
山形県遊佐町教育委員会　二〇一七『鳥海山麓　小山崎遺跡から――現代に伝わる縄文の風景・くらし　シンポジウム報告書』山形県遊佐町教育委員会。
吉井始子（翻刻代表者）一九八〇「鯨肉調味方」『翻刻　江戸時代料理本集成』第八巻、臨川書店、二七五―二九二頁。
横山智　二〇一四『納豆の起源』（NHKブックス）日本放送出版協会。
吉田宗男　一九九八「親鸞における肉食の意味」『印度學佛教學研究』四七（一）：二一三―二一五頁。
レヴィ＝ストロース・C　一九六八「料理の三角形」『レヴィ・ストロースの世界』（伊藤晃・青木保ほか訳）みすず書房。
渡辺弘之　二〇〇三『タイの食用昆虫記』文教出版。
渡辺弘之　二〇〇五「シリーズ：熱帯非木材林産物生産を調べる（5）タイ・ラオスの食用昆虫」『熱帯生態学会ニュー

ズレター』六一：一六一一八頁。
越瑛　二〇〇一『布朗族文化史』雲南民族出版社、二四二―二五〇頁。

AKIMCHI, T. 1980. A note on Palauan food categories: odóim vs. ongráol. *Bulletin of the National Museum of Ethnology* 5（3）: 493-510.

BARTH, Fredrik 1975. *Ritual and Knowledge Among the Baktaman of New Guinea.* Yale University Press.

ISHIGE, Naomichi 1980. The preparation and origin of Galela food. In N. Ishige ed. *The Galela of Halmahera: A Preliminary Survey* (Senri Ethnological Studies No.7), pp. 261-341.

LÉVI=STRAUSS, C. 2016. *We Are All Cannibals And Other Essays.* The Columbia University Press.

MORRIS, R. Janthina 1993. Traditional kūpe?e: The Hawaiian dog tooth, shell, seed and cordage dance ornaments. In Dark, Phillip J. C. and Roger G. Ross eds., *Artistic Heritage in a Changing Pacific,* University of Hawaii Press, pp. 47-62.

OISHI, Takanori 2016. Ethnoecology and ethnomedicinal use of fish among the Bakwele of southeastern Cameroon. Dounias, Edmond and Takanori Oishi eds., *Inland Traditional Capture* 10, Laboratoire Eco-anthropologie et Ethnobiologie, pp.1-39.

REINFELDER, Reinhold, Alexandra HAMANN, Jens, KIRSTEIN, and Marc, SCHLEUNITZ eds., 2016. *Eating Anthropocene: Curd Rice, Bienenstich and a Pinch of Phosphorus - Around the World in Ten Dishes.* Springer..

SALAMPESSY, Junus, Kasipathy KAILLASAPATHY, and Namrata THAPA 2010. Fermented Fish Products, In Prakash. Jyoti and Kasiathy Kailasapathy eds., *Fermented Foods and Beverages of the World,* CRC Press, pp. 289-307.

STURTEVANT, William C and Wayne P. SUTTLES 1990. *Northwest Coast.* （Handbook of North American Indians. Volume 7）. Smithsonian Institution.

WATSON, James B. 1965a. From hunting to horticulture in the New Guinea Highlands. *Ethnology* 4 （3） : 295-309.

WATSON, James B. 1965b. The significance of a recent ecological change in the Central Highlands of New Guinea. *Journal of the Polynesian Society* 74 （4） : 438 – 450.

あとがき

食の冒険を日本各地から、アジア、オセアニア、ヨーロッパ、アフリカの旅を振り返るなかで書き綴ってきた。失敗や恐怖の体験が章を構成する元となった。食や食文化の類書では、美味礼賛、グルメの優越性を誇張した記述が多い。読むものには心地よく、美味の食に想像力を抱き、ジェラシーを覚えることすらある。

その一方、下痢や便秘の話はひた隠しにされてきた。本書の冒険談の半分は失敗談であった。それでも、食をトータルにとらえる実験台に自分がなったという思いを抱かずにはおれない。

日高敏隆さんの『動物という文化』で、イソギンチャクの口と肛門はおなじであるとの指摘が一つのヒントになった。食の問題を体験だけで終わらせず、世界のなかで考える視点にも留意した。おなじ下痢でも栄養不良による小児性下痢が幼子の生命を奪うことがある。そのことをパプアニューギニアで実見した。おなじような食事をしていても、脆弱な子どもが死に至ったことで、食の抱える問題が世界の栄養と健康問題に直結していることを学ぶことができた。

食の冒険は地球上のすべての人類が体験する。この点で本書が個別性・地域性を超え、普遍性につながる食の議論に光をあてることになればと考えている。

最後に、本書を刊行するにあたり、昭和堂の鈴木了市さんには長年のお付き合いを含めて心から感謝申し上げたい。

は行

ま行

や行

ら行

た行

な行

索　引

あ　行

か　行

さ行

◆著者紹介

秋道 智彌（あきみち ともや）

1946年生まれ。京都府京都市出身。京都大学理学部動物学科卒。東京大学大学院理学系研究科人類学専攻博士課程修了。国立民族学博物館助手、助教授、教授、民族文化研究部長、総合地球環境学研究所教授、副所長を歴任。日本、東南アジア、オセアニアを中心に漁撈民を中心とした生態人類学的調査・研究活動を行っている。

総合地球環境学研究所名誉教授、国立民族学博物館名誉教授。総合研究大学院大学名誉教授。専攻は生態人類学、海洋民族学、民族生物学。2016年に開館した山梨県立富士山世界遺産センターの所長も務める。

主な業績

『漁撈の民族誌——東南アジアからオセアニアへ』（昭和堂、2013年）
『海に生きる——海人の民族学』（東京大学出版会、2013年）
『越境するコモンズ—資源共有の思想をまなぶ』（臨川書店、2016年）
『魚と人の文明論』（臨川書店、2017年）

食の冒険——フィールドから探る

2018年6月25日　初版第1刷発行

著　者　秋 道 智 彌
発行者　杉 田 啓 三

〒607-8494　京都市山科区日ノ岡堤谷町3－1
発行所　株式会社　昭和堂
振替口座　01060-5-9347
TEL（075）502-7500/ FAX（075）502-7501

印刷　亜細亜印刷

ISBN978-4-8122-1719-1
＊落丁本・乱丁本はお取り替えいたします
Printed in Japan